农业技术推广与现代农业经济发展研究

庄会存 尹丽花 王 莉 著

吉林科学技术出版社

图书在版编目（ＣＩＰ）数据

农业技术推广与现代农业经济发展研究 / 庄会存，
尹丽花，王莉著. -- 长春 : 吉林科学技术出版社，
2024. 6. -- ISBN 978-7-5744-1566-9

Ⅰ. F324.3；F323

中国国家版本馆 CIP 数据核字第 2024KT6353 号

农业技术推广与现代农业经济发展研究

著　　者	庄会存　尹丽花　王　莉
出 版 人	宛　霞
责任编辑	刘　畅
封面设计	南昌德昭文化传媒有限公司
制　　版	南昌德昭文化传媒有限公司
幅面尺寸	185mm×260mm
开　　本	16
字　　数	260 千字
印　　张	12.25
印　　数	1-1500 册
版　　次	2024 年 6 月第 1 版
印　　次	2024 年 6 月第 1 次印刷

出　　版	吉林科学技术出版社
发　　行	吉林科学技术出版社
地　　址	长春市南关区福祉大路 5788 号出版大厦 A 座
邮　　编	130118
发行部电话/传真	0431—81629529　81629530　81629531
	81629532　81629533　81629534
储运部电话	0431-86059116
编辑部电话	0431-81629510
印　　刷	三河市嵩川印刷有限公司

书　　号	ISBN 978-7-5744-1566-9
定　　价	66.00 元

版权所有　翻印必究　举报电话：0431—81629508

简　介

　　在经济全球化进程不断推进的当下，每个国家之间的经济往来也越发的紧密，我国一直是以农业经济为主，其农业经济收入是国家经济的主要命脉。在新时期农业经济发展当中，农业经济管理是确保农业经济健康发展的关键，国家必须对现有农业经济进行合理划分和管理，促使农业经济拥有更高产值。

　　农业是我国国民经济的基础，农业经济的稳定、协调和健康增长对于整个国民经济的发展水平、解决"三农"问题都有积极而重要的作用。农业是一个具有很强外部性的产业，除了具有经济职能和社会职能外，还兼具生态职能，即净化空气、水，防风固沙，保持土壤和动植物种群平衡等职能。通过这些职能的发挥，给人们带来一个良好的生产和生活环境。而农业要发展，投入是关键。农业在由传统农业向现代农业转变、由粗放经营向集约经营转变的过程中，面临着日益紧缺的资源压力和生态环境恶化的挑战，农业发展资金短缺的状况也将长期存在。农业经济的发展对国民经济的发展举足轻重，农村的稳定和繁荣则为经济的持续健康发展提供强有力保障。

　　本书是农业方向的书籍，共分为7章，主要研究农业技术推广与现代农业经济发展。本书从农业推广介绍入手，针对现代农业技术推广的含义与功能、农业推广的基本方法、农业推广的方式进行了详细阐述；此外对农业技术、农业技术推广体系、农业与农业经营进行了分析研究；最后对农产品市场与农业组织、农业发展要素、"互联网＋"时代背景下农业经济发展提出了一些建议；本书构思新颖、逻辑严谨，将理论和实践紧密结合，对农业技术推广与现代农业经济发展研究创新有一定的借鉴意义。

《农业技术推广与现代农业经济发展研究》
审校委员会

李长军　潘俊强　张向向　曹　璐

韩清坦　张　章　寇晓溪　刘　娟

陆小成　翟龙飞　王秀芳　任志敏

刘庆华　王莉蓉　刘效俊　冯东莲

贺　波　李　雪　何建烂　王洪峰

褚兆辉

目　录

第一章 农业推广

第一节 现代农业技术推广的含义与功能

一、现代农业推广的含义

农业推广的发展趋势使得人们对"推广"概念有了新的理解，即从狭隘的"农业技术推广"延伸为"涉农传播教育与咨询服务"。这说明，随着农业现代化水平、农民素质以及农村发展水平的提高，农民、农村居民和一般的社会消费者不再满足于生产技术和经营知识的一般指导，更需要得到科技、管理、市场、金融、家政、法律、社会等多方面的信息及咨询服务。因此，早在1964年于巴黎举行的一次国际农业会议上，人们就对农业推广做了如下的解释：推广工作可以称为咨询工作，可以解释为非正规的教育，包括提供信息、帮助农民解决问题。1984年，联合国粮农组织发行的《农业推广》（第2版）一书中，同样做了这样的解释：推广是一种将有用的信息传递给人们（传播方面），并且帮助他们获得必要的知识、技能和观念来有效地利用这些信息或技术（教育方面）的不断发展的过程。

一般而言，农业推广和咨询服务工作的主要目标是开发人力资本，培育社会资本，使人们能够有效地利用相应的知识、技能和信息促进技术转移，改善生计与生活质量，加强自然资源管理，从而实现国家和家庭粮食安全，增进全民的福祉。

通俗地讲，现代农业推广是一项目的在开发人力资源的涉农传播、教育与咨询服务工作。推广人员通过沟通及其他相关方式与方法，组织与教育推广对象，使其增进知识，提高技能，改变观念与态度，从而自觉自愿地改变行为，采用和传播创新，并获得自我组织与决策能力来解决其面临的问题，最终实现培育新型农民、发展农业与农村、增进社会福利的目标。

因此，可进一步延伸和加深对农业推广工作与农业推广人员的理解：农业推广工作是一种特定的传播与沟通工作，农业推广人员是一种职业性的传播与沟通工作者；农业推广工作是一种非正规的校外教育工作，农业推广人员是一种教师；农业推广工作是一种帮助人们分析和解决问题的咨询工作，农业推广人员是一种咨询工作者；农业推广工作是一种协助人们改变行为的工作，农业推广人员是一种行为变革的促进者。关于现代农业推广的新解释，还可以列举很多，每一种解释都从一个或几个侧面揭示出了现代农业推广的特征。一般而言，现代农业推广的主要特点可以理解为：推广工作的内容已由狭义的农业技术推广拓展到推广对象生产与生活的综合咨询服务；推广的目标由单纯的增产增收发展到促进推广对象生产的发展与生活的改善；推广的指导理论更强调以沟通为基础的行为改变和问题解决原理；推广的策略方式更重视由下而上的项目参与方式；推广方法重视以沟通为基础的现代信息传播与教育咨询方法；推广组织形式多元化；推广管理科学化、法制化；推广研究方法更加重视定量方法和实证方法。

二、农业推广的主要功能

（一）直接功能

1.增进推广对象的基本知识与信息

农业推广工作旨在开发人力资源。知识和信息的传播为推广对象提供了良好的非正式校外教育机会，这在某种意义上讲就是把大学带给了大众。

2.提高务农人员的生产技术水平

这是传统农业推广的主要功能。通过传播和教育过程，农业技术创新得到扩散，农村劳动力的农业生产技术和经营管理水平得到提高，从而提高了农民的职业工作能力，使农民能够随着现代科学技术的发展而获得满意的农业生产或经营成果。

3.提高推广对象的生活技能

农业推广工作内容还涉及家庭生活咨询。通过教育和传播方法，农业推广工作可针对农村老年、妇女、青少年等不同对象提供相应的咨询服务，从而提高农村居民适应社会变革以及现代生活的能力。

4.改变推广对象的价值观念、态度和行为

农业推广工作通过行为层面的改变而使人的行为发生改变。农业推广教育，咨询活动引导农村居民学习现代社会的价值观念、态度和行为方式，这使农民在观念上也能适

应现代社会生活的变迁。

5. 增强推广对象的自我组织与决策能力

农业推广工作要运用参与式原理激发推广对象自主、自力与自助。通过传播信息与组织、教育、咨询等活动，推广对象在面临各项问题时，可以有效地选择行动方案，从而缓和或解决问题。推广对象参与农业推广计划的制订、实施和评价，必然会提高其组织与决策能力。

（二）间接功能

1. 促进农业科技成果转化

农业推广工作具有传播农业技术创新的作用。农业科技成果只有被用户采用后才有可能转化为现实的生产力，对经济增长起到促进作用。在农业技术创新及科技进步系统中，农业技术推广是一个极其重要的环节。

2. 提高农业生产与经营效率

农业推广工作具有提高农业综合发展水平的作用。农民在改变知识、信息、技能和资源条件以后，可以提高农业生产的投入产出效率。通常认为，农业发展包括的主要因素有研究、教育、推广、供应、生产市场及政府干预等，农业推广是农业发展的促进因素，是改变农业生产力的重要手段。

3. 改善农村社区生活环境及生活质量

农业推广工作具有提高农村综合发展水平的作用。在综合农村发展活动中，通过教育、传播和咨询等工作方式，可改变农村人口对生活环境和质量的认识和期望水平，并进而引起人们参与社区改善活动，发展农村文化娱乐事业和完善各项基础服务设施，以获得更高水平的农村环境景观和生活质量，同时促进社会公平与民主意识的形成。

4. 优化农业与农村生态条件

农业推广工作具有促进农村可持续发展的作用。通过农业推广工作，可以改变农业生产者乃至整个农村居民对农业生态的认识，使其了解农业对生态环境所产生的影响，树立科学的环境生态观念，实现人口、经济、社会、资源和环境的协调发展，既达到发展经济的目的，又保护人类赖以生存的自然资源和环境，使子孙后代能够永续发展和安居乐业。

5. 促进农村组织发展农业推广工作

促进农村组织发展农业推广工作具有发展社会意识、领导才能及社会行动的效果。通过不同的工作方式，推广人员可以协助农民形成各种自主性团体与组织，凝结农民的资源和力量，发挥农民的组织影响力。

6. 执行国家的农业计划、方针与政策

农业推广工作具有传递服务的作用。在很多国家和地区，农业推广工作系统是农业行政体系一个部分，因而在某种意义上是政府手臂的延伸，一般被用来执行政府的部分

农业或农村发展计划、方针与政策，以确保国家农业或农村发展目标的实现。

7. 增进全民福利

农业推广工作的服务对象极其广泛，通过教育与传播手段普及涉农知识、技术与信息，能实现用知识替代资源，以福利增进为导向的发展目标。

第二节　农业推广的基本方法

一、农业推广方法的类型与特点

农业推广方法是指农业推广人员与推广对象之间沟通的技术。农业推广的具体方法很多，其分类方式也很多。根据受众的多少及信息传播方式的不同，可将农业推广基本方法分为个别指导方法、集体指导方法和大众传播方法三大类型。

（一）个别指导方法

个别指导方法是指在特定时间和地点，推广人员和个别推广对象沟通，讨论共同关心的问题，并且向其提供相关信息和建议的推广方法。个别指导法的主要特点是：针对性强。农业推广目标群体中各成员的需要具有明显的差异性，推广人员与农民进行直接面对面的沟通，帮助农民解决问题，具有很强的针对性。从这个意义上讲，个别指导法正好弥补了大众传播法和集体指导法的不足；沟通的双向性。推广人员与农民沟通是直接的和双向的。它既有利于推广人员直接得到反馈信息，了解真实状况，掌握第一手材料，又能促使农民主动地接触推广人员，愿意接受推广人员的建议，容易使两者培养相互信任的感情，建立和谐的农业推广关系，信息发送量的有限性。个别指导法是推广人员与农民面对面的沟通，特定时间内服务范围窄，单位时间内发送的信息量受到限制，成本高、工作效率较低。在农业推广实践中，个别指导方法主要采用农户访问、办公室访问、信函咨询、电话咨询、网络咨询等形式。

1. 农户访问

农户访问是指农业推广人员深入到特定农户家中或者田间地头，与农民进行沟通，了解其生产与生活现状及需要和问题，传递农业创新信息、分析和解决问题的过程。

农户访问的优点在于推广人员能够从农户那里获得直接的原始资料；与农民建立友谊，保持良好的公共关系；容易促使农户采纳新技术；有利于培育示范户及各种义务领导人员；有利于提高其他推广方法的效果。其缺点在于费时，投入经费多，若推广人员数量有限，则不能满足多数农户的需要；访问的时间有时与农民的休息时间有冲突。

农户访问是农业推广人员与农民沟通、建立良好关系的好机会。针对其成本较高的特点，为了提高效率，访问活动过程中，必须认真考虑，掌握其要领。

（1）访问对象的选择

农户访问是个别指导的重要方式，但是因为农户访问需要农业推广人员付出较多的精力和时间，因而不是对所有的农户都经常进行访问的。农户访问的主要对象有以下几种：①示范户、专业户、农民专业合作组织领办人等骨干农户。②主动邀请访问的农户。③社区精英。④有特殊需要的农户。

（2）访问时间的选择

现在几乎所有的农户都有电话或手机等通信工具，在入户访问前都要与农民约定时间。在约定时间时，要考虑农民的时间安排和推广技术的要求。与生产、经营推广有关的专题农户访问要安排在实施之前，或生产中的问题出现之前。如果是了解农户生产经营或生活中遇到的问题，为将来的推广做准备的，最好安排在农闲时节。此外，访问时间也要与农民的生活协调好，应在农民有空且不太累的时候进行访问。

（3）访问前的准备工作

访问前的准备工作主要包括：①明确访问的目标和任务。②了解被访问者基本情况。③准备好访问提纲。④准备好推广用的技术资料或产品，比如说明书、技术流程图、试用品等。

（4）访问过程中的技巧和要领

①进门。推广人员要十分礼貌，友好地进入农户家里。进门坐下后，就要通俗易懂地说明自己的来意，使推广人员与农户之间此次的互动，从"面对面"的交谈，很快转化为共同面对某一问题的"肩并肩"的有目标的沟通。

②营造谈话气氛。在谈话的开始和整个过程中都要营造融洽的谈话气氛，这需要推广人员考虑周全：采用合适的谈话方式；运用合适的身体语言；注意倾听。

③启发和引导讨论。在谈话过程中，推广人员应适时地引入应该讨论的话题，通过引申、追问等方式，将要沟通的内容进行讨论。

④现场指导。和农民一起观察圈舍、田地或机械，向农民询问生产过程或长势、长相，及时和农民讨论生产过程中的问题。若能当时给出建议的就马上给出并写出建议，若需要再咨询的，也向农民说明。

（5）访问后的总结与回顾

每次访问农户时，不仅要在访问中做好适当的记录，而且在农户访问结束后，还应就一些关键性的数据和结论进行当面核实，以消除误差，尤其是数据，更应这样。回到办公室后，应立即整理资料建库，以保证资料完整和便于系统保存。此外，做好每日回顾，写出访问工作小结也是必要的，记录和小结包括访问的时间、内容以及需要解决的问题，每日回顾应按一定的分类方式保存，成为今后工作的基础。

2. 办公室访问

办公室访问又称办公室咨询或定点咨询。它是指推广人员在办公室接受农民或其他推广对象的访问（咨询），解答其提出的问题，或向其提供有关信息和技术资料的推广方法。办公室访问的优点：一是来访者学习的主动性较强；二是推广人员节约了时间、资金，与来访者交谈，密切了双方的关系。办公室访问的缺点主要是来访者数量有限，不利于新技术迅速推广，而且来访者来访不定期、不定时，提出的问题千差万别，可能会给推广人员的工作带来一定的难度。

来访者来办公室访问（咨询）总是带着问题而来，他们期望推广人员能给自己一个满意的答复。因而，搞好办公室访问除对在办公室进行咨询的推广人员素质要求较高外，还应该注意其对要领的掌握。

（1）方便来访者咨询的办公室

什么样的办公室是适合给农民或其他特定来访者来咨询的呢？第一是来访者方便来的，例如在城镇的集市附近，交通便利的地方。第二是来访者来了方便进的，大楼不要太高，装修不要太豪华，保安不要太严厉。第三是进来找得到人的，如果找不到人也可以留言的或留话的。

（2）办公室咨询的准备

农业推广人员的办公室是推广人员与来访者交流的场所，要让来访者能进、能放松、能信任、能咨询。因此，办公室咨询前要做些必要的准备：①办公室设施布置要适当。②推广人员在与来访者约好的咨询时间、赶集日、来访者可能来的其他时间，要尽可能地在办公室等待。若是不得不离开，要委托同事帮忙接待或在门口留言。③准备好必要的推广资料。

（3）办公室咨询过程中的注意事项

①平等地与来访者交流。要关心来访者，尊重来访者，要营造良好的沟通氛围。要主动询问来访者有什么需要帮助的，要主动帮助来访者表达清楚他们的意愿。

②咨询过程尽可能可视化。要让来访者看得见讲解的东西。墙上的图片、资料页的信息、计算机上的信息等，都可以用来表现推广人员和来访者沟通过程中的知识或技术要点。

③为来访者准备资料备份。在咨询过程中所发生的信息交流，尤其是技术流程、技术要点、关键信息等，要为来访者变成纸上的信息。可以在边讲解边讨论后，为来访者打印出一份资料，用彩笔在其上画出要点。也可以为来访者手写一份咨询信息的主要内容，帮助来访者回去还能够回忆起咨询的内容，从而帮助他们应用这些信息。在这个备份上，最好留下推广人员的联系电话，让来访者能够随时咨询你，也能让来访者感受到被尊重。

④尽可能给来访者满意的答复。来访者进入办公室咨询，往往都是带着问题来的，这对推广人员有更高的要求，推广人员的业务熟练程度、与人沟通的能力都影响办公室咨询的效果。一次办公室咨询应该尽可能地给来访者满意的答复，找到解决问题的方法。但是，推广人员毕竟也有专业、知识面和经验的限制，也有不能当场解决的问题。这种情况下，推广人员应诚恳地向来访者解释目前不能解决的原因，承诺自己将要如何寻求解决方案，约定在什么时间、通过什么方式把答案回馈给来访者。

⑤做好咨询记录和小结。每天发生的咨询过程都要做好记录，记录的信息包括来访者的姓名、性别、社区，咨询的问题，解决方案等。这些基本信息的收集和积累，可以

帮助推广工作者积累经验，积累来访者的信息，积累生产经营中发生问题的种类和频度，以提高推广工作的针对性和准确性。

3. 信函咨询

信函咨询是个别指导法的一种极其经典的形式，是以发送信函的形式传播信息，它不受时间、地点等的限制。信函咨询曾经是推广人员和农民沟通的重要渠道。这些信函，尤其是手写的信函对于农民来说，不仅是一份与技术有关的信息，也是与推广人员亲密关系的表征。农民对这些认真写的信函会有尊重的心理，因而也有较好的推广效果。

进行信函咨询时应注意：回答农民问题应尽可能选用明确、清楚、朴实的词语，避免使用复杂的专业术语，字迹要清晰；对农民的信函要及时回复。

信函咨询目前在我国应用较少。其原因主要有以下几点：农民文化程度低；农业推广人员回复信件要占用许多时间，效率低；函件邮寄时间长；信函咨询成本变得越来越高。随着农业生产的多样化和产业化，每个推广人员要面对的推广对象更多，手写信函几乎成为不可能，面印刷信函不太能够得到农民重视，印刷信函也不太有针对性。另外，随着电视、电话和网络的普及，乡村邮路变得越来越被边缘化。

4. 电话咨询

利用电话进行技术咨询，是一种及时、快速、高效的沟通方式，在通信事业发达的国家或地区应用较早而且广泛。但使用电话咨询也受到一些条件限制，一是电话费用高；二是受环境限制，主要只能通过声音来沟通，不能面对面地接触。随着通信技术和网络技术的发展，运用电话不但能进行语音咨询，而且也能通过手机短信和手机彩信咨询。

5. 网络咨询

网络咨询不仅可以促成个人与确定个人通过网络的联系（例如电子邮件，在线咨询），而且也可以进行个人和不确定个人的在线咨询，例如通过网络发布求助信息，可以获得别人的帮助。不同地区不同类型的农业生产经营者，在年龄、文化程度、接受新事物的能力上都有很大差异，接触和使用网络的情况也是相当不同的。然而总的发展趋势是网络将越来越成为农业推广的重要渠道。

（二）集体指导方法

集体指导方法又称群体指导法或团体指导法，它是指推广人员在同一时间、同一空间内，对具有相同或类似需要与问题的多个目标群体成员进行指导和传播信息的方法。运用这种方法的关键在于研究和组织适当的群体，即分组。一般来说，对成员间具有共同需要与利益的群体适合于进行集体指导。

集体指导法的主要特点是：指导对象较多，推广效率较高。集体指导法是一项小群体活动，一次活动涉及目标群体成员相对较多，推广者可以在较短时间内把信息传递给预定的目标群体，易于双向沟通，信息反馈及时。推广人员和目标群体成员可以面对面地沟通。这样在沟通过程中若存在什么问题，可得到及时的反馈，以便推广人员采取相应的方式。使农民真正学习和掌握所推广的农业创新，共同问题易于解决，特殊要求难以满足。集体指导法的指导内容一般是针对目标群体内大多数人共同关心的问题进行指导或讨论，对目标群体内某些或个别人的一些特殊要求则无法及时满足。

集体指导方法的方式很多，常见的有短期培训、小组讨论、方法示范、成果示范、实地参观和农民田间学校等。

1. 短期培训

短期培训是针对农业生产和农村发展的实际需要对推广对象进行的短时间脱产学习，一般包括实用技术培训、农业基础知识培训、就业培训、社区发展培训等。要提高农业推广短期培训的效果，关键是要做好培训前的准备工作以及在培训过程中选好、用好具体的培训方法。

（1）培训前的准备工作

在培训之前，需要设定培训目标、了解培训对象、确定培训内容、准备培训资料、安排培训地点、确定培训时间与具体计划。

（2）培训过程中培训方法的选择

选择培训方法的出发点是使培训有效而且有趣。培训的方法有很多，在农业推广培训过程中，经常使用的有讲授、小组讨论、提问、案例分析、角色扮演等。

2. 小组讨论

小组讨论可以作为短期培训的基本方法之一，同样可以单独作为农业推广的方法使用。小组讨论是由小组成员就共同关心的问题进行讨论，以寻找解决问题方案的一种方法。小组讨论可以促进互相学习，加深小组成员对所面临的问题和解决方案的理解，促进组员合作，使组员产生归属感。这种方法的好处在于能让参加者积极主动参与讨论，同时可以倾听多方的意见，从而提高自己分析问题的能力。不足之处是费时、工作成本较高，效果往往在很大程度上取决于讨论的主题和主持人的水平。若人数太多，效果也不一定理想。

（1）小组的形成

在开展农业推广的小组讨论时，小组的构成会影响到讨论的效果。在形成小组时，要考虑人群本身的特点和讨论问题的性质，考虑小组的人数、性别构成、年龄构成等。一般而言，小组的人数在 6～15 人较为合适。人数太少，难以形成足够的信息和观点，而且容易出现冷场。人数太多，难以保证每个人都能参与讨论。人数较多时，可以将参加的人群分为几个小组，避免出现语言霸权以及部分人被边缘化的情况。

（2）小组内的分工

为提高小组讨论的效率，小组内部的成员需要分工。小组讨论可以在整个推广活动或者培训过程中多次进行，小组成员在培训期间轮换担任：①小组召集人，负责组织这次小组讨论，鼓励人人参与，避免个别人的"话语霸权"。②记录员，负责记录小组每一个人的发言。应准确地记录每个观点，不要因为自己的喜好多记录或少记录，以免造成信息丢失。③汇报员，负责代表本组汇报讨论结果，汇报时注意精炼、概括，不要"照本宣科"。

（3）做到有效的讨论

为了做到有效的讨论，需集中论题，互相启发，注意倾听与思考，同时要重视讨论后的汇报。

（4）小组讨论的场景设置

好的小组讨论不但需要一个适当的时间，而且也需要一个适当的空间。安全的、放松的、平等交流的环境，需要从空间布局、座位设置、讨论氛围等各个方面来形成。围着圆桌面坐的设置是小组讨论的最好布局。圆桌周围的人，没有上位与下位的区别，也没有人特别近或特别远，容易形成平等的感受。圆桌还有助于人们把自己的身体大部分隐藏在圆桌下面，避免因为暴露和不自信而带来紧张感。圆桌周围的人互相都能对视或交流目光，容易形成融洽的气氛。圆桌还能让部分爱写写画画的成员写下他们的想法，或者把某个讨论的主要问题写成较大的字放置在圆桌中间让大家都能看见。圆桌周围只能坐一圈层讨论者，如果人数较多时，可以把凳子或椅子稍向外拉，扩大直径，就多坐几个人。任何时间，只要坐到第二圈层，这个参与者就已经开始被边缘化了，如果没有圆桌，在农户的院子或者其他较大的房屋里，也可以设置椅子圈，这时还要给记录员一个可以写字的小桌子。

3. 方法示范

方法示范是推广人员把某项新方法通过亲自操作进行展示，并且指导农民亲自实践、在干中学的过程。农业推广人员通过具体程序、操作范例，使农民直接感知所要学习的技术的结构、顺序和要领。适合用方法示范来推广的，往往是能够明显改进生产或生活效果、仅靠语言和文字不易传递的可操作性技术。例如果树嫁接技术、家政新方法等。方法示范容易引起农民的兴趣，调动农民学习的积极性。在使用方法示范时，需要注意如下事项：

（1）做好示范前的准备

在示范活动的准备阶段，要根据示范的任务、技术特点，学员情况来安排示范内容、次数、重点，同时要准备好必要的工具、材料及宣传资料等。

（2）保证操作过程正确、规范

如果示范不正确，可能导致模仿错误和理解偏差。因而，要求农业推广人员每次示范都要操作正确、熟练、规范，便于农民观察、思考和模仿。

（3）注意示范的位置和方向

在方法示范时，不同的观察者站的位置不同，他们所看到的示范者的侧面是不同的，他们获得的信息自然也有差别。因此，在进行方法示范时，要尽可能地让所有参与者都能看到示范者及其动作的全部，示范者可以改变自己身体的朝向，来重复同一个示范动作，这样所有的人都可以看到示范的完整面貌。

（4）示范要与讲解相结合，与学员的练习相结合

示范与讲解相结合，能使直观呈现的示范与学员自己的思维结合起来，收到更好的效果。尤其是在一些特别的难点和重要的环节，示范者可以用缓慢的语言，较大的声量

重复描述要领，或者编一些打油诗、顺口溜来帮助学员记住和掌握要领，让学员动手练习，鼓励互相示范，可以增强学员学习的信心，同时也有助于他们发现将来可能在他们手中出现的问题。

（5）掌握示范人数

一次示范的人数，应该控制在20人以内。20人以上，就有可能站在圈层的第二层甚至更远，站在远处的学员，可能发生注意力的转移，甚至使示范流于形式。

4. 成果示范

成果示范是指农业推广人员指导农户把经当地试验取得成功的新品种、新技术等，按照技术规程要求加以应用，将其优越性和最终成果展示出来，以引起他人的兴趣并鼓励他们仿效的过程。适用于成果示范的通常是一些周期较长、效益显著的新品种、新设施和新技术以及社区建设的新模式等。成果示范可以起到激发农民的作用，避免"耳听为虚"，落实"眼见为实"，真正体现出新技术、新品种、新方法的优越性，引起农民的注意。

成果示范的基本方式通常有农业科技示范园区示范、特色农业科技园区示范基地示范、农业科技示范户示范等。成果示范的基本要求是：经过适应性试验，技术成熟可靠；示范成果的创新程度适宜，成本效益适当；有精干的技术人员指导和优秀的科技示范户参与；示范点要便于参观，布局要考虑辐射范围。

（三）大众传播方法

农业推广中的大众传播方法是指农业推广人员将有关农业信息，经过选择、加工和整理，通过大众传播媒介传递给农业推广对象的方法。大众传播媒介的种类很多，传统上主要分为两大类，即印刷类和电子类。结合农业推广的特点，农业推广中的大众传播媒介可以分为纸质媒介、电子媒介和网络媒介3大类型。大众传播方法具备权威性强、信息内容宽泛、传播速度快，单位成本低，信息传播的单向性等基本特点。

1. 农业推广中大众传播方法的主要应用范围

大众传播方法能够广泛地应用于农业推广的各个领域，包括技术推广、家政推广、经营服务和信息服务等。

从现阶段农业推广实践看，大众传播方法的主要应用范围是：介绍农业新技术、新产品和新成果，介绍新的生活方式，让广大农民认识新食物的存在及基本特点，引起他们的注意和激发他们的兴趣；传播具有普遍指导意义的有关信息（包括家政和农业技术信息）；发布市场行情、天气预报、病虫害预报、自然灾害警报等时效性较强的信息，并且提出应采取的具体防范措施；针对多数推广对象共同关心的生产与生活问题提供咨询服务；宣传有关农村政策与法规；介绍推广成功的经验，以扩大影响力。

2.农业推广中大众传播媒介的主要类型

（1）纸质媒介

纸质媒介是以纸质材料为载体、以印刷（包括手写）为记录手段而产生的一种信息媒介，即主要利用纸质印刷品进行信息传播的媒介。农业推广中，经典的纸质媒介可以分为单独阅读型纸质媒介与共同阅读型纸质媒介两类。

单独阅读型纸质媒介包括正式出版的书籍（例如教材、技术手册、技术推广丛书等）、各种培训资料、期刊以及明白纸、传单、说明书等。

共同阅读型纸质媒介，指在公众场合使用的一类文字，图画等信息传递工具。共同阅读的纸质媒介也不一定是印刷在纸面上的，也可以写在黑板上，或者贴在白板上。这一类媒体最好设在村委会外面的公示栏里，集贸市场的墙上、公交车站等人群或人流量较多的地方。

（2）电子媒介

电子媒介是指运用电子技术、电子技术设备及其产品进行信息传播的媒介。在农业推户中，电子媒介主要是听觉媒介和听视觉兼备的电视媒介。此外，手机在一定意义上讲也可列入此类。

（3）网络媒介

网络媒介是以电信设施为传输渠道、以多媒体电脑为收发工具、依靠网络技术连接起来的复合型媒介。从某种意义上讲，网络媒介既是大众传播媒介，又是人际传播或组织传播媒介。

网络媒介具备时效性强、针对性强和交互性强的特点，逐渐成为农业推广极其重要的渠道。

二、农业推广方法的选择与应用

通过前面的阐述不难发现，每种农业推广法都有自己的特点，包括优点和缺点。农业推广是推广人员与推广对象沟通的过程，沟通的效果与沟通内容和方法的选用具有密切的相关关系。因此，在特定的农业推广场合，应该注意合理选择和综合运用多种农业推广方法。具体而言，在选择和运用农业推广方法时，至少需要考虑以下几个方面。

（一）考虑农业推广要实现的功能与目标

农业推广的基本功能，是增进推广对象的基本知识与信息，提高其生产与生活技能，改变其价值观念。态度和行为，增强其自我组织和决策能力。任何农业推广方法的选择和使用，都要有助于这些功能以及具体目标的实现。在农业推广实践中，每个特定的农业推广项目可能只涵盖一种或几种农业推广功能与目标，换句话说，每一次具体的农业推广工作要达到的目的会有所侧重，而每种农业推广法都有不同的效果，因此要使选择的方法与推广的功能与目标相匹配。

（二）考虑所推广的创新本身的特点

在农业推广实践中，应该针对所传播的某项创新的特点，选用适当的推广方法。例如，对可试验性及可观察性强的创新，应用成果示范的方法就比较好，对于兼容性较差的技术创新项目，就应当先考虑能否综合运用小组讨论，培训，访问，大众传播等方法使人们增进知识、改变观念。在农业技术推广中尤其要考虑技术的复杂性。对于简单易学的技术，通过课堂讲授和方法示范，就能使推广对象能够完全理解和掌握。而对于复杂难懂的技术，则要综合使用多种方法，比如农户访问、现场参观、放映录像、技能培训等，以刺激推广对象各种感官，达到学习、理解和掌握技术的目的。

（三）考虑创新在不同采用阶段的特点

推广对象在采用某项创新的不同阶段，会表现出不同的心理和行为特征，因此，在不同的采用阶段，应选择不同的农业推广方法。一般而言，在认识阶段，应用大众传播方法比较有效。最常用的方法是通过广播、电视、报纸等大众媒介，以及成果示范、报告会、现场参观等活动，使越来越多的人了解和认识创新。在兴趣阶段，除了运用大众传播方法和成果示范外，还要通过家庭访问、小组讨论和报告会等方式，帮助推广对象详细了解创新的情况，解除其思想疑虑，增加其兴趣和信心。到了评价阶段，应通过成果示范、经验介绍、小组讨论等方法，帮助推广对象了解采用的可行性及预期效果等，还要针对不同推广对象的具体条件进行分析指导，帮助其做出决策和规划。进入试验阶段，推广对象需要对试用创新的个别指导，应尽可能为其提供已有的试验技术，准备好试验田、组织参观并加强巡回指导，鼓励和帮助推广对象避免试验失误，以取得预期的试验结果。最后的采用阶段是推广对象大规模运用创新的过程，这时要继续进行技术指导并指导推广对象总结经验，提高技术水平，同时，还要尽量帮助推广对象获得生产物资及资金等经营条件以及可能产品销售信息，以便稳步地扩大采用规模。

（四）考虑推广对象的特点

农业推广对象个体间存在多种差别，如年龄、性别、文化程度、生产技能。价值观等。这决定了推广对象具有不同的素质和接受新知识、新技术、新信息的能力。因此，在开展农业推广活动时要考虑推广对象的特点，适当选择和应用推广方法。进一步讲，基于采用者的创新性，可把采用者分为创新先驱者、早期采用者、早期多数后期多数和落后者5种类型，相应的推广方法也应当有所不同。研究表明，对较早采用者而言，大众传播方法比人际沟通方法更重要；对较晚采用者而言，人际沟通方法比大众传播方法更重要。一般来说，创新先驱者采用创新时，在其社会系统里找不出具有此项创新经验的其他成员，对后来采用创新的人不必过多地依赖大众传播渠道，是因为到他们决定采用创新时，社会系统里已经积累了比较丰富的创新采用经验，他们可以通过人际沟通渠道从较早采用创新的人那里获得有关的信息。人际沟通对较早采用者相对而言不那么重要的另一种解释是：较早采用者尤其是创新先驱者一般富于冒险精神，因此大众媒介信息刺激足以驱使他们做出采用的决定。推广研究还表明：较早采用者比较晚采用者更多地利用来自其社会系统外部的信息。这主要是因为较早采用者比晚采用者更具有世界主义的特征。创新通常是从系统外部引入沟通渠道和内部沟通渠道。

（五）考虑推广机构自身的条件

推广机构自身的资源条件，包括推广人员的数量和素质，推广设备的先进与否，推广经费的多少等都直接影响推广机构开展工作的方式方法和效果。经济发达地区的推广机构一般有较充足的推广经费和较先进的推广设备，应用大众传播推广手段较多；而经济欠发达地区的推广机构则限于财力和物力等条件，主要应用个别指导方法和要求不高的集体指导方法。目前，在推广人员数量普遍不足的情况下，电信和网络等现代化的推广手段无疑是一种不错的选择，但是相应的服务能力和条件也要跟上才行。

第三节 农业推广的方式

一、教育式农业推广

教育式农业推广运用信息传播、人力资源开发，资源传递服务等方式，促使农民自愿改变其知识结构和行为技巧，帮助农民提高决策能力和经营能力，从而提高农业和乡村的公共效用和福利水平。教育式推广服务以人为导向，以人力资源开发为目标，注重培育农民在不同情况下应对和解决问题的能力。

目前，按照提供教育服务机构的不同，可以将教育分为以下 3 类：正式教育、非正式教育和自我教育。非正式教育又称成人教育或继续教育，农业推广一般属于非正式教育。教育式农业推广与一般推广工作具有一定差别。首先，从工作目标上来说，考虑到政府承担着对农村居民进行成人教育的责任，因此教育式农业推广的工作目标首先就是教育性的。其次，从教育形式和内容上说，教育式推广组织的推广计划是以成人教育的形式表现的，教育内容以知识性技术为主。最后，鉴于教育式农业推广工作与大学和科研机构的功能相似，都是要将专业研究成果与信息传播给社会大众以供其学习和使用。因而，教育式农业推广中的绝大部分知识是来自学校内的农业研究成果，而且教育式农业推广组织通常就是农业教育机构的一部分或是其附属单位。

（一）教育式农业推广的优点

教育式农业推广的本质在于通过组织农业推广活动达到开发农民人力资源的目的，其工作方法灵活多样。在农业推广过程中，人们可以将多种教育式方法与农业推广工作相结合，利用各类灵活的教育式手段，如成人教育、大学推广、社区发展、乡农学校与乡村建设等，帮助农业推广工作顺利进行。教育式农业推广凭借长期以来的人力资源开发训练，能够使农民具备独立生存的技能，并将农民培养成拥有自主决策能力的经营主体，从而自发性地、根本地带动农业发展。即，通过教育式农业推广开发农民人力资源的立意，是将农民视为一个独立完整的经营个体，培养农民的经营能力，创造其为自己谋利的最佳条件，从而能够长久而稳固地奠定农民生存和经营的基础。同时，在这个推广过程中，高校、科研机构与农村之间能够实现优势互补和成果共享，因此，教育式农业推广不仅使农民获益，而且对于推广过程中的各参与主体都有很大帮助。

（二）教育式农业推广的局限性

尽管教育式农业推广内涵丰富，对于农民、农业的高效和可持续发展有重要意义，但也有一定的局限性。

首先，改变过程漫长而艰辛。相比行政式农业推广的强制性和权威性力量、服务式推广的内在激励机制，教育式农业推广在短期内不易有立竿见影之效，而农民的生计问题却是紧急而迫切的，因而，怎样平衡好短期与长期的关系对于教育式农业推广来说是一个重大挑战。

其次，推广人员的能力素质和资源配置水平有待提高。教育式农业推广方式的实施离不开高素质的推广人员，然而实践中，推广人员的教学能力和资源配备水平参差不齐，不同目标群体的教育需求也存在较大差异，这都使得教育式农业推广工作在实施过程中困难重重。此外。我国的农业推广工作中对于高等农业院校不够重视，这在很大程度上是对高校的农业推广资源的浪费。而目前的大学推广组织体系建设也存在诸多问题，突出问题是农业推广责任主体不明确，机构设置混乱，多头管理和无人管理现象严重，许多院校将教学单位等同于推广单位，影响了推广工作的顺利开展。值得注意的是，美国大学的农业推广教育作为农业推广教育的典范，受到其他国家的争相模仿，但这些国家在仿效过程中往往遭到批评，成功的案例并不多见。为此，有学者提出，应用美国农业推广教育模式需要具备5项基本条件：完整而适用的技术；能有效地判别乡村地区和家庭的变迁差异；对于乡村生活和民众的真实信心和重视；足够的资讯资源；农业推广能影响研究方向和内容。这充分说明了美国农业推广教育制度的特色不仅在于集研究教学和推广于大学内部的有效运作，还在于在推广教育中密切关注社会环境的变化和需求，并将其作为确定其战略发展方向的依据。

最后，社会对教育式农业推广工作的功能期望越来越大。第一，从推广对象的范围来看，农业推广的对象范围在不断扩大。在日本和中国台湾省的农业推广教育中，都越来越把消费者纳入被推广的对象范围内，也就是说，将农业推广的对象从农民扩大到所有消费者。第二，教育式农业推广的功能也扩大了，学者现在越来越倾向于认为教育式推广具有3大功能：教育性功能，培养农民经营农场和处理事务的能力；社会性功能，培养优秀公民，引导乡村居民参与公共事务和增进农民福利；经济性功能，降低生产成本，提高农业生产率，促进农业发展，提高农民收入。但从目前的情况来看，当前的教育式农业推广工作还难以胜任农民和消费者对其的要求。

二、行政式农业推广

行政式农业推广是指政府推广部门利用行政手段开展的农业推广，是政府运用行政和立法权威实施政策的活动。行政式农业推广工作是农业推广人员或农业行政人员依照法律法规和行政命令，让农户了解并实施有关农业资源使用和农产品价格保护措施，从而实现农业发展目标的过程。

从全球来看，农业推广功能与政府的农业施政有着密切的关系，尤其是对于发展中国家来说，农业发展是整个国民经济的基础，粮食是重要食物，农业部门内部就业较多，政府有足够的内在激励重视农业发展。而采用行政式农业推广能够有效规范农业生产行为，实现农业发展的各项目标，从而更好地进行宏观调控。因此，绝大多数国家的政府部门都在本国的农业推广活动中起主导作用，并对各级农业推广机构的活动进行直接干预。在 20 世纪 90 年代以前，绝大多数国家的农业推广经费和推广服务供给几乎完全是由政府推广机构承担，形成了以政府推广机构为主导的模式占多数的状况。其突出特点是，推广体系隶属政府农业部门，由农业部门下属的推广机构负责组织管理和实施相应级别的农业推广工作。

（一）行政式农业推广的优点

由于行政式农业推广大多由政府主导，因此其在资源利用、执行力度和宏观调控等方面具有其他方式无法比拟的优势，具体可以体现为以下几个方面：行政式农业推广的内容是经过严格的专家论证的，往往比较权威和可靠，并且自上而下的行政推广措施比较有力，能够有效保障推广内容的实施；政府拥有充足的推广资源和资金支持，能够运用政府力量干预农业生产活动，保证农业推广过程的连续性，例如，我国在基层大规模设置各级推广机构，可以将政府干预的触角延伸到几乎所有地区，这种高效的组织布局是其他私人组织和民办机构所难以做到的；行政式农业推广由政府制定规划，与国家总体的经济状况和宏观计划联系紧密，这在很大程度上有助于国家的宏观调控。事实上，很多时候基层农业推广人员和农民很难制订出有效的农业推广方案，而自上而下的行政式农业推广往往能够高效达到既定目标，行政式农业推广的强制性往往能减轻一些诸如自然灾害等不可抗力的影响，有效地达到推广目标，促进农业发展。

（二）行政式农业推广的局限性

行政式农业推广因其行政特点，一方面拥有其他推广方式无法比拟的优势，但另一方面也因为受工作方式、推广内容、资金条件等客观因素的限制，从而具有一定的局限性。

从工作方式上看，行政式农业推广是行政命令式的自上而下的推广模式，这种单向传递模式常常采用"输血式"推广方式，容易致使目标群体对政府推广部门的依赖性，削弱他们自身的潜力，不利于发挥目标群体的主观能动性和生产积极性，最终导致事倍功半。

从推广内容看，推广计划、项目决策等是由中央政府及相关行政部门自上而下制定和实施的，较少考虑不同地区的自然和社会经济条件差异以及目标群体的特定需要等问题，往往不能做到因时制宜、因地制宜，从而导致推广内容与农业发展需求脱节。此外，在行政式农业推广过程中，由于广大的农业技术采用者只能被动服从，因此推广过程中参与主体的积极性不够高，影响了整个推广工作的效率。

从资金条件看，行政式农业推广对资金的要求很高，面农业推广资金不足一直被放在农业推广问题的突出位置。各级政府对农业推广的经费投入相对较少，经费问题使我国的农业推广发展缓慢。农业推广资金不足直接导致了农业推广的不稳定性增加，比如，由于缺乏经费，农业推广，人员为维持生计，不能全身心地投入到农业推广工作，阻碍了农业推广工作的开展。自 20 世纪 90 年代以来，世界上农业推广改革的一个主流趋势是政府逐渐缩减对农业推广的投资。然而，许多发展中国家逐渐降低公共财政赤字的政策导致了对农业推广投资的限制，妨碍了有偿服务机制的引入。

随着我国市场机制的建立，农民对市场信息的需求更加强烈，这意味着政府将从生产资料投入品的供应市场营销以及农产品生产等经济活动中退出。目前，我国的农业推广体系正处于转轨阶段，面临诸多比较严重的问题，尤其是基层农业推广体系在组织管理、人员结构、项目理、推广方法、经费投入等方面的问题，这些都直接制约着农业科技成果的推广和转化。

三、服务式农业推广

服务式农业推广方式是应用最为广泛的一种推广方式，主要是推广人员为农户提供相应的农业技术、知识，信息以及生产资料服务，故也称为提供式农业推广。服务式推广背后的基本逻辑是，农业推广即农业咨询工作，推广的目的是协助和促使农民改变其行为方式以解决其面临的问题，推广方法是沟通和对话，与推广对象之间的关系是自愿、互相合作或伙伴关系，农业推广工作便是推广人员给农民或者农场提供咨询服务。推广服务包括收费推广服务和免费推广服务。服务式农业推广也可以粗略分为两种：一种是咨询式农业推广，另一种是契约式农业推广。

咨询式农业推广中，信息需求者主动向信息拥有者提出要求，农民就其农场或市场需要等方面存在的问题向专业机构申请咨询。信息供应者应具备非常丰富的信息、知识和实践技术。此类咨询工作不一定要收费，尤其是政府农业部门提供的技术服务很可能是免费的。收费服务则更多集中在农民或者农场的特定需求上，譬如管理咨询、设施管理服务、专业技术服务等，需要这类服务的主体往往农业发展已经很成熟或者特定产业已经较为发达，这时，咨询式推广服务活动多由私人咨询公司或者非政府组织开展，政府或者农会组织与这些私人公司或者非政府组织签订合同，政府或者农会组织承担全部或者部分农业推广经费，推广活动的管理由政府相关部门负责。

契约式推广服务源于契约农业，通常表现为企业与农户签订订单，契约式农业推广的目的在于提高契约双方的经济收入，其过程主要为纯粹的生产输入与输出，按照契约规定，在多数情况下，由企业负责组织安排农产品生产，农民有义务接受企业的建议与技术操作规程，使用特定的品种和其他农资，并有权要求企业提供技术服务、产品处理和价格保障等。订单中规定的农产品收购数量、质量和最低保护价，使双方享有相应的权利、义务，并对双方都具有约束力。契约式推广服务使农民在生产过程中能够享受企业提供的技术或者商业服务，有助于保证农产品的产量或者质量，从而有利于双方经济利益的共同实现。契约式推广服务突出表现为产量或者质量的基本保障，因此，该推广服务可视为一种促进农民采用创新技术的策略工具。契约式推广服务在国际上较为普遍。许多公共部门的资金支持计划都意在培育一些私营部门或者独立服务提供者来提供农业咨询或商业服务。在我国的契约式农业推广实践中，农业合作组织和企业是最主要的角色。在有企业参与的契约式农业推广方式中，农户根据自身或所在的农村组织的条件同企业进行农产品或者农资方面的合作。企业根据契约为农户提供生产和市场流通方面的服务，工作主体以企业设置的农业推广机构为主，工作目标是增加企业的经济利益，服务对象是其产品的消费者或原料的提供者，主要侧重于专业化农场和农民，最终达到契约主体双赢的局面。农业合作组织在契约式农业推广中扮演重要角色。因为企业的趋利本性，目前，世界上很少看到纯粹以企业为主导的推广模式，而作为一种半商业性质的实体组织，农业合作组织既满足了农业推广的公共属性，又能使推广活动适应市场化的运作环境，农业合作组织能有效地组织农民学习科技、应用科技，提高规模化生产经营能力，增强市场竞争力和抗风险能力，成为市场机制下一种潜力巨大的农业技术推广中介机构，是一种适应契约式农业推广发展要求的民营组织。

1. 服务式农业推广的优点

（1）相比其他推广方式，服务式农业推广方式适应范围更广。无论推广服务主体的服务条件和能力如何，也不管目标群体的接受能力、需求强度或标准高低，只要对相应的服务项目进行有效管理，在一定程度上都能获得满意的推广效果即可。

（2）服务式农业推广的服务内容更加综合。不论是咨询式农业推广服务还是契约式农业推广服务，服务内容往往都比较综合。因此，服务式推广方式认为，要想提高农业生产率，仅有技术和信息扩散是不够的，还要将其制成资源和材料，通过市场流通提供给用户使用。这样，用户才能方便地获取综合性推广服务，从而获得立竿见影的增产效果。

（3）契约式农业推广有利于提高各经济主体的创新能力。契约式农业推广引进竞争机制，淡化行政干涉，因此在农业推广过程中各经济主体的创新能力均得到有效提高。同时，农业合作组织参与到农业推广过程中后。能打破现有的农业推广部门与政府挂钩的局面，通过资源重组，逐步形成更具活力的独立农业推广企业。此外，契约式农业推广还能够有效缓解财政压力，改变直接拨款的财政分配体制。

2. 服务式农业推广的局限性

（1）服务主体与服务对象之间可能存在利益冲突。尽管服务式推广尤其是契约式农业推广有助于向不同的农民团体提供范围更广的服务，但也可能产生服务主体与服务对象间的利益冲突问题。比如企业可能会为了宣传某种产品而向农民和农业组织提供虚假或奇大的信息，对此，农民和农民组织很难辨别。大部分企业也较少考虑他们的行为，比如诱导农民过度使用农药、化肥等可能对环境造成的负面影响。

（2）缺乏对目标群体需要与问题的关注。不管是咨询式服务还是契约式推广服务，均是以物为导向，强调生产资源、物质材料等对提高生产率的作用，但缺乏对目标群体需要与问题的关注。针对特定的用户，常常是先入为主地为其提供生产信息和资源材料，任其采用。

（3）实践中，契约产销也是相当具有争议性的。契约产销可能减少了农民面对的市场价格风险，但却增加了契约的风险和不确定性。在某些特定的情况下，契约产销有可能使农产品的买方借此增加操控市场的力量，比如，通过契约产销阻止其他买家进入市场或是趁机压低现货市场的价格。另外，农民教育水平普遍较低、缺乏有效监管（包括环境监管等）、农民与企业间的信息不对称等因素都会限制契约式农业推广的发展。

第二章 农业技术

第一节 农作物育种与种子生产技术

一、作物育种的理论基础与方法

（一）引种

1.引种的概念和意义

（1）引种的概念

广义的引种是指从外地或者外国引进新植物、新作物、新品种以及和育种有关理论研究所需的各种遗传资源。这些资源经过试验以后，一方面能够把适应当地的优良品种直接推广利用，另一方面能作为育种的原始材料间接地加以利用。狭义的引种指从外地或外国引进作物优良品种，在本地经过试验后直接在生产上栽培利用。

（2）引种的重要意义

它是解决生产上急切需要新作物和新品种的有效措施。与其他育种方法比较，引种的特点是需要的人力物力少，简便易行，见效快，只要遵循一定原则，两三年即可见效。通过引种可以引进新的种质资源，充实作物育种的物质基础，同时还可以满足某些基础理论研究的需要。

2. 引种的基本原理和规律

引种并非简单地将甲地品种拿到乙地去种植,这在我国的引种史上曾有过严重的教训。1952 年广东某地从北方引进冬小麦,结果只长秆,不抽穗,颗粒无收;1956 年河南、湖北一些地区从东北引进青森 5 号粳稻,结果在秧田里就开始幼穗分化,甚至抽穗,使产量锐减。由此可见,引种必须遵循一定的程序和规律,首先要了解有关的基本原理。

（1）气候相似论原理

气候相似论是引种工作中被广泛接受的基本理论之一,由德国的林学家迈尔(H.Mayr)在 20 世纪初提出来的。其要点是:相互引种的地区之间,在影响作物生产的主要气候因素上应该相似,以保证作物品种互相引种成功的可能性。也就是说,从气候条件相似的地区引种成功的可能性较大。例如:美国加利福尼亚州的小麦品种引种到希腊比较容易成功,美国中西部地区的一些谷物品种引种到南斯拉夫的一些地区容易成功,美国的棉花品种和意大利的小麦品种引入到长江流域易于成功。

（2）生态条件和生态型相似原理

作物生长、发育和繁殖等所有生命活动都离不开环境。研究作物与环境之间相互关系的科学称为生态学。因此,对作物的生长发育有明显影响和直接为作物所同化的环境因素就称为生态因素。生态因素有气候的、土壤的,生物的等,这些起综合作用的生态因素称为生态环境。

生态地区:生态地区是指一个地理范围,即生态环境相同的一个地理区域。对于一种作物来说,具有大致相同生态环境的地区称为生态地区。

生态型:一种作物对一定生态地区的生态环境和生产要求具有相应的遗传适应性,把这种具有相似遗传适应性的一个品种类群称为作物生态型。因此,同一作物在不同生态条件下形成不同的生态型,而同一生态型中包含具有相同遗传适应性的多种不同品种。

作物的生态型按照生态条件一般可分成气候生态型（温、光、水、热）、土壤生态型（理化特性、pH、含盐碱等）和共栖生态型（作物与生物、病虫等）,其中气候生态型是主要的。籼稻与粳稻属于两个不同的地理气候生态型（温、冷）；水稻和陆稻分属于两个土壤生态型（水分条件）,而早、中、晚稻则属于季节气候生态型（长日照、短日照）。

确切地划分生态型是引种工作的基本依据。引种的成败往往决定于地区之间生态因素的差异程度,决定于生态型的差异程度。一般来说,生态条件相似的地区之间相互引种容易成功。

（3）影响引种成功的主要因素

温度:一般而言,温度升高能促进作物的生长发育,使作物提早成熟;温度降低会使作物的生育期延迟。但在发育上不同的作物对温度的要求不同,比如有些冬性作物品种,像冬小麦、冬油菜、豌豆、蚕豆等作物,在发育早期要求一定的低温条件才能完成春化阶段的发育,否则就不能抽穗开花,或者延迟成熟。

光照:一般来说,光照充足,对作物生长有利。但是,当作物通过了春化阶段,进入光照阶段时,每日光照时间的长短就成为作物发育的主导因素。从这个意义上说。此时光照的长短对作物的影响比温度更重要，特别是那些对光照反应敏感的作物或品种更是如此。根据作物对光照长短的不同反应，可将作物分为长日照作物、短日照作物和对光照不敏感的中性作物三种类型。北方栽培的作物一般为长日照作物，如小麦、大麦、豌豆、甜菜，油菜等，南方栽培的作物一般为短日照作物，比如水稻、玉米，大豆、棉花等。因此，在我国（北半球）长日照作物南种北引，由于光照变长，生育期会缩短，北种南引生育期则会延长；短日照作物，南种北引，由于光照变长，生育期会延迟，反之，北种南引生育期会缩短。

纬度和海拔：一般情况下，纬度相近的东西地区之间引种，比经度相近的而纬度不同的南北地区之间引种成功的可能性大，这实质上也是由于温度和日照的影响。因为温度和日照是随纬度而变化的。海拔的高低主要是温度的差异。据估计，海拔每升高100m，相当于提高1个纬度，温度会降低0.6℃。因而，同纬度的高海拔地区与平原地区之间引种不易成功，而纬度偏低的高海拔地区和纬度偏高的平原地区之间相互引种易于成功。例如，北京地区的冬小麦引种到陕西北部往往适应性良好。我国玉米的引种就是沿着东北到西南这条斜线进行比较容易成功。

3. 引种的程序和方法

在实际工作中，除了要遵循上述这些规律外，引种还必须依照一定的方法步骤进行。

（1）搜集引种材料

引种材料的搜集，可以到实地考察，也可以向产地征集或向有关单位转引。此项工作主要是了解外地品种的选育历史、生态类型、遗传特性和原产地的生态环境及生产水平，首先从生育期上估计哪些品种类型比较合适。

（2）先试验后推广要坚持先试验后推广的原则。

观察试验：将引入的少量种子种成1～2行与对照品种进行比较，初步观察其适应性、丰产性和抗逆性等，选择表现好的种子再进行下一步试验。

品种比较试验和区域试验：将观察试验中表现比较好的种子通过品种比较试验和多点次的区域试验确定引进品种的使用价值和适应区域。

4. 严格遵守种子检疫制度

引种是传播病、虫、草害的主要途径。在引种工作中必须严格遵守种子检疫制度，一般不能从疫区大量引种，必要时从疫区引入的少量种子要在检疫区中隔离种植，一旦发现检疫对象要彻底清除，不可蔓延。

5. 引种材料的选择

品种引入新区后，由于生态条件的变化，有时会发生变异，因此要进行必要的选择。选择分两种情况：一是保持原品种的典型性和纯度，可进行混合选择；二是如果出现优良变异，还可采用单株选择法育成新的品种。

（二）选择育种

1. 选择育种的概念和特点

选择育种是以品种内在的自然变异为材料，根据育种目标选育单株，从而获得新品种或改良原有品种的方法。选择育种是作物育种最基本的方法，是自花授粉植物。常异花授粉植物及无性繁殖植物的基本选择方法，其特点是简便易行，快速有效，不需要人工变异，因而常被育种工作者所采用。

2. 选择育种的理论基础 —— 纯系学说

丹麦植物学家约翰逊（Johannsen）从 1901 年开始，把从市场上买来的自花授粉作物菜豆品种按籽粒大小、轻重进行了连续选择试验。依据试验结果，于 1903 年首次提出了纯系学说，为后来的系统育种奠定了理论基础。这个学说的要点是：在自花授粉作物原始品种群体中，通过单株选择可以分离出许多纯系，表明原始品种是多个纯系的混合体，通过个体选择，可把不同纯系分离出来，这样的选择是有效的。在同一纯系内继续选择是无效的，因为同一纯系内个体间的基因型是相同的，表现出的表型变异是由环境条件引起的不可遗传的变异。

在纯系学说中，约翰逊首次提出了遗传的变异和不遗传的变异。要区分这两种变异必须通过后代鉴定的方法。长期以来，这一学说一直被用做系统有种的理论基础。

3. 品种自然变异的原因

纯系品种在生产上种植几年以后，总会发现品种中出现新的变异。一般而言，品种遗传基因发生变异有以下三个方面的原因：

自然异交引起基因重组：作物品种在繁殖推广和引种过程中不可避免地会发生异交，使后代产生重组基因型，出现新性状。

自然突变产生新性状：自然突变包括基因突变和染色体突变。作物品种在繁殖过程中，由于环境条件的作用，如温度、天然辐射、化学物质等不同因素影响都会导致突变的发生。新品种性状的继续分离产生变异体：新品种育成时并非绝对的纯系，只要它在主要农艺性状上符合生产要求就可在生产上大面积种植。因而，开始推广后，新品种仍然会出现分离现象，特别是那些微效基因控制的数量性状，其中很可能产生有价值的变异。

4. 性状的鉴定与选择

选择育种是以选择为手段而育成新品种的育种方法。因此，选择的方法和效率就决定了育种的成败。在作物育种中，选择是从具有变异的群体中，根据表现型把优良变异个体从群体中分离出来，使优良性状稳定地遗传下去。选择是任何育种方法创造新品种和改良现有品种都不可缺少的重要工作环节。鉴定是选择的依据，而且贯穿整个育种工作的全过程。选择的效率主要取决于鉴定的手段及其准确性。所以，选择与鉴定的方法和效率对育种工作具有十分重要的意义。

（1）选择的基本方法

选择的方法有许多种，但基本方法只有单株选择和混合选择两种方法，其他方法都是由这两种方法演变而来的。

单株选择法：单株选择也叫系统选择或个体选择，是一种基因型的选择方法。其方法是，根据育种目标从原始群体中按表现型选择优良单株（单穗或单铃），然后以单株为单位脱粒保存，下一年将每一单株的种子种成1行或1个小区区域，称为穗行或株行，同时种上对照品种进行比较，最后选出整齐一致的优良穗行。单株选择还看其后代是否发生分离，分为一次单株选择和多次单株选择。此法不仅适用于系统育种，同时还适用于杂交育种和选育自交系等其他的育种方法。

混合选择法：混合选择法是根据育种目标，从群体中按表型选择优良单株，然后将当选的若干单株混合脱粒保存，次年将混合脱粒的种子种成小区区域，同时种上对照进行比较，进而选出优良的混合群体。显然，由于混合选择法没有单株后代鉴定的过程，因此属于表现型选择。混合选择法也依其选择效果，分为一次混合选择和多次混合选择。

（2）鉴定的方法与效率

根据鉴定的性状、条件和场所以及鉴定的手段，可将鉴定的方法分为如下类别：

直接鉴定与间接鉴定：依据鉴定性状的直接表现进行鉴定称为直接鉴定，而依据与鉴定性状相关的另外的性状表现进行鉴定则称为间接鉴定。例如鉴定玉米籽粒中的赖氨酸含量，如果将籽粒磨碎，用化学的方法直接测定赖氨酸含量就是直接鉴定。然而由于高赖氨酸含量具有籽粒暗淡不透明的特征，因此用籽粒暗淡不透明的特征来鉴定高赖氨酸的含量，此法即为间接鉴定。

田间鉴定与室内鉴定：这是依据鉴定的性状适合的场所而划分的。田间鉴定是指在田间栽培条件下，对育种材料进行特征、特性的直接鉴定。有些性状必须在田间鉴定，如生育期、整齐度以及分蘖习性等。但有些性状则必须在实验室鉴定，如谷类作物的蛋白质含量、油料作物的油分含量等。另外，考种工作，如穗粒数、千粒重等的鉴定也要在室内进行。

自然鉴定与诱发鉴定：自然鉴定是在田间的自然条件下进行鉴定。但是有些性状表现要求的环境条件不是每年或每个地区都能存在的，如作物的抗病性、抗虫性以及一些抗逆性等，这就需要人工模拟危害条件进行鉴定，来以便提高育种工作效率。这种在人工模拟创造的环境条件下所进行的鉴定就是诱发鉴定。

当地鉴定与异地鉴定：育种材料更经常的是在当地进行鉴定，但有时也需要异地鉴定。当地鉴定主要是一些抗性，比如抗病性、抗旱性、抗寒性等。当有些需要人工模拟的环境条件不易或不便于人工诱发时，可将育种材料送到适宜地区进行鉴定，这就是异地鉴定。异地鉴定对个别灾害的抗耐性往往是有效的，但不易同时鉴定其他性状。

鉴定是进行有效选择的依据。应用正确的鉴定方法才能准确地鉴别育种材料的优劣，有效地做出取舍。要提高育种效率和加速育种进程，鉴定的方法越快速简便、越精确可靠，选择的效果就越高。

5. 选择育种的方法与程序

（1）系统育种

选择优良变异单株：从大田种植的推广品种原始群体中选择符合育种目标的若干个变异个体，后代按单株选择法处理。

株行比较试验：将上年当选的优良单株分别种成株行，同时设置对照。通过田间和室内鉴定，选出优良株行，进而繁殖成株系。整齐一致的优良株系可改称品系，参加下一年的品系比较试验。

品系比较试验：当选的品系种成小区，同时设置重复和对照品种，从中选出达到育种目标的优良品系参加下一个试验程序。品系比较试验一般要连续开展 2 年。

区域试验和生产试验：主要鉴定新品系的丰产性、适应性和稳定性并确定其适宜推广的地区。

品种审定与推广：上述程序完成后，报请农作物品种审定委员会审定、命名、推广。

（2）混合选择育种

选择单株混合脱粒：按照育种目标的要求，从原始品种群体中选择一批优良单株，经室内鉴定后混合脱粒供下一个试验程序使用。

比较试验：将上年当选的若干单株的混合种子和原品种种子种成相邻的试验小区，通过比较确认选择群体是否优于原品种。

繁殖推广：对于优于原品种的改良群体扩大繁殖，首先在原品种的合适地区大面积推广。

（3）混合选择育种的衍生方法

1）集团混合选择育种，当原始品种群体中具有几种符合育种目标的类型时，将中选单株按不同性状表现分成若干个集团，然后以每个集团的混合种子为单位进行下一程序的试验。

2）改良混合选择育种，此法运用单株选择，分系比较，淘汰劣系，优系混合的方法获得混合选择群体，然后再与原品种进行比较。

（三）杂交育种

1. 杂交育种的概念与意义

杂交育种是利用同一物种内不同基因类型的品种进行类型间杂交，使杂种后代产生多种基因型变异，再通过一系列纯化和选择程序，从中选择表现优良基因型纯合的系统而育成新品种的育种方法。杂交育种法是目前国内外各种育种方法中应用最普遍、成效最大的育种方法。目前各国生产上应用的主要作物品种绝大多数是采用杂交育种法育成的。

我国在 20 世纪 50 年代由西北农学院利用碧玉麦和蚂蚱麦杂交育成的碧蚂 1 号曾在黄河流域中下游的推广面积达到 $6 \times 10^6 hm^2$，以矮仔占为矮源与惠阳珍珠早杂交育成的水稻品种珍珠矮在全国的种植面积曾达到 $3.33 \times 10^5 hm^2$。这些都是我育种史上"大品种"的典范事例。据统计，杂交育种法育成的品种在 20 世纪 50 年代仅占品种总数的

14.8%，但随着时间的推移，杂交育种育成的品种呈直线上升趋势，60 年代与 70 年代分别占 35.5% 和 35.4%，80 年代达 79%，1990–2014 年间达到 91.6%。

在国际上此法仍然是主要的育种方法。例如，利用此法菲律宾国际水稻研究所育成了一系列矮秆多抗水稻品种：墨西哥国际小麦玉米改良中心育成了一系列矮秆、适应性广的小麦品种。杂交育种不仅用于纯系品种的选育，同时也是优势育种中选育优良亲本的有效方法。在不育系和恢复系的选育工作中，杂交育种法也是最基本的方法。

2. 杂交育种的基本原理

选育作物新品种，本质上是要改造作物的遗传基础，创造新的基因型。从遗传上看，作物的品种或类型间存在着不同程度的基因型差异。杂交育种正是利用了这种差异，通过两个或多个基因型有差异的亲本杂交，使其后代产生大量的重组基因型，其中会出现综合双亲优点而又克服其缺点的优良基因型，甚至还会出现超过亲本的新性状。杂交育种的原理就是基因重组，因而，杂交育种也称重组育种，其主要有下列 3 种情况：

（1）基因重组综合双亲优良性状

选用遗传结构不同的亲本杂交，通过基因的分离与重组可以综合双亲的优良性状，育成集双亲优点于一体的新品种。

（2）基因互作产生新性状

遗传试验表明，有些性状的表现是不同显性基因相互作用的结果。因此，可通过基因重组，使分散在不同亲本中的不同显性基因结合，产生不同于双亲的新性状。例如，两个均感霜霉病大豆品种杂交，在后代中有时出现大量抗病新个体（9 抗，7 感）；在高粱上，两个白种皮品种杂交，在杂种二代出现红种皮个体（9 红：7 白）。

（3）基因累积产生超亲性状

这是基于数量性状的多基因遗传基础。由于基因重组，可将控制不同亲本同一性状的不同基因，在新品种中累积起来，产生超亲现象，使作物的某一性状得到加强。例如在生育期方面，可选出比早熟亲本更早熟的新品种。

3. 杂交亲本的选配

在杂交育种中，根据育种目标和已掌握的原始材料，正确地选择亲本并且合理地配置组合成为亲本选配。

亲本选配是杂交育种成败的关键，直接关系到杂种后代能否出现优良的变异类型，能否选出好的品种。育种的实践表明，亲本选配是比较复杂的，一个优良的杂交组合，往往能分别在不同的育种单位育成多个优良品种，而其他组合，因为亲本选配不当，虽然也经过了精心选育，但却不易选出优良品种来。

如在小麦的育种工作中：碧蚂 4 号 x 早洋麦→河南选出郑州 24 号；山东选出济南 2 号；北京选出北京 8 号；另外，在河北和江苏也都选出了新晶种。

由于杂交育种是不同基因型的亲本杂交后，从基因重组产生的多种基因型中选择优良的纯合体，因此，杂交亲本必须提供育种目标改良性状所需要的基因。但实际上，亲本在提供所需优良基因的同时，也携带一些不良基因。所以，在亲本选配上，如何选择既能使后代保持并提高其优良性状，又能克服其缺点的亲本组合是亲本选配的核心问题。

4. 亲本选配的基本原则

亲本应具有较多的优点，主要性状突出，缺点少，又较易克服，亲本间最好没有共同的缺点。这是由于：一方面，作物的许多经济性状属于数量性状，杂种后代的性状表现与亲本值密切相关；另一方面，有种目标总是要求多方面的综合性状，如果亲本都是优点多，缺点少不突出且能互相取长补短，这样在杂种后代出现优良性状值高且综合性状好的基因型的概率就大。

此外，亲本间既要有性状互补，也不能有太多的互补，以免影响后代优良基因型的分离比率。

亲本之一最好是适应当地条件，综合性状较好的推广品种。这是因为当地推广品种对当地的自然条件具有良好的适应性，且综合性状好。

亲本间在生态类型和亲缘关系上要有差异。不同生态类型，不同地理来源和不同亲缘关系的品种间，由于遗传基础差异较大，杂种后代分离范围广，易于提供选择的变异类型，但这种组合方式分离世代长，延长育种年限。亲缘关系近的亲本间杂交，后代分离范围小，变异类型少，但分离的时间短。选定哪种亲缘关系的材料作亲本，主要还是要看育种目标的需要，如果亲缘关系近的材料中具有育种目标所需的性状，就没有必要去寻找亲缘关系远的材料作杂交亲本。

选用一般配合力好的材料作亲本。配合力分为一般配合力和特殊配合力，这一概念最初是在选育玉米杂交种时提出来的，目前已在自花授粉作物和常异花授粉作物的杂交育种中应用。一个优良品种常常是一个好的亲本。但育种的实践表明，并非所有的优良品种都是好的亲本，好的亲本也并非都是优良品种。譬如，美国创世界小麦高产纪录的著名品种 Gaines，在成千上万个组合中作亲本均未取得成功，而其姊妹系 Pullmen10 品系却是一个很好的亲本，以其为亲本之一育成了 Hayslop 等多个优良品种。也就是说 Pullmen10 品系的一般配合力好。一个亲本品种配合力的好坏，并不是依据品种本身的直接性状表现来评价的，而是要通过与其他品种杂交后，依据杂种后代的表现才能反映出来。因此，在亲本选配时，除了注意品种本身的优缺点外，还要通过杂交实践积累资料，以便了解品种的一般配合力。

5. 杂交方式

根据育种目标的要求，在一个杂交组合里选用几个亲本，各个亲本的配置称为杂交方式。杂交组合（一般简称组合）是指参与杂交的不同亲本构成。

（1）单交（成对杂交）

用两个亲本进行一次杂交的杂交方式称为单交（singlecross）或成对杂交，以 A×B 或 A/B 表示，写在前面的 A 亲本为母本，后面的 B 为父本。杂交组合后代中，A 和 B 的遗传组分各占 50%。单交因其只进行一次杂交，简便易行是最基本，也是最常用的杂交方式，如果选用两个亲本即可满足育种目标的要求，一般都采用单交方式。

单交有正反交之分。正反交是一对相对概念，如果称 A/B 为正交，则 B/A 就是反交。

如果没有细胞质基因控制的性状，正反交的效果是相同的。但如果育种目标涉及细胞质控制的性状，如小麦的抗寒性，最好正反交的组合都要做。

（2）复交

复交（multiplecross）是复式杂交或复合杂交的简称，是指选用3个或3个以上亲本，进行2次或2次以上杂交的方式。其特点是把未稳定的杂种进行再杂交，用来进行再杂交的亲本可以是杂种也可以是稳定的品种。

三交：先用两个亲本杂交获得F1，然后再用第三个亲本与之进行再杂交。可用（A×B）×C或A/B//C表示。由于杂交中亲本使用的顺序不同，各亲本在复交组合中的遗传贡献是不一样的。因此，要将综合性状好的亲本放在最后一次杂交中，以便增强杂交后代的优良性状。

双交：双交是指用两个单交的F1进行再杂交的杂交方式。参与杂交的亲本可以是3个，又可以是4个，分别以（A×B）×（A×C）和（A×B）×（C×D）或A/B//A/C和A/B/C/D表示。

上述的3亲本三交方式和这里的3亲本双交方式，在杂种后代中3个亲本的核遗传组分所占比率是一样的，但选择效果和育种进程有一定差异。

四交：选用4个亲本进行杂交，可以是双交方式，如上述的（A×B）x（C×D），也可以是4个亲本先后杂交，[（A×B）×C]×D或A/B//C/3/D（3代表杂交的总次数）。

复交还可以有更多亲本杂交的方式，如五交、六交、七交等，还可以有一些特殊形式。

（3）聚合杂交

当选用少数亲本不能满足育种目标要求时，能够采用多亲本的聚合杂交，将多个亲本的优良性状聚合在一起。如8个亲本的聚合杂交：

第一次杂交：A/B，C/D，E/F，G/H，组配成4个单交组合；

第二次杂交：A/B//C/D，E/F//G/H，组配成2个双交组合；

第三次杂交：A/B//C/D/3/E/F//G/H，组配成8个亲本的杂交组合。

（4）回交

回交是杂种与亲本之一进行再杂交的杂交方式，常用于改良只有个别缺点的优良品种，同时还用于转育不育系和恢复系等。

6.杂种后代的选择

正确地选择亲本并采用合理的杂交方式获得了杂交种子，这仅仅是创造变异的基础工作，为育种目标的改良性状提供了必要的基因。而更重要的大量工作，是在杂交后代的分离群体中，通过连续的选择、培育、比较和鉴定，选出符合育种目标的优良纯种个体，从而育成新的品种。因此，在杂交育种中，亲本选配是基础，选择是关键。

对杂种后代的选择要在培育的基础上进行。培育条件对选择效果影响很大，对于同一组合的杂交后代而言，它可以分离成多种多样的基因型，然而每一种基因型的表现都离不开相应的环境条件，"没有千斤的地力，就选不出千斤的品种"。如果杂种后代具有优良的遗传基因，而没有适合的培育条件，优良性状就不能得到充分表现，选择也不易取得成效。

杂种后代的选择方法很多，但其主要方法还是系谱法和混合法。这两种方法是杂种后代选择的基本方法，也是最常用的方法。此外，在此基础上还有多种改良方法。

（1）系谱法

1）系谱法的要点自杂种第一次分离世代（单交 F2、复交 F1）开始，每一世代均按单株选择法进行选择并予以编号，直至选到性状表现整齐一致的优良系，然后按系统混合收获参加下一个试验程序。

2）各世代的工作要点（以单交种为例）

杂种一代（F1）：按组合依据 F2 的需种量确定种植株数。通常不选单株，但要种植和亲本对照，以便去掉伪杂种并淘汰有严重缺点的组合。成熟后，以组合为单位混合收获真正的杂种植株的种子，编号保存。

杂种二代（F2）：按杂交组合点播，单株选择。F2 是性状开始分离的世代，也是分离范围最广的世代。其群体的大小与优良单株出现的概率有关，种植的单株数目不宜太少。一般小株作物应种到 2000 ~ 6000 株，其原则是：①育种目标要求面广的要大些；②多亲本复交的后代要大些；③ F1 评定为优良组合的应大些；④ F1 表现较差但又没有把握淘汰的群体能够小些。

选择的原则是，依据育种目标先比较组合的优劣，然后在优良的组合中选择优良单株。这一代选择的重点是受环境影响比较小的性状，即遗传力高的性状，如抽穗期、开花期、早熟性等，以及某些由主效基因控制的抗病性等，对这些性状的选择要从严；面对遗传力较低的易受环境影响的性状，如单株产量、穗粒数等，可放宽选择标准。

选株的数量可依据育种目标性状的遗传特点和 F3 需种植的系统数来确定。每个组合可选几株、几十株或几百株、育种目标要求综合性状良好的组合应该多选。收获时按单株收获并编号。

在 F2 以及以后各代也都要种植亲本和对照。以供选择时参考。

杂种三代（F3）：将 F2 中选单株按组合排列，每个单株种成一个小区（株行），一般为 1 ~ 2 行。这时，每个小区即每个中选的 F2 单株的后代（F3 各株）称为一个系统或株系。

F3 系统间性状差异表现明显，但绝大多数系统内仍有广泛分离，继续选择单株依旧是重要的。

这一代选择的方法是先在优良的组合中选择优良系统，再从优良的系统中选择优良单株。每个系统中一般可选 5 ~ 10 株，入选株按系统分株收获、分株脱粒、延续编号、保存。如果有个别表现突出并且稳定的株系，可在选株后其余植株按系统混合收获，提前参加下年的产量试验。

杂种四代（F4）及其以后各世代：选择方法与 F3 基本相同。

3）选择的依据和效果

遗传力与世代的关系：不同性状在同一世代遗传力不同；同一性状在不同世代遗传力不同。

生育期、株高、抗病性等遗传力较高，千粒重、穗粒数中等，每株穗数、单株穗重、产量较低。因此，遗传力较高的性状应在早代选择，遗传力低的性状要在晚代选择，因为遗传力随着世代的增加而增高，如大豆株高的遗传力 F2=60，F3=73，F4-82 等。这样的选择方法可靠性大，效果好。

个体与群体的关系：就同一性状而言，在同一世代，根据单株的表现进行选择，遗传力最小，可靠性最低；依据系统选择次之；依据系统群选择遗传力最高，可靠性也最高。

（2）混合法

混合法（bulk method）是在杂种分离的世代按组合种植，不进行选择直到估计杂种后代群体中纯合率达到 80% 以上时（F5 ~ F8），再进行 1 ~ 2 次单株选择，下一代建立系统（种成株系），最后，选出优良系统进行升级试验。

显然，混合法分为两段：前一段（F2 ~ F4），通过自交使个体基因型纯合；后一段（F5 ~ F8），通过单株选择获得纯系。此法适用于自花授粉作物。混合法群体要大，代表性要广，在收获和播种时每个世代尽可能包括各种类型的大多数植株。到选择单株世代，选择的单株数量尽可能多，甚至可以选择几百乃至上千。选择无须过严，主要是靠下一代的系统表现严格淘汰。

（3）其他衍生的方法

从系谱法和混合法的比较可见，两种方法各有优缺点。为利用它们的优点，克服其缺点，在两种方法的基础上，又衍生出许多其他方法，在育种的实践中，可依具体条件灵活应用。

1）衍生系统法。衍生系统法（derivedline method）是在 F2 或 F3 进行一次单株选择，其单株的后代分别称为 F2 或 F3 衍生系统。以后各世代只选择系统不选单株，在保留的优良系统中，只淘汰劣株，其余按系统混合收获，混合种植，不进行选择，直到性状趋于稳定时（F4 以后），再进行一次单株选择，次年种成系统，最后选出优良系统升级到产量比较试验

衍生系统法的优点是：早代利用了系谱法的优点，对质量性状进行了定向选择；而晚代又利用了混合法的优点，对数量性状进行了选择。

2）单粒传混合法。此法一般是从 F2 代开始，每一世代在仅淘汰属于简单遗传的不良性状的基础上，按照组合每株采收一粒（或几粒）种子与下一代混合繁殖，直到 F5 ~ F6 再进行选株，次年种成株系，选择优良株系进行产比。

单粒传混合法认为，杂种后代的株间变异大于株内变异。为了最大限度地保存变异量，克服自然选择的不良作用，同时缩小规模，应当采用每株采收等量种子的方法进行加代。

3）集团混合法。在 F2 代，根据表现较明显的一些主要性状，如生育期、株高等，将每个组合按类型分为若干个集团，以后世代按集团混合种植，直到性状稳定时再从各集团中选择单株，建立系统，选择优良系统进行产量试验。

集团混合法具有混合法保持丰富变异类型的优点，同时又克服了混合法不同类型间相互干扰的缺点。

7. 回交育种

（1）回交育种的基本概念

回交是指两个亲本杂交产生的杂种，再与亲本之一进行再杂交的杂交方式。当生产上推广的某一品种综合性状比较好，只存在个别性状需要改良时，就能够考虑用回交育种的方法。回交育种法属于杂交育种，但此法在品种改良中具有独特的作用。

回交育种法就是根据育种目标的要求，选择适宜的轮回亲本和非轮回亲本杂交，然后再经多次回交后，并经自交选择育成新品种。

轮回亲本（多次亲本、受体亲本）是指在回交育种中多次使用的亲本。非轮回亲本（一次亲本、供体亲本）是指在回交中只使用一次的亲本。

（2）回交育种的特点如下：

1）预见性高，方法简便，收效快。当生产上应用的某一品种优良性状比较全面，只有一两个缺点需要改良时，可采用回交育种法。例如，一个综合性状优良的丰产品种，只有不抗病这一个缺点，为了改良该品种的抗病性，又要保留其他全部优良性状，用回交改良法是很有效的。

比如丰产品种为轮回亲本时，以抗病品种为非轮回亲本，两亲本杂交后，再次经过几次回交便可获得符合育种目标的新品种。

2）用于选育不育系、恢复系或转育标记性状在下面要讲述的杂种优势利用中，用作杂种亲本的不育系、恢复系主要是用回交法育成的。如果利用标记性状生产杂交种子，首先必须使亲本之一具有标记性状，这种标记性状也要通过回交转育的方法获得。

3）用于远缘杂交育种在远缘杂交育种中，常常遇到远缘杂种不育和杂种分离世代过长的困难，回交是克服远缘杂种不育和分离世代过长的有效方法之一。

4）培育近等基因系为了研究在相同遗传背景下不同基因的作用，可用回交法将不同基因转育到同一轮回亲本中去，育成分别具有个别基因的近等基因系，通过在相同遗传背景下的相互比较，正确地鉴定不同基因的作用。多系品种就是用此法育成的。

5）可异地、异季进行，能加快育种进程回交育种的选择主要是针对需要转移的目标性状进行。因此，只要这个目标性状得到发育和表现，在任何环境条件下均可进行回交，这就有助于利用温室、异地或异季种植，加速育种进程。

（3）回交育种的程序与技术

在回交育种的程序中一般都包括杂交，回交和自交3个步骤。在回交程序完成后，对新育成的品系还要进行必要的产量比较试验，在确定有利用价值后，才可用于生产。对于需要审定的作物品种，还要按规定的试验程序进行必要的试验。

二、种子生产技术

（一）品种的混杂与退化

优良种子的标准包括：纯度高；饱满；发芽率高；发芽势好；带病虫害少。

1. 品种混杂与退化的区别与联系

品种混杂是指一个品种中混进了其他品种。品种退化是指品种性状变劣的现象，即品种的生活力降低，抗逆性减退，产量和品质下降。混杂容易引起退化并加速退化，退化又必然表现混杂。即混杂是退化的原因，退化是混杂的结果。

2. 品种混杂与退化的原因

（1）机械混杂

在种子工作的各个环节中，由于条件限制或人为疏忽，导致不同品种种子混入的现象称机械混杂。机械混杂是造成品种混杂退化的主要原因之一，同样是当前生产上普遍存在的现象。

（2）生物学混杂

由于隔离条件以及去杂去劣不及时，不严格，不彻底，造成异品种花粉传入引起天然杂交，导致品种出现不良个体，破坏品种的一致性，使品种纯度和种性降低的现象称为生物学混杂。各种作物都可能发生生物学混杂，但在异交和常异交作物上比较普遍存在且严重。发生生物学混杂后可能导致性状分离，因此出现各种类型变异株。

（3）品种本身遗传特性发生累积性变化和自然突变

一般说来，一个常规品种（或自交系）是一个纯系，但完全的纯系是不存在的。即使是同一作物品种，其不同植株个体间在遗传上总会有或大或小的差异。随着品种在生产上使用年限的延长，这些差异会逐渐积累，使品种不断地由纯向杂转化。这种变化达到一定程度后，品种可能丧失使用价值。

（4）品种本身遗传特性改变

一个品种推广后，由于各种自然因素的影响，有可能发生各种不同的基因突变，在优良品种群体中出现变异株，造成品种的混杂退化。

（5）不正确的人工选择

在良种繁育过程中，若对品晶种的特征特性不了解，进行不正确选择，同样会造成品种混杂退化。

3. 品种防杂保纯的措施

（1）严防机械混杂。

（2）防止生物学混杂，合理隔离，严格去杂。隔离方法通常有：空间隔离；时间隔离；屏障隔离。

（3）及时去杂、去劣和正确地选择。

（4）建立种子田制度。

（三）加速良种繁育的方法

良种，亦称大田用种或生产用种。常说的良种有两层含义：一是优良品种，二是优良种子，即优良品种的优良种子。具体地说是指用常规种原繁殖的纯度，净度、发芽率、水分四项指标均达到良种质量标准的种子。

1. 提高繁殖系数

种子的繁殖系数就是种子繁殖的倍数，用产量为播种量的倍数表示。提高繁殖系数的方法有三类，既可单独使用也可结合使用。

（1）稀播精管

以最少的播种量，达到合理的成苗株数，获取最佳的经济效益。在我国有精量、半精量播种、点播或单本栽插等方法，通过精细管理，壮个体。构建合理群体，提高产量和繁殖系数。

提高种子质量：清选、晾晒、拌药或包衣、催芽等。

细整地精播保全苗：要争取一播全苗，整地要深、透、细、平，土壤湿润，播深一致，覆土严密。

（2）剥蘖移栽

具有分蘖习性的作物，如小麦，水稻，采取一次剥蘖分植，或者延长营养生长期，多次剥蘖繁殖。少量的种子，可以达到很高的繁殖系数。

（3）营养繁殖

又称芽栽繁殖，其狭义是指利用块根、块茎类作物的不定芽育苗移栽，广义而言是指充分利用无性繁殖器官的繁殖习性，提高繁殖系数。

2. 一年多代

一年多代即选择光温条件可满足作物生长发育的地区或季节进行冬繁或夏繁。一年多代的主要方式是异地异季繁殖。春、夏播作物（稻、玉米、棉花、大豆等）可在海南省三亚市、崖州区县、陵水和乐东县一带进行秋、冬繁殖。玉米 11 月 15 日左右播种，水稻 12 月底左右播种。北方冬小麦可到云贵高原夏繁，再到海南冬繁，南方的春小麦可到黑龙江春繁。

第二节 设施农业技术

一、温室大棚

（一）温室大棚分类

温室大棚是温室和大棚的统称。温室比大棚在功能上有所升级，设施结构复杂，冬天能够保温，而大棚本意指有支撑结构和透光、半透光覆盖材料地栽保护设施，设施结构相对简单，夜间保温性差，建造成本较低。然而由于我国纬度跨度大，这类设施形式变化多样，现在对两者并不严格区分。

温室大棚按连接形式与规模可分为单栋温室与连栋温室，按建造材料可分为竹木结构大棚、水泥架结构大棚、钢结构大棚、有机材料结构大棚等，按用途可分为塑料大棚、塑料中小拱棚、日光温室和玻璃温室等。

1. 单栋温室与连栋温室

温室根据平面布局和结构组合形式分为单栋温室和连栋温室。单栋温室又称单跨温室，是指仅有一跨的温室，部分塑料棚、日光温室等都属于单栋温室，通常采用单层薄膜覆盖。两跨及两跨以上，通过天沟连接中间无隔墙的温室，称为连栋温室。

连栋温室具有土地利用率高、室内机械化程度高、单位面积能源消耗少、室内温光环境均匀等优点，更适合现代化设施农业的发展要求，满足未来设施农业融入高科技发展的需求，也是现代机械化农业必然发展趋势。

2. 塑料棚、日光温室与现代连栋温室大棚

习惯上温室大棚常按用途进行分类，包含塑料棚、日光温室、玻璃温室等。

（1）塑料棚

塑料棚按高度分为塑料大棚、塑料中棚与塑料小棚。

塑料小棚：也称小拱棚，由拱棚架和塑料薄膜组成，棚高一般 0.6m 左右，棚宽 1.2 ~ 1.4m，拱棚架材料为竹条、竹竿等。小拱棚矮小，升温快，但棚内温度和湿度不能调节，一般用于春冬季育苗和春提早瓜类、蔬菜的栽培。小拱棚建造成本低，待温度升高后可拆除。小拱棚的拱架也可用钢管或 PVC 管等材料制作成永久结构，温度升高后只需拆除塑料薄膜。

小拱棚内可铺设地膜和加温电线提高地温。

塑料中棚：一般棚高 1.5m 左右，棚宽 4m 左右，适于育苗与栽培，人可以在里.面操作，性能优于小拱棚。

塑料大棚：塑料大棚的尺寸根据场地进行设计，一般棚长 20 ~ 30m，棚宽 6 ~ 8m，多为半圆拱形，肩高 1m 以上，棚高 2m 以上，拱架间距 0.6 ~ 0.8m。塑料大棚的密闭性较好，保温性能好，冬季可增加保温设施，人可在里面方便操作，适合育苗、春提早和秋延后蔬菜栽培。

塑料大棚也可以做成双栋和多栋的连栋形式。每栋的建造规格与单体大棚相似，两栋间以棚肩相连。塑料连栋大棚的面积大，温度和湿度比单体大棚更稳定，在里面进行生产操作比单栋大棚更方便。

（2）日光温室

日光温室是在我国北方地区使用较多的简易温室设施，也称为"暖棚"。日光温室为节能型单栋温室，由我国独创的具有鲜明中国特色的种植设施，是我国北方地区独有的越冬生产的主要设施，也是目前我国北方农村庭院建造的主要温室类型之一。

日光温室由采光的前坡面、后坡面和维护墙体组成。日光温室的三面为维护墙体，前坡面的覆盖材料一般为玻璃或塑料薄膜，前坡面日落后用保温被或者草帘等柔性材料覆盖，日出后收起。日光温室最突出的优点是保温性能好，冬季不需要使用加温设施，节能效果显著，建造投资较低，有些材料可就地取材，总体经济效益较好，但是土地利

用率较低，管理不太方便。

（3）现代温室连栋大棚

现代温室连栋大棚的尺寸较大，通常采用钢架支撑结构，围护结构采用玻璃、PC板等，覆盖材料为 EVA、PE、PVC 膜，单跨 8～6m，开间 4～8m，棚高 5m 左右，滴水高度 3m 左右，宽度可达到 80m，长度可达 100m。现代温室连栋大棚具有风机水帘系统，通过排风机、通风机和水帘降温设施利用水蒸发散热的原理降温；还具有内外双层遮阳控制系统，夏季能够使直射阳光转化成漫射光，避免强光灼伤作物；智能化的大棚具有基于物联网的控制系统，能够实时远程获取各种环境参数，通过专家系统模型分析，调控温度、湿度、CO_2 浓度、光强度等，并且能通过远程 PDA、PC 或手机监控。

（二）温室大棚的结构

我国纬度跨度大，由南向北，保温显得十分重要；由北向南，通风与降温显得十分重要。北方大棚体积较大，一般单个棚占地 0.5～1 亩，往南则温室有缩小的趋势，一般南方地区单个温室的面积一般为 0.3 亩左右。

温室大棚属于农用设施，国家制定了一系列的建设规范标准，如 GB/T10292《温室工程术语》、GB/T18622《温室结构设计荷载》、NY5010《无公害食品蔬菜产地环境条件》、GB50205《钢结构工程施工质量标准》等。但我国南北跨度大，各地在建设时做法有所不同。因此，具体施工往往是采用地方标准或企业标准进行。

1. 塑料温室大棚基本构造

塑料大棚可采用竹木、水泥、钢管为支撑件，其中钢筋结构大棚为目前的主流，它的耐用性和采光能力超过前两类。南方地区塑料大棚有的还在侧面开窗，以便夏季高温时通风与降温。

2. 现代温室连栋大棚基本构造

（1）基本构造

此类大棚为玻璃板、PC 板铺设的高档大棚，使用钢架结构。这类大棚结构较为复杂，目前没有统一的配件标准，由各大棚厂家自行设计，使用各自标准的配件。

目前通常的做法是厂家设计单跨大棚，单跨大棚栋栋相连成为连栋形式，内部可分开也可连通。这样简化了设计与施工，降低了建造成本。

这种温室大棚的空间大，采用钢架结构和硬质围护结构抗雨雪等恶劣自然气候的能力强，使用寿命长，并且能够设计成智能型大棚，大棚内气象环境条件可控，大棚内适合蔬菜瓜果等作物的种植，还能够做生态餐厅用。其缺点是造价较高，如果施工质量不高的话大棚内接缝较多，保温效果并不十分理想。这类温室大棚比较适合我国南方地区偏暖的气候条件，用于育苗、生态景观展览和生态餐厅等方面。

（2）常见术语

现代温室大棚虽不属于严格意义上的建筑物与构筑物，但结构与设计均与一般民用和工业建设规范相同，国家对其术语制定了行业标准。但由于新的工艺不断出现，标准相对滞后，设计者和使用者往往借用民用与工业建筑的术语。这些术语最初来自民间，较"土气"，各地说法各异，存在同一物品多种名称的现象。

以下列出一些常见术语。

基础：承受温室荷载的底脚，常用钢筋混凝土浇筑或用砖砌成。

天沟：屋面与屋面连接处的排水沟，常用冷轧镀锌板压制。

温室跨度：两相邻天沟中心线之间的距离。

脊高（顶高）：封闭状态下温室的最高点至室内地平面的距离。

肩高（檐高）：温室屋面与侧墙交线至室内地平面的高度，即滴水高度；立柱底板到天沟下表面的高度。

开间：天沟方向相邻两根承重立柱之间的距离。

拱架：垂直于大棚轴线的拱形骨架。

拱距：相邻两个拱架之间的距离。

棚头：大棚主体结构的两端部分。

横梁（横向拉杆）：屋架的下弦与地面平行，与天沟垂直的长条形杆件。

立柱：温室中支撑屋面的直立构件，常用型钢制作。

斜撑：倾斜支撑两平行或者垂直杆件的长条形杆件。

（3）温室大棚内常见设施

①通风降温系统。通风降温系统包括风扇、风机、降温水帘等。

②增温加热系统。增温加热系统采用锅炉加热供暖或燃气加热供暖的方式。采用锅炉加热供暖污染较大，使用燃气供暖的方式燃气成本较高。

③移动育苗床、多层育苗床。移动育苗床是现代温室大棚内常见的育苗设施，能够使育苗床之间有足够的作业空间；多层育苗床能够充分利用设施空间。

④其他设施。

补光设施：可在温室大棚的相应位置安装补光用的灯，一般采用大功率碘钨灯。

图像采集：安装摄像头，能用终端实时监控温室大棚内部情况。

物联网控制器：对温室大棚的温度、湿度、CO_2 浓度、光照强度、图像等参数的数据进行采集与处理的装置，管理者能现场控制或通过远程终端管理温室大棚。

二、基质栽培技术

（一）无土栽培与基质栽培技术

无土栽培技术是指不用天然土壤，采用基质或营养液进行灌溉与栽培的方法，可以有效利用非耕地，人为控制和调整植物所需的营养元素，发挥最大的生产潜能，并解决土壤长期同科连作后带来的次生盐渍化，是避免连作障碍的一种稳固技术。

无土栽培可以分为无固体基质栽培和固体基质栽培，其中无固体基质栽培是指将植物根系直接浸润在营养液中的栽培方法，主要包括水培和雾培 2 种。固体基质栽培是通常人们所指的基质栽培。基质栽培按照基质类型区分，可以分为无机基质栽培、有机基质栽培、复合基质栽培 3 种。其中，无机基质中的惰性材料基质在我国研究和应用相对成熟，石砾、珍珠岩、陶粒、岩棉、沸石等均可作为无机基质。有机基质一般取材于农、林业副产物及废弃物，经高温消毒或生物发酵后，配制成专用有机固态基质。用这种方式处理后，基质的理化性质与土壤非常接近，一般具有较高的盐基交换量，续肥能力相对较强，如草炭、树皮、木屑等都属于有机基质。复合基质是指按一定比例将无机基质和有机基质混合而成的基质，克服了单一物料的缺点，有利于提高栽培效率。

（二）基质栽培技术的特点

基质栽培是目前我国无土栽培中推广面积最广的一种方法，是将作物的根系固定在有机或无机的基质中，通过滴灌或微灌方式灌溉，输送营养液，能有效解决营养、水分、氧气三者之间的矛盾。

基质栽培的作用特点如下所示：

1. 固定作用

基质栽培的一个很重要的特点是固定作用，能使植物保持直立，防止倾斜，从而控制植物长势，促进根系生长。

2. 持水能力

固体基质具有一定的透水性和保水性，不仅可以减少人工管理成本，还可以调节水、气等因子，调节能力由基质颗粒的大小、性质、形状、孔隙度等因素决定。

3. 透气性能

植物根系的生长过程需要有充足的氧气供应，良好的固体基质能够有效协调空气和水分两者之间的关系，保持足够的透气性。

4. 缓冲能力

固体基质的缓冲能力是指可以通过本身的一些理化性质，将有害物质对植物的危害减轻甚至化解，通常把具有物理化学吸收能力、有缓冲作用的固体基质称为活性基质；把无缓冲能力的基质称为惰性基质。基质的缓冲能力体现在维持 pH 和 EC 值的稳定性。一般有机质含量高的基质缓冲能力强，有机质含量低的基质缓冲能力弱。

三、水培技术

水培技术是指不采用天然土壤，采用营养液通过一定的栽培设备栽培作物的技术。营养液可以代替天然土壤向作物提供合适水分、养分、氧气和温度，使作物能正常生长并完成其整个生活史。水培时为了保证作物根系能够得到足够的氧气，可将作物的一部分根系悬挂生长在营养液中，另一部分根系裸露在潮湿空气中。水培技术是目前设施农业中经常使用的作物栽培技术之一。

（一）水培技术的发展简介

植物生长发育主要需要 16 种营养元素。1859 年德国著名科学家 Sachs 和 Knop 建立了用溶液培养来提供植物矿质营养的方法，在此基础上，逐渐演变和发展成今天的无土栽培实用科学技术。美国是世界上水培技术商业化最早的国家，20世纪70年代就已经实现了蔬菜水培的产业化。目前全世界已有100多个国家和地区使用水培技术生产，栽培面积也不断扩大，其中荷兰是水培技术最为发达的国家。

20世纪70年代，国内逐渐开始水培技术的研究及应用，山东农业大学率先开展作物的营养液水培育苗工作。华南农业大学根据南方亚热带气候条件的特点，研制出水泥结构深液流法水培装置，并从1987年开始在南方各地推广。1990年以来，浙江省农科院在日本营养液膜技术设备的基础上，研制了定型泡沫塑料槽的浮板毛管水培技术；沈阳农业大学、北京市蔬菜中心、南京市蔬菜所等也引进了日本的全套无土栽培设备，研制出简易营养液膜技术和岩棉培技术。目前阶段我国发展的主要水培技术为深液流技术、浮板毛管技术和营养液膜技术。

（二）营养液配比原则

营养液的配方是水培技术的核心。

1950年，加利福尼亚农业实验站的霍格兰（HoaglandD.R.）和阿农（Armon D.I.）两位农学家总结了该站的植物水培成果，提出了植物水培的经典配方——霍格兰配方。

1. 营养液配比的理论依据

目前确定营养液组成的配比理论依据来自以下3种配方。

（1）标准园试配方

由日本园艺试验场提出的配方，依照植物对不同元素的吸收量确定营养液的各元素组成比例。

（2）山崎配方

由日本植物生理学家山崎肯哉根据园试配方研究果菜类作物水培而提出的配方，其原理是水、肥同步吸收，由作物吸收各元素的量与吸水量之比（表观吸收浓度）确定营养液的各元素组成比例。

（3）斯泰纳配方

由荷兰科学家斯秦纳提出，原理是作物对不同离子具有选择性的吸收，营养液中阳离子 Ca^{2+}、Mg^{2+}、K^+ 的总摩尔数和阴离子 NO_3、PO^3、SO^2 的总摩尔数相等，但阳离子中各元素的比例和阴离子中各元素的比例有所不同,其比例值由植株的成分分析得出。

2. 营养液的配比原则

（1）营养元素应齐全

营养液中的营养元素应齐全，除碳、氢、氧外的13种农作物必需营养元素由营养液提供。

（2）营养元素应可被根部吸收

配制营养液的盐必须有良好的溶解性，呈离子状态，不能有沉淀，容易被作物的根系吸收和有效利用。营养液一般不能采用有机肥配制。

（3）营养元素均衡

营养液中各营养元素的比例均衡，符合作物生长发育的要求。

（4）总盐分浓度适宜

总盐分浓度一般用 EC 值表示，不同作物在不同生长时期对营养液的总盐分要求不一样，总盐分浓度应适宜。

（5）合适的 pH

一般适合作物生长的营养液 pH 应为 5.5～6.5 营养液偏酸时用一般 NaOH 中和，偏碱时用一般硝酸中和。各营养元素在作物吸收过程中应保证营养液的 pH 大致稳定。

（6）营养元素的有效性

营养液中的营养元素在水培的过程中应保持稳定，不容易氧化，各成分不能因短时间内相互作用而影响作物的吸收与利用。

（三）水培的优势与面临的问题

1. 水培技术的优势

（1）节水节肥

水培能够节约用水、节省肥料，水培过程中，通常 1～5 个月才更换一次营养液，水培蔬菜在定植后不需要更换营养液。

（2）清洁卫生

水培法生产的农产品无重金属污染，还能降低农药的使用量，也可以通过绿色植物净化空气。

（3）避免土传病害

根系与土壤隔离，能避免各种土传病害，避免了土壤连作障碍。

（4）经济效益高

与传统的作物栽培方式相比，水培的空间利用率高，作物生长快，而且一年四季能反复种植，极大地提高了复种指数，经济效益明显。水培法尤其适合叶菜类的蔬菜栽培。

2. 水培技术推广面临的问题

（1）一次性投资大

需要建设温室连栋大棚和各种水培设施，比如种植槽、管道、通风设施、各种控制设施等，初期投入比较大。

（2）病害传播快

因为营养液处于流动状态，营养液中一旦有病菌滋生，其传播速度就会加快。水培时作物的根系浸泡在营养液中，由于水培的作物大部分原本不是水生植物，还须注意处理作物在营养液中吸收营养和呼吸之间的矛盾，否则容易出现氧气不足而缺氧烂根的现象。

（3）水培产品品质有待提高

由于水培的营养液成分简单，水培作物的次生代谢受到影响，产品的营养成分和微量元素目前均难以和常规栽培产品和有机食品的品质相媲美。

第三节 种植业资源与生产调节技术

种植业资源是人类从事作物生产所需要的全部物质要素和信息，认识种植业资源的特性是合理利用种植业资源的基本依据。

一、种植业资源的类型

种植业资源可以根据不同的特性进行分类，各种分类体系都是针对某一具体性质而言的，是相对的。

（一）按照种植业资源的来源分类

1. 自然资源

自然资源（natural resource）是指在一定社会经济技术条件下，能够产生生态效益或经济价值，提高人类当前或可预见未来生存质量的自然物质能量的总称。包括来自岩石圈、大气圈、水圈和生物圈的物质，如由太阳辐射、降水、温度等因素构成的气候资源；由天然降水、地表水和地下水构成的水资源；由地貌、地形、土壤等因素构成的土地资源；由各种动植物、微生物构成的生物资源。生物资源是农业生产的对象，而土地，气候、水资源等是做为生物生存的环境因素存在的。

2. 社会资源

社会资源（Social Resource）是指通过开发利用自然资源创造出来有助于种植业生产力提高的人工资源，比如劳力、畜力、农机具，化石燃料、电力、化肥，农药、资金、技术、信息等。

作物生产是自然再生产与经济再生产相交织的综合体，农产品是自然资源和社会资源共同作用的结果。自然资源是种植业生产的基础，是生物再生产的基本物质条件；社会资源是对自然资源的强化和有序调控的手段，可以增强对自然资源利用的广度和深度，反映种植业发展的程度和种植业生产水平。在种植业发展的早期，人们主要依赖优越的自然资源，比如利用河漫滩的肥沃土壤或烧荒后的土壤肥力等进行作物生产。除人力、畜力及简单的农机具外，几乎没有其他社会资源的投入，生产力水平非常低下。随着科学技术的进步和现代工业的发展，社会资源的投入日益增多，生产力亦随之不断提高，现代农业生产越来越依赖社会资源的投入。

（二）按照种植业资源是否具有可更新性分类

1. 可更新资源

可更新资源（renewable resource）是指自我更新周期短，能够年复一年循环利用的资源，主要针对自然资源而言。如种植业自然资源中的生物资源，基于生物再生产的生命过程，可以通过生长发育和繁殖进行自我更新；气候资源虽然年际间有一定的变化，但能每年持续利用，永续利用；土壤资源、矿物质营养、土壤有机质可借助生物小循环不断更新；水资源在地球水分循环中得到缓慢更新，但若对地下水开采过度，形成大面积地下水漏斗，则其更新周期将会变长或成为不可更新资源。作为社会资源的人、畜力，可周期性地补充和更新，亦称为可更新资源。

种植业资源的可更新性并不是必然的，而是以一定的社会经济技术水平和生态条件为前提的。只有在资源可塑性范围内合理利用，适度开发，才能保持其可更新性，否则就会适得其反，使资源丧失可更新性，最终导致资源短缺或枯竭。更有甚者，由于某一单项资源的可更新性功能丧失，造成整体资源的破坏。如滥伐使森林退化，气候失调，灾害频繁；滥牧使草原超载，草场退化；滥垦导致水土流失，土地沙化；农田只用不养或用多养少造成地力衰退等，这些都是种植业掠夺式经营使资源可更新性受到破坏的例子。

2. 不可更新资源

不可更新资源（non-renewable resource）是指不能连续不断地或周期性地被产生、补充和更新，或者其更新周期相对于人类的经济活动来说太长的一类资源。如化石燃料、矿藏等，这些物质都是远古时代的动植物随地质变化而深埋于地壳深层形成的，储量有限，如果不珍惜或不节约使用，就会供不应求，导致资源危机。保持和增强可更新资源的可更新性是种植业持续发展的基础，替代或节约不可更新资源以保护和维持可更新资源的永续利用是种植业持久发展的重要手段。

（三）按照种植业资源贮藏性分类

1. 贮藏性资源

贮藏性资源（storable resource）是指资源的生产潜力可以贮存，当年不用可以等待来年使用的资源。如肥料、种子、农药、燃料、饲料以及现代种植业不可欠缺的煤炭、石油、天然气等化石能源，磷矿石、钾矿石和微量元素等矿藏资源等。但是可贮存年限受制于其利用价值，随肥效、药效下降及种子发芽率降低等，这类资源的生产潜力将同步减少。

2. 流逝性资源

流逝性资源（non-storable resource）是指当年不用则立即流逝，不能留存下来供以后使用的资源。如太阳辐射、热量、风能、劳畜力等。这类资源必须尽可能充分利用，以减少流逝，增值增益。另外，有些资源兼有贮藏和流逝两种性质，如农机具，土地闲置等。

农机具今年不用可以来年再用，但其折旧率下降，使用时间延后。土地闲置可以来年再用，也可以积累水分活化养分，从而提高作物产量。

二、合理利用种植业资源的原则

合理利用资源，可以实现资源增值，不断为人类提供越来越多的产品，丰富人们的生活。如果利用不当，超过资源增值的"阈值"，就会恶化更新条件，造成资源衰退，破坏生态平衡。

（一）因地制宜发挥优势

地带性与非地带性因素交织在一起，形成了资源在平面和垂直分布上的不平衡。不同地区和经营单位种植业的社会资源更是千差万别，如人口、劳力、土地、资金、肥水供应、各种生产设施以及技术管理水平都有各自的具体情况。因此，必须根据不同地区自然资源的数量、质量及组合特点以及不同种类农作物的生态特性，结合当地社会经济条件，确定不同地区资源的利用方向与合理利用方式，建立合理的种植业生产布局和结构，并采取不同的资源保护、培育和改造措施，趋利避害，扬长避短，发挥其现实优势和潜在优势。

（二）利用、改造和保护相结合

既要充分利用各种种植业资源，又要十分珍惜资源，重视对资源的保护和培养，并努力改造不利的资源劣势成为有利的资源优势，变不能利用的资源为可以利用的资源，使有限的种植业自然资源能充分发挥它们相对无限的生产潜力。例如，培育更加优质、高产、抗逆性强的各种动植物品种；改造低产的盐碱地、风沙地、涝洼地为良田；修筑梯田，防止水土流失，兴修水利发展灌溉等。

借助自然界物质循环或生物的生长繁育使可更新资源不断地得到更新，对这类资源如能合理利用，就可取之不尽，用之不竭。但是，如果开发利用不当，就会使这些资源的可更新性遭到破坏，甚至完全枯竭。因而，资源开发利用的强度不能超过资源的"阈限"值。不可更新资源中部分是可回收并重新利用的，例如铁、铜、矿质肥料（磷、钾）、云母等，如以废物排放，则成为环境的污染物质。不可回收的非更新自然资源，如煤、石油、天然气等矿物能源要尽可能节约利用。

（三）综合开发，发挥资源的综合效益

由于种植业资源具有整体性，所以开发利用种植业自然资源不能只考虑某一资源要素的作用而忽视与其他要素相互联系、相互制约的关系，也不能只考虑局部地区的资源利用而忽视整个地区各项资源的全面、合理利用。必须宏观全局，着眼于农、林、牧、副、渔的全面发展，充分发挥种植业自然资源的整体功能和综合效益，使自然资源能分层次多级多途径利用，废弃物能得到综合利用，提高资源的利用效率。

三、光照与作物生长发育

光是农业生产的基本条件之一，是地球上所有生物生存和繁衍最基本的能量来源，生命活动所必需的全部能量都直接或者间接地来源于太阳光辐射能。绿色植物的光合作用将太阳光能转化为地球上生命活动所能利用的化学能。光合作用是绿色植物利用光能将 CO_2 和水合成有机物质并释放氧气的过程，所合成的有机物质主要是碳水化合物。光合作用所积累的日光能，无论是对地球上生物的生命活动，还是对人类的生产活动，都具有极其重要的意义。

光不仅影响作物的生长和发育，也直接影响农作物的产量和品质。一般作物都需要充足的阳光，才能生长发育良好、组织健壮、产量高、品质好。若光照不足，光合作用弱，则会导致作物茎叶徒长、细胞壁薄、产量低、品质差，并易遭受病虫危害和倒伏。但对于有些蔬菜，为使其组织柔嫩、改善风味、增加经济价值，往往遮光栽培，减少日光直接照射、阻止光合作用，防止其由绿色变成白色。

（一）作物生长发育对光照的需求

太阳光是十分复杂的生态因子，太阳的辐射强度、光谱成分、光照时间长短和周期性变化对生物的生长发育和地理分布都产生着深刻的影响，生物本身也对这些多样变化的光因子有着极其多样的反应和适应。

1. 作物对光照强度的需求

光照强度是指单位面积上的光通量大小。光照强度对植物光合作用速率产生直接影响，单位面积上叶绿素接受光子的量与光通量呈正相关，光子接受多则获得的光能大，光化学反应快。光照强度对植物的生长发育，植物细胞的增长和分化，体积的增大以及干物质积累和重量的增加均有直接影响。在一定范围内，光合作用的效率与光照强度成正比，但到达一定强度后若继续增加光照强度，会发生光氧化作用使与光合反应有关的酶活性降低，光合作用的效率开始下降，这时的光照强度称为光饱和点。

另外，植物在进行光合作用的同时也在进行呼吸作用。当影响植物光合作用和呼吸作用的其他生态因子都保持恒定时，光合积累和呼吸消耗这两个过程之间的平衡就主要决定于光照强度。光补偿点的光照强度就是植物开始生长和进行净光合生产所需要的最小光照强度。为了在不同环境中生存，植物在光照，CO_2 和水等生态因子的作用下，形成了不同的适应特性，以保证光合作用的进行。

作物群体的光饱和点与补偿点比单叶的指标高，这是由于当光照强度增加使作物群体上层的叶片（单叶）达到光饱和点时，下层叶片的光合作用仍随光照强度的增加而增加。

另外，在同一自然光照下，上层叶中不同叶片因方位与角度不同，并非一律达到了光饱和点。对于群体的光补偿点来说，它应该是上层叶片光合作用的产物与下层叶片的呼吸消耗相抵消时的光照强度，其数值自然会比单叶高。在衡量光照强度对作物整体的影响时宜采用群体指标值。值得注意的是：作物群体的光饱和点与补偿点也并非一个常数，它们随叶面积指数、CO_2 含量、温度、土壤有效水分等许多因子而变化。

光照强度对植物形态的建成有重要作用。光能促进组织和器官的分化，并限制器官的生长发育速度，使植物各器官和组织保持发育上的正常比例。植物叶肉细胞中的叶绿体必须在一定的光强条件下才能形成与成熟。弱光下植物色素不能形成，细胞纵向伸长，碳水化合物含量低，植株为黄色软弱状，发生黄化现象（etiolationphenomenon）。增加光照强度有利于果实的成熟，影响果实颜色的花青索的含量与光照强度密切相关。强光照通常有利于提高作物生产的产量和品质，如使粮食作物营养物质充分积累，提高籽粒充实度，使水果糖分含量增加、色素等外观品质充分形成等。

不同作物对光照强度要求不同，光照过强或不足都会引起作物生长不良，产量降低，甚至出现过热、灼伤、黄化倒伏等现象导致死亡。因而，正确地调节光照强度以提高对太阳能的利用，是作物栽培的重要课题之一。

2.作物对光质的需求

自然条件下，绿色植物进行光合作用制造有机物质必须有太阳辐射作为唯一能源的参与才能完成，但并非全部太阳辐射均能被植物的光合作用所利用。不同波段的辐射对植物生命活动起着不同的作用，它们在为植物提供热量，参与光化学反应及光形态的发生等方面，各起着重要作用。

太阳辐射中对植物光合作用有效的光谱成分称为光合有效辐射，（Photo synthetically Active Radiation，简称 PAR）。PAR 的波长范围和可见光基本重合。光合有效辐射占太阳直接辐射的比例随太阳高度角的增加而增加，最高可达45%。而在散射辐射中，光合有效辐射的比例可达60%～70%之多，所以多云天反而提高了 PAR 的比例。平均而言，光合有效辐射占太阳总辐射的50%，太阳可见光是由一系列不同波长的单色光组成的。这些单色光组成可见光谱，其波长范围是 380～760nm，光合作用的光谱范围就在可见光区内。不同的光质对植物的光合作用、色素形成、向光性、形态建成的诱导等影响是不同的。其中，红橙光主要被叶绿素吸收，对叶绿素的形成有促进作用，蓝紫光也能被叶绿素和类胡萝卜素吸收，因此，这部分光辐射被称为生理有效辐射。绿光很少被吸收利用，被称为生理无效辐射。实验证明，红光有利于糖的合成；蓝光有利于蛋白质的合成；蓝紫光与青光对植物伸长有抑制作用，使植物矮化；青光诱导植物的向光性；红光与远红光是引起植物光周期反应的敏感光质。

弄清光质的不同生态功能，有利于在生产实践中加以应用。在大棚或塑料薄膜栽培中，选用不同滤光性薄膜可获得不同的光质生态环境，以形成特定作物品种或特定生长阶段对光质的要求。

3.作物对光照时间的需求

地球绕太阳公转时，地球相对太阳的高度角变化造成昼夜长短依纬度的不同而异，各地的昼夜长短也不同，但在一定地区和一定季节是固定不变的。不同地带的生物接受的光照时间长度也存在较大的差异。实际日照长度因天气原因大大少于其理论值，因而生理学上采用光照长度更为准确。光照长度指理论日照加上曙、暮光的有效光照时间、天空云层对其绝对长度只有较小的影响。每天光照与黑夜交替称为一个光周期（photoperiodic）。早在 20 世纪初就有科学家发现，昼夜交替及其延续时间长度对作物开花有很大影响，也影响着落叶休眠的开始，以及地下块茎等营养贮藏器官的形成。日照长度的变化对植物具有重要的生态作用，因为分布在地球各地的植物长期生活在各自光周期环境中，在自然选择和进化中形成了各类生物所特有的对日照长度变化的反应方式，这就是生物中普遍存在的光周期现象。

（三）提高作物光能利用率的措施

1. 选育高光效优良作物品种

选育合理叶型、株型较适合高密度种植而不倒伏的品种，是提高光能利用率的重要措施之一。

从叶型来说，一般斜立叶较利于群体中光能的合理分布和利用。由于叶斜立，单位面积上可以容纳更多的叶面积；另外，斜立叶向外反射光较少，向下漏光较多，可使下面有更多的叶片见光。在太阳高度角大时，斜立叶每片叶子受光的强度可能不如垂直对光的叶，但光合作用一般并不需要太强的光照。换句话说，同样的光能分布到更大的叶面积上，这对光合作用有一定的好处，因其使更多的叶面利用光能进行同化。如果作物的上层叶为斜立叶，中层叶为中间型，下层叶为平铺型，则群体光能利用率最好。理想叶的分布应为：上层叶占 50%，叶与水平面呈 90° ～ 60°；中层叶占 37%，叶与水平面呈 60° ～ 30°；下层叶占 13%，叶与水平面成 30°。

此外，平叶、直立叶的多少及其对光合强度的影响与叶面积指数有关。叶面积指数低时，平叶多，能够增加光合量；叶面积指数大时反之。平叶与直立叶的上下分布对光能利用率有一定的响，叶面积指数小时，对光能利用率的影响较小；叶面积指数大时，直立叶在上面为好。

选育株型紧凑的矮杆品种，群体互相遮阴少、耐肥抗倒、生育期短，形成最大叶面积快，叶绿素含量高，光能利用率高，是目前的选种方向之一。培育光呼吸作用低的品种，或用筛选法从光呼吸植物中选择光呼吸较低的植株，培育成新品种，也是提高光能利用率的一种途径。

提高光能利用率，最根本的还是通过延长光合时间、提高光合叶面积和提高光合效率等途径。

2. 延长光合时间

（1）提高复种指数

复种指数是指全年总收获面积对耕地面积的百分比，是衡量耕地每年收获的次数。提高复种指数可增加收获面积，延长单位土地面积上作物的光合时间。国内外实践研究证明，提高复种指数是充分利用光能。提高产量的有效措施。如将一年一熟制改为两年三熟制和一年两熟制，一年两熟制改为一年三熟制，不断提高复种指数。在一年内安排种植不同的作物，从时间和空间上更好地利用光能，缩短田地空闲时间，减少漏光率。

在条件允许的地方可以推行间套复种方法，由于间套复种在一定程度上能提高作物的光能利用率。其好处首先是能延长生长季节，使地面经常有一定作物的覆盖。比如小麦、玉米与高粱三茬套种（如果热量许可），其全年的面积是此起彼伏，交替兴衰；其次，能合理用光，因为间套作田间的作物配置，常采用高、矮秆相间，宽、窄行相间的方式。这样，可增加边行效应，把单作时光照分布的上强下弱的形势变为上下比较均匀，改善通风透光条件比单作增加了密度与总叶面积。

但如果生长季不够长或保证率不够高而勉强推行间套复种会造成减产，甚至使后茬失收。间套复种还必须考虑肥力、劳力、植保、总的经济效益等方面的因素，其中有的甚至比气象条件更重要，故必须因条件而制宜，不可盲目推行。

（2）延长生育期

在不影响耕作制度的前提下，适当延长作物的生育期。比如，前期要求早生快发，较早形成较大的光合叶面积；后期要求叶片不早衰。这样，就可以延长光合时间。当然，延长叶片寿命不能造成贪青徒长；因为贪青徒长，光合产物用于形成营养器官，反而会造成减产。

（3）人工补充光照

在小面积的栽培中，如日光温室等，当光照不足或日照时间过短时，还可以用人工光照补充。日光灯的光谱成分与日光近似，并且发热微弱，是较理想的人工光源。

3. 增加光合面积

光合面积即作物的绿色面积，主要是叶面积。它是影响产量最大的影响因素，同时又是相对容易控制的一个因素。但是叶面积过大，又会影响作物群体的通风透光而引起一系列矛盾。所以，光合面积要适当地增加。

（1）合理密植

合理密植是提高光能利用率的主要措施之一。合理密植可以使作物群体得到最好的发展，因为有较合适的光合面积以及充分利用光能和地力。种植密度过低，作物个体发展好，但作物群体得不到充分发育，光能利用率低；种植密度过高，下层叶子受到的光照少，在光补偿点以下，变成消费器官，光合生产率降低，导致作物减产。

（2）改变植株株型

新近培育出的小麦、水稻和玉米等作物高产品种株型有着共同的特征，如秆矮，叶直立小面厚，分蘖密集等。株型改善能增加密植程度，增大光合面积，耐肥不倒伏，充分利用光能，提高光能利用率。

4. 提高光合效率

限制光能利用率的自然因素很多，如作物生长初期覆盖率小；作物群体内光分布不合理；光能转化率低；高纬度区农业受冬季低温的限制；不良的水分供应与大气条件使气孔关闭，影响 CO_2 的有效性与植物的其他功能；光合作用受空气中 CO_2 含量的限制；作物营养物质的缺乏；自然灾害（气象与病虫等）的影响等。若能设法解决上述矛盾，就可以大大提高光能利用率，从而提高作物产量。

（1）改进作物种植行向

假设太阳高度角不变，当光线顺行的方向照射时，行间因不受作物遮挡，所以该行向行间的光照条件比其他行向的行间为好；但对行内的作物而言，情况正好相反，光线顺行照射时植株间相互遮阴最严重，故光照条件反比其他行向差，当光线垂直于行向照射时，行间因受作物遮阴，光照条件差，但行内植株间彼此遮阴少，所以光照条件较好；另外，在中纬度地区，根据太阳方位角一天的变化规律，夏季太阳光从东与西照射的时间，比从南面照射的时间长得多。纬度越低，太阳偏东西方向照射比偏南照射的时间越长，纬度越高情况正相反。但从东西照射时，由于太阳高度角低，故作物阴影较长，中午偏南照射时阴影较短。依据以上两点，在中纬度将出现两种情况。对单作与间套作的上茬作物来说，以南北行对作物受光有利，且纬度越低，南北行越有利，纬度越高南北行的优势渐减。对套种的下茬作物（共生期内）来说，则以东西行对作物受光有利，且纬度越低，东西行越有利，纬度高则其优势渐减。南北行向行间光照分布比较对称，东西行向行间光照分布则北面比南面偏多，使行间套作的几行作物长得不均匀，但可利用这种光照分布的特点，将套种的作物种在行间稍偏北而光照较多的地方。

不同行向对作物的影响是综合的，光只是其中一个方面；另外，行向的效应将随纬度、季节、天气与种植方式等而异，故关于哪种行向更好的结论不尽相同。

（2）改进栽培管理措施

提高单位叶面积的光合生产率，还可以从改进栽培管理措施着手。

一方面，适宜的水肥条件是提高单位叶面积光合生产率与生长适宜叶面积的重要物质基础；另一方面，水肥还通过影响叶面积进而影响群体通风透光条件，而通风透光又是提高单位叶面积光合生产率的重要条件，对于高产群体，问题尤为突出。所以水肥措施对提高植物光能利用率有着综合的影响。

通过育苗移栽（如水稻）以充分利用季节与光能；采用中耕、镇压、施用化学激素与整枝等措施，以调整株型，改良群体内的光照与其他条件；或抑制光呼吸，以提高光能利用率；加强机械化以最大限度地缩短农耗时间；精量播种，机械间苗以减少郁蔽；用化学药剂整枝以调节株型叶色等，这些对提高光能利用率都将起一定的促进作用。

第三章 农业技术推广体系

第一节 需求导向型农技推广机制的运行机理

从整体来看，需求导向型农技推广机制包括了农户系统、研发系统和推广系统三个部分，每个系统中存在着不同的行为主体，而他们之间的价值取向、活动目标及思维方式能否在最大程度上保持契合是该机制顺利运行的前提和保证。本节将三大系统的构成主体进行细分，以公益性农技推广服务和商品性农技推广服务为基础，探究各主体在需求导向型农技推广机制的不同角色与分工；围绕农户系统，沿循农业技术的使用与评价——需求信息反馈——按需研发技术——按需推广技术的途径，着重分析不同农业经营主体的技术需求。

一、需求导向型农技推广机制中不同行为主体的角色与分工

农户系统、推广系统和研发系统是需求导向型农技推广机制构成的三大主体，其中推广系统和研发系统依据农业技术的经济属性，分划成公共型农技推广研发机构和商品型（私有型）农技推广研发机构。需强调的是，不能把政府的农技推广研发机构和公共型农技推广研发机构相混淆。这实际上仍然是一个区分农业技术商品性的问题，公共型农技推广研发机构提供的服务是完全免费的，即具有非竞争性和非排他性的特征；政府的农技推广研发机构囊括了公共型农技推广研发机构，但除此之外，政府部门也向农户系统提供其他的一些农资设备或技术服务，例如种子、化肥以及大型农田灌溉技术等，

这部分农技服务和私人企业所提供的完全相同，是一种具备竞用性和独立性的商品。从传统认知的角度来看，政府的农技推广研发机构和公共型农技推广研发机构毫无区别，但实质上，两者之间存在一种包含和被包含的关系。

需求导向型农技推广机制的运行是一个多向沟通的过程，研发系统和推广系统围绕农户系统开展工作，重点在于满足异质类农户的技术需求。三大系统中的不同行为主体均以追求利益最大化为根本目标，在逐利的过程中各自分工并扮演着不同的角色，下面就这些不同角色分别进行论述：

（一）农户

在这一部分的论述中没有对农业经营主体加以细分，而只是用农户这一概念进行表达，其原因在于无论小规模农户还是家庭农场，在需求导向型农技推广机制中扮演的角色以及发挥的功能作用大致相同。具体来说，农户的这些角色主要体现在以下三个方面：

第一，他们对农业技术的选择和使用拥有自主决策权。自主决策权的获得一方面取决于市场经济条件下农户独立经营主体地位的确立，另一方面归因于农村生产要素市场的不断建立和完善。在新机制的作用下，农户不再简单被动地接受研发和推广机构为其提供的同质化技术服务，而是依据现实情况选用那些能够实现自身生产经营目标的技术类型。当然，自主决策权的使用效果与不同农户的要素配置能力、知识水平、甚至是身体素质关系密切，一些农户能够准确预测市场中相关农产品的供需信息，并熟知技术的操作流程，因而可以按量按需选择技术；但有些农户受知识能力的制约，在信息不完全条件下同样可以按照自己的意愿行使自主决策权，这种盲目性的选择往往会导致更大的损失，也就是说农户拥有的这种自主决策权能否为其带来收益仍是一个需要争论的问题。

第二，参与农业技术的试验、示范和确认。前面提到，在需求导向型农技推广机制中农户拥有对农业技术选择的自主决策权，但在实际采用之前，需要提高其对目标技术的认知程度，即积极广泛地参与农业技术的试验和示范活动。试验及示范活动除能直观反映农业技术的适用性和经济效益，为农户的生产经营决策提供依据外，还给农技研发推广机构提供了一个与农户互动交流的平台，农户在试验和示范的过程中可以将自己对技术的看法借助推广系统反馈给研发系统，进而形成一种自下而上的农技信息传递路径。此外，为使推广部门和研发部门更能及时准确地了解当地农业技术的利用状况，农户还需对不同类型的农业技术进行确认。胡瑞法根据农民对农业技术的现实需求和在生产经营过程中遇到的问题，确定了当地已有并且农民需要，但必须经过试验之后才能顺利推广的技术，同时也包括农民难以直接采用，需要通过其他农民示范过后才可接受、农民应当采纳但在现实中尚未采纳的现代型成熟技术，当地缺乏、需要从外地引进或自行研发的技术等三类技术。

第三，对需求导向型农技推广机制中的其他参与者进行监督和评价。判断农业技术研发环节和推广环节是否有效的唯一标准是农户对所用农技服务的满意程度。进一步说，农户能否采纳某种技术的关键在于技术使用前后成本收益的变化，如果该生产要素无法给农户带来实际收益，那么无论农业技术有多先进，抑或技术的推广效率有多高，都是毫无意义的。这种对农技推广系统和研发系统工作效率评判的标准一方面突出了农户在需求导向型农技推广机制中的核心地位，另一方面也为广大农户监督评价其他参与者工作的行为提供了现实依据。因此，为提高技术要素的使用效率，实现新机制的顺利运行，农户应主动监督其他系统中行为主体的工作。

农户对研发机构工作的评价相对简单，评定指标主要包括农业技术的经济性、社会性和有用性，其中农业技术的经济性是农户在使用技术服务之后的实际收益要大于之前的收益水平；农业技术的社会性与从事农业生产经营的生态环境有关，例如，化肥的大量使用虽然能大幅度提高农业生产效率，但同时带来的土壤酸化、空气及水资源污染等问题也愈发严重，农户以此项指标对研发机构进行评价时，虽无法科学准确地估计生态环境损失，但能够凭借直观感受做出判断；农业技术的有用性通常与其经济性紧密相关，即农技服务能否解决农民在生产经营过程中遇到困难和问题。

由于农技推广环节是连接农户和技术研发机构的重要桥梁，绝大部分农民是通过推广环节接触到所用技术的，因此对推广部门工作的评价相对复杂，评定指标的设置也更加贴合实际。本书以可操作性、便捷性及可量化为基本原则，利用推广服务情况和解决农民实际困难两项指标对推广系统的行为主体进行考核。推广服务情况的考核主要是看农民对于技术的认知程度，具体可以量化为举办农民培训班的次数、聘请专家或技术人员现场授课的次数、发放相关材料和明白纸的数量。解决农民实际困难的评价指标包括解答农民技术难题的次数（入户率）、新技术试验示范情况（能否严格按照原方案执行，能否如实地对示范试验项目的执行情况进行记录）。设置服务入户率这一指标的前提假设是农民见到推广人员的次数越多，就越有可能为其答疑解惑。具体的考核步骤是：农民在每个月末或者年末向主管部门反映自己见到农技推广人员的次数，将接受过农技服务的农民数量与研究区域农民总人数的比值作为标准，作为推广人员工资奖金或者职务晋升的依据。

（二）推广人员

在论述农技推广人员的角色之前，需要对其不同类型、不同价值取向的构成主体进行梳理和区分。依据需求导向型农技推广机制中对农业技术属性的界定，农技推广人员被自然划分成公益性农技推广人员和商品性农技推广人员，其中公益性农技推广人员以从事与农业技术推广工作相关的政府公务人员为主，即所谓的全国性农技推广队伍，主要包括农业部所属种植业、水产、畜牧兽医、农机化四个系统，省、地市、县、乡四级国家农技推广机构人员。需要强调的是，这些农技推广人员具有统一编制，而且工资由国家财政统一拨付，这就排除了某些差额拨款或自收自支型推广机构中的人员为增加收益而采取的技术买卖行为。商品性农技推广人员涉及两类，第一类是以农业企业为代表的私营机构。农业企业中的推广人员在某种程度上看充当了一种"推销员＋售后服务员"的角色，由于企业是以利润最大化为目标，因此推广人员需围绕企业的销售环节开展工作。对于物化类农业技术的推广过程一般不会发生交易行为，企业可以通过技术商品的买卖获利。如农民在购买种子、化肥、农药等生产要素过后，企业的推广人员可以免费教给他们如何正确有效地使用，即推广服务产生的价值附着在技术商品之中。第二类是政府农技推广人员，他们虽有统一的编制，但出于节省财政支出的考虑，政府不承担或部分承担此类推广人员的薪水。因此，为提高收益水平，自收自支或差额拨款推广机构中的工作人员必须利用自身的知识和技能在市场环境下寻求交易。农村生产要素市场中的道德缺失和监管疏漏导致广大农民对私营机构推广人员产生了强烈的不信任，在现实推广工作中，政府的公信力使农民更愿意相信那些具有"官方背景"的机构或个人，因而这类推广人员在获得农民支持方面具有明显的优势。

农技推广工作的实质是完成农业技术从获取编辑到消化理解再到传播扩散的过程，其性质是一个与农民不断沟通、不断交流的社会性活动。在需求导向型农技推广机制中，推广人员是沟通农民与科研单位的桥梁，在增加农民收入，提高要素作用效率等方面发挥了重要的作用。具体来看，推广人员的职能和任务主要包含以下几个方面：首先，主动了解不同农业经营主体的技术需求。黄宗智指出，我国农业发展正处于三大历史性变迁当中，即非农就业、生育率下降而导致的农业从业人数减少、消费者食品消费的转型。三大历史性变迁背景下的农业经营主体对农业技术的需求也随之发生改变，具体的影响结果将在第6章详细阐述。了解农民需求的过程也是推广部门调整工作目标、实现自身利益最大化的过程，不同农业经营主体的出现使得推广部门必须为其提供差异化农技服务，以确保不同的技术和利益诉求得到最大程度上的满足。因此，掌握农民的需求动态是实现技术要素合理配置，提高农技推广效率的前提和基础。其次，采集农业技术信息。在需求导向型农技推广机制中，推广部门的技术信息来源主要有公益性农业研发机构，私有企业，国外技术研发机构以及推广部门自己的发明、总结和创新。推广人员要做的就是从这些不同的技术供给机构中广泛地搜集技术信息，并对此进行分类、加工和处理，最后依据需求状况分别发送给不同的农业经营主体。第三，开展农业生产经营的现场或田间指导工作。这是解决农技推广"最后一公里"问题的有效途径和方法，由于农民在知识、技能和经验方面同专业的技术推广人员相比差距明显，尤其是某些新技术的使用效果往往不甚理想，严重影响了农民对技术的采纳热情。推广人员田间指导工作的开展能够帮忙农民解决现实的生产经营困难，在其工作过程中如遇到自己无法处理的技术难题时，可以借助互联网或咨询其他相关专家，并将解决方案快速及时地反馈给农民。此外，推广人员在现场指导时，还应当向农民提供与农业生产经营相关的法律法规，提高农民的法律意识。第四，协助当地构建农村社会团体或组织，培育农民推广员。推广人员要完成指定的推广任务，除亲力亲为外，还需在当地建立以农民为主体的社会组织，并在此基础上选择和培养农民推广员。就我国农村社会发展而言，农业生产大多以家庭为基本单位，农民组织化程度较低，这导致个体农民不得不面对一个复杂而庞大的社会。正是该特点使得推广人员也必须将自己的工作精力放到分散的家庭组织当中，而这无疑增加了推广工作的难度。农村社会组织的建立可以加速农业技术的扩散速度，实现农村地区的内源发展；通过培育农民推广员，不但能够大幅度提高农技推广效率，更重要的是增强农民分析技术、应用技术的能力。

（三）技术研发人员

在需求导向型农技推广机制中，农业技术的研发人员同样被划分成两种主要类型，即公益性技术研发人员和私有性技术研发人员，而根据研究成果排他性和竞用性的差异，可以确定两类人员在农业技术创新活动中的不同主体地位。其中公益性技术研发人员以高等院校和科研院所研究人员为主，从事基础性、应用性和开发性技术成果的研制和开发。其中基础性的技术成果是在大量分析和信息总结的基础上，归结出反映事物本质特征的构成要素、运动规律及发展趋势的知识体系。它主要涉及生物、化学、土壤、气象、材料、能源等学科，是一种抽象化的理论概括，能够在推进农业技术进步的同时扩大人类的研究视野，提高人们认识自然、改造自然的能力。基础性技术成果一般不能直接用于农业生产，而且在短期内无法获得经济收益，但这并不妨碍该类成果在农业技术创新和获取社会效益等方面表现出来的巨大推动作用。应用性技术成果是指在科研人员创造性劳动的作用下，将基础性研究成果转变或物化为具有应用价值的新品种、技术、工艺和方法。应用型技术成果主要特征是它的可用性，这种可用性能够保证农民或相关人员将实用技术直接或间接地应用于农业生产当中，不仅便于推广，而且为科技成果的进一步开发和利用提供了广阔的空间。许多学者认为，应用性技术成果的商品性特征较为明显，适合私有农技研发机构进行生产和销售，因此主张把应用性技术成果的研发任务完全交给私有部门，而公益性农技研发机构只负责基础性成果的研发工作。这些观点看到了基础性农业技术成果的非排他性和非竞争性的特征，并强调应用性技术成果的外溢效应带给私有企业的获利可能。然而在需求导向型农技推广机制中，公益性技术研发机构也承担着应用性技术研发的任务，只是这些研发成果多数服务于小规模农户，其科技含量略显不足，对像专业大户、家庭农场和农业专业合作社成员的吸引力稍弱。所谓开发性研究成果主要包括以下两种类型：第一，以某种技术成果为基础，辅以其他技术成果带动一项产业向纵深发展。第二，组合并集成多种技术成果，形成一套综合性配套技术，从而达到合理配置生产要素、高效开发特定资源的目的。开发性技术成果主要用于整合相关农业技术，使其在更大范围内获得利用，成果本身的科技含量不高。私有性技术研发人员以农业企业为主，进行应用性技术成果的研制和开发。黄季焜指出，当前私人企业对农业科技的投资主要集中于农作物种子、农用化肥农药、农业机械以及农产品加工等方面，这些应用性技术成果具有明显的商品属性，是商品性农业技术的重要构成部分。

公益性农技研发人员和私有性农技研发人员在需求导向型农技推广机制中的角色和任务是不同的。对公益性农技研发人员来讲，要避免农业技术供需难以契合、研发主体功能性缺失、研推机构相互脱节等问题，积极广泛地参与农技推广活动是一种行之有效的方法。农业技术创新的原始动力源自现实生产中农民对技术的需求，特别是科技成果的二次创新和集成创新，通常是直接为农民的技术需求而进行的，若研发机构的产出成果无法体现广大农民的"需求意志"，那么再高端、再先进的农业技术也只能被束之高阁。公益性农技研发人员参与农技推广活动，一方面可以在实践中检验农业技术的经济、社会及生态等综合效果，为进一步提高和完善提供参照，但更重要的一点是让科研人员深入到农业生产的第一线，及时准确地掌握生产需求，在之后的技术研发过程中注重合理选题和科学设计课题内容，力图使农业技术成果更具针对性和实用性。此外，研发人员能够接触到大量国内外先进、高效的技术信息和动态，具有一定的信息优势，有利于选择实用先进的科技成果进行推广。而且公益性农技研发人员大多具有大专以上学历，是具备强大科研能力的农业专业人才，从某种角度来看，他们既有专业技能又在某区域范围内存在群体优势。

农技推广是一项涵盖农业生产经营全过程的社会活动，农业经营主体对技术的需求数量和种类呈现出多样化、多层次的特征，尤其是现代农业的出现和发展使得这些特征愈发明显。虽然研发机构从事推广活动拥有一定优势，但它在实际推广过程中往往势单力薄，不能有效整合推广资源，更缺乏群众基础。因此在承担农技推广任务时无法顾及所有农民的技术需求，而只能做到"有所为有所不为"。根据研发机构的公益性特征，将主要的服务对象瞄准小规模农户，向其提供包括种子化肥、农业气象、机械灌溉在内的农技服务，把最新的科技成果放到农业生产中进行试验和应用并对遇到的技术难题或实际需求及时组织公关。

让公益性农业科研人员参与农业技术的推广活动并非忽视推广系统在需求导向型农技推广机制中的桥梁功能，而只是提供了一条新的旨在满足农民技术需求的作用路径，类似于现阶段出现的"农业科技专家大院"。科研人员通过掌握农业生产经营过程中的第一手资料，可以清楚地了解农民的现实需求，并将这些需求带入到技术研发当中，使技术成果更加实用有效。从表面上看，这种农业技术的传递路径能够使公益性农技科研人员"绕过"推广系统，独立地完成对农民的技术服务供给，但实际上如果没有推广机构和人员的协助与配合，科研人员的农技推广活动将难以为继。因为科研部门通常远离市场和农业生产一线，对反映市场和农民技术需求变化的敏感度较弱，加之机构设置以农业科研为依据，导致科研人员的农技推广行为盲目且混乱，而这些主客观因素的影响和制约都需要借助推广人员进行化解。首先，借助推广机构的推广网络及人力资源，在农村地区建立需求信息搜集平台，改变研发机构群众基础薄弱的窘境，快速准确地获取农民的技术诉求；其次，参照推广机构的工作流程和实施环节，调整科研单位的内部组织架构，构建一种从农业科研到成果产业化再到应用推广的联动机制。增设调节性机构，专门负责协调研发机构和推广机构之间有关利益、行为、观念等方面的冲突和矛盾。

私有性农技研发人员将农业科技成果视为一种技术商品，而不同农业经营主体则是他们的顾客，在市场化经营背景下，按照有偿服务、以产定销和最大程度上满足农民技术需求的原则从事技术创新与生产，最后利用销售渠道获取收益。在商品性农业技术的交易过程中，研发人员和广大农民之间是一种平等的市场化关系，农民依据生产需要并参照市场价格向研发机构购买技术商品，而科研人员只有提供令农民满意的技术服务时才能促成商品交易。具体来看，私有性农技研发机构的运作模式包含两种类型：第一类，由科研机构直接与技术采用者进行商谈，其内容主要包括农技服务类型、交易方式、服务期限、违约赔偿等方面。然后，科研机构根据商谈结果向顾客提供技术服务，顾客以接受到的农技服务质量为依据按事先确定的价格和收费标准进行支付。需强调的是，这种服务方式是私有性科研机构同农民直接交易的表现，农业技术的推广环节内化于技术商品的交易之中，即私有企业借助自己的推广网络销售产品。本质上讲，技术商品的推销过程实际上充当了农业技术推广的角色。第二类，借助公益性推广部门开展技术的研发活动。这种运作模式的关键在于公益性推广部门对技术成果的认可，以种子为例，推广部门首先将农业企业生产的相关成果进行小规模试验，若种植效果良好，将会借助广播、咨询、资料发放等形式向广大农民宣传和介绍。

二、需求导向型农技推广机制的运行步骤和程序

上一节我们提到了需求导向型农技推广机制的构成主体及其相关关系。从系统的角度来看，推广系统、研发系统和农户系统中各主体间的利益驱动是决定该机制功能作用及未来演进趋势的核心。本节依据研发人员、推广人员和广大农户的行为选择，从方案准备、目标地区的问题分析与确认、推广实施、技术成果扩散与信息反馈等四个方面，探究需求导向型农技推广机制运行的程序和环节，而其运行过程中涉及到的工具和方法也是需要重点论述的内容。

（一）准备工作

需求导向型农技推广机制包含了政府的农技研发和推广机构，私有部门（企业）的农技研发推广机构，以小规模农户、专业大户、家庭农场、农民专业合作社为代表的农业经营主体，银行、农村信用社等金融机构，互联网、移动手机等信息服务供应商。如此复杂的人员构成如果不能通过一种有效的制度进行约束，那么各参与主体将沿循自身利益最大化的现实路径开展活动，很有可能背离了满足异质类农户技术需求，无法实现农技供需高度契合的初衷。因此，在需求导向型农技推广机制的实际运行前，不但要对整个农业技术推广活动的内容有一个大致了解，还必须以农民为中心协调各利益主体的行为，以实现推广资源的最优配置。为达成上述目标，一些周密详尽的准备活动是必不可少的。

首先，根据"需求导向"的内涵和理念，确定试验该机制运行情况的试点区域及对象。与常规农业技术推广不同，需求导向型农技推广机制的试点区域应该选择那些农户分化程度高且农村经济相对发达的地区，其原因在于农户分化程度的高低直接决定了异质类农户的产生和演进，有了异质类农户才能继续分析其技术需求、交易方式选择和技术传播途径等方面的差异。如果一个地区农户群体的类别属性趋向一致或毫无差别，那么对需求导向型农技推广机制的研究也就没有意义可言了。

其次，进行社会动员。社会动员这一概念被联合国儿童基金会定义为一项由广大人民积极参与，在依靠自身力量的前提下寻求社会变革、实现某种发展目标的群众性活动。进一步来看，展开社会动员的原则可以归纳为以下四点，即公平、资源整合、可持续性和赋权。其中，公平是指各个社会成员拥有平等占有、使用社会资源的权利；资源整合是指为使社会成员形成一种的强大动力和有序健康的合作关系，对目标范围内社会和个人资源进行合理分配的过程；可持续性是可持续发展概念的衍生，是指社会成员围绕健康合理的目标采取若干行动，但这些行动不影响后代采取相同的行动所需要的资源；赋

权的含义呈现出一种动态趋势，是指通过提高人们对环境、技术、灾害等影响因素的控制能力，引导其采取相关行动，实现共同的组织目标。通过开展社会动员，让各参与主体了解自己与需求导向型农技推广机制的关系，旨在引发各方的主动性和参与热情。与传统农技推广活动不同，在社会动员阶段中，需求导向型农技推广机制特别强调不同参与主体的角色、作用和实施手段，也就是"我们是谁，我们来干什么，我们怎么干"的问题，大家共同努力来解决农村地区出现的问题，满足不同层次农户的技术需求。社会动员活动的开展现实原则是内源发展理论倡导的"自力更生"思想，农村社区的进步与发展，农业技术的供需矛盾，区域范围内生态环境的治理和保护等问题都需要广大农民自己解决，外部机构、组织或群体只是为更好地实现农村繁荣，解决社区矛盾而提供相应的帮助。在社会动员阶段应该完成的任务包括：对当前研究区域范围内的资源禀赋和存在的主要问题做出一种初步的估计；启发异质类农户对不同类型农业技术需求的表达，提高其参与需求导向型农技推广机制运行的热情；获得农村群众的支持，讲明新机制与传统农技推广的不同，以及新机制的运行能够给他们带来什么样的好处，建立一种双向互动的合作伙伴关系。

（二）农技供需矛盾问题的确认阶段

需求导向型农技推广机制以农民为中心进行构建的，旨在最大限度地满足异质类农户的技术需求，而实现这一目标的前提是对比分析农业技术供给方和需求方之间存在的矛盾和问题，进一步了解矛盾产生的原因，初步给出若干解决方案或处理问题的思路。目标区域范围内农技供需矛盾的确认可以通过外部环境调查，问题识别与分析等步骤来进行。

对外部环境的调查旨在增加各参与者对农村地区经济、社会、生态、人文、地理等方面的认知程度，为实际问题的分析提供了相应的背景资料。外部环境的调查内容可以分为软环境和硬环境两个部分 19]。其中，软环境包括了政治环境，法律环境，社会环境和经济环境；硬环境是人类只能适应且无法改变的客观存在，主要涉及自然环境方面。在明确外部环境的内容之后，接下来面临的便是调查工具的选择问题，本书利用 SWOT 分析法对需求导向型农技推广机制运行的外部环境进行分析。SWOT 分析法利用一个四列多行的矩阵表，展示出需求导向型农技推广机制在某种外部环境背景下的优势、劣势、机遇和风险，分别对应机制运行的有利条件、不利条件、发生变革的可能性和潜在阻力。以经济环境为例，需求导向型农技推广机制产生的背景之一是农村生产要素市场及农产品市场的发展和完善，也就是说农村市场化背景下资源要素的自由流动为农业技术推广活动提供了前提。那么该机制的运行不但可以将农业技术合理分配给不同的农业经营主体，引导推广资源和技术资源在时间和空间维度上的有效配置，还能够增加广大农民的农业收入，提高其生活水平。机制的劣势源于经济环境的波动性和不确定性，主要表现在农民技术采用过后的收益风险。这种收益风险又包含两层含义，一是农业技术本身的风险，二是采用技术，实现农产品产量增加之后的销售风险或者说是市场风险，即"谷贱伤农"的情况。需求导向型农技推广机制在市场环境下的机遇发生取决于其作用群体的独特性，与传统农技推广活动中将所有农户进行同质化处理有所不同，新机制以农户分化为背景，能够解读异质类农户对不同农业技术的需求层次和类型，而这种农户类型的细分研究提高了需求导向型农技推广机制的现实适用性。市场环境对该机制的威胁集中体现在资金不足上，一方面农民习惯于自上而下的物质或者技术资源投入，当其得知需求导向型农技推广机制关注的焦点是人力资源开发而非单纯的物质投入时，将会产生一种失望甚至是抵触的情绪；另一方面，农业技术推广机构面临着严重的资金缺口。

前面提到，从现阶段基层农技推广机构的情况来看，大部分机构处于"网破、线断、人散"的状态，推广人员的基本工资尚无法保证，更不用说推广活动中产生的各项费用。因此，在这种情况下，新机制倡导的激励思想和方法缺乏现实的经济基础。

在问题的识别与分析阶段，主要是对异质类农户目前的技术使用现状与期望技术需求之间的差距进行了解，也就是衡量农业技术供给和需求的契合程度。这一阶段的操作应把重点放在导致农民技术需求无法得到满足的原因分析上，并用一种负面的语言表达出来，具体步骤为：首先，对农民有关技术需求或采纳技术的意愿进行征集和整理；其次，对所涉及的问题进行分类，通常以不能满足农民需求的技术类型为分类标准；最后构建问题树，检验树干与树枝（问题和原因）之间关系是否成立。

在对农民技术需求进行征集的过程中，不同农业经营主体所要反映的问题将会很多，再加上因缺乏基本分析能力和逻辑思维而导致的表达能力不强，因此对农技推广人员和研发人员的组织能力、表达能力、沟通技巧、领导能力等方面提出了更高的要求。尤其对农技推广人员来说，不但要准确地掌握推广工作的流程，并让广大农民知道每一个环节要做什么，为什么要做以及如何来做，还需清楚了解目标区域范围内的资源禀赋、风土人情、历史文化和生态环境，尝试以农村及农民视角分析现实存在的问题和矛盾，进而提高农技推广工作的针对性和有效性。为实现上述目标，一些访问类工具的使用是必不可少的。高启杰认为，访谈类工具可以划分成开放式访谈、半结构访谈和结构访谈三种，而半结构访谈又是最为常用和普遍的方法。所谓半结构访谈是指依据事先设计好的提纲和问卷，用非程式化的交流方式掌握受访农民的技术使用现状及需求。根据受访对象的不同，半结构访谈又可以细分为小组访谈（从目标区域内随机选择 5 ~ 10 个农户）、重点小组访谈（将专业大户、家庭农场和农民专业合作社为代表的新型农业经营主体视为重点小组进行重点访谈）、个人访谈（依据事先规定的小规模农户、专业大户、家庭农场和农民专业合作社参与者等异质类农户的比例，结构性抽取样本农户，约占总人数的 10% ~ 20%）和重要人员访谈（选择一些村中的"关键人物"，比如村干部，村里的能人进行访谈）。对不同农业经营主体进行访谈的目的可以归结为以下三个方面：首先能够使农技推广人员和研发人员深刻了解受访对象的基础情况，包括年龄、文化程度、健康状况、家庭收入、当前农业技术的使用情况、技术需求、技术商品的购买意愿等。其次通过推广人员、研发人员和广大农民之间的互动沟通和信息交流，有利于提高农民对自身现状的认知程度，激发其技术采纳的积极性。最后，双向学习空间的构建和信息认证能够加深彼此之间的了解，尤其是增加农民对农技推广人员的信任。为增加访谈效果，需求导向型农技推广机制运行下的推广人员和研发人员还需注意以下事项：第一，小农思想的封闭性和保守型使得农民不善与人交谈，甚至对外来人产生强烈的抵触情绪，因此，在对其进行访问前应当打消这些思想顾虑，采用一种平易的态度，如果有可能尽量用本土化的语言与其互动交流。第二，为受访者保守秘密，比如调查问卷中涉及的家庭收入或土地房产面积等敏感性问题。第三，农技推广人员可以使用开放式的提问方法，引导采访对象谈出自己对农业技术使用方面的问题和建议。第四，在采访过程中注意对事先没有想到的问题和信息加以重视，并用多种访谈形式对所获信息进行相互认证来确保它们的真实性。

（三）推广实施阶段

需求导向型农技推广机制的实施阶段实质上是如何将合适的农业技术交到不同需求者手中的过程，而能否取得实践成功的关键又依赖于步骤 2 中农技供需矛盾的分析及总结，只有充分掌握广大农民的技术需求，才能做到"照方抓药"，"投其所好"。从系统的角度来看，推广机制的实施是研发系统、推广系统和农户系统以技术信息为依据相互作用、相互影响的过程，这里的技术信息既包括具体的农业技术内容，也包括农技供给主体的选择和信息传递的途径。三方围绕各自利益，在目标整合的基础上实现对农技推广资源的合理调配。机制的实施并非盲目，而必须有一套科学完整的指标来刻画，这些指标不但能够辨识各行为主体的思维和态度，更能约束他们过分追求自身利益的不良行为。具体而言，推广机制的实施效果可以通过以下三项指标进行衡量：①农民收入水平的提高。这是一个间接的评价指标，因为农民收入增加的原因很多，技术需求得到满足之后的产出还要接受自然灾害和市场风险的考验，但不能否认的是，农技供需契合条件下的农业生产是农民增收的前提条件之一。②农民技术需求表达能力的增强。这是一个难以量化的评价指标，技术需求表达能力的增强表现出内源发展指导下的需求导向型农技推广机制创新具有强大的活力和生命力，是农民农业生产经营能力提升的具体体现。虽然难以量化，但可以通过反馈需求信息的频率、反馈工具的先进程度以及与研发或推广人员沟通交流有无技术性障碍等多方面进行衡量。③农技推广效率的提升。农技推广效率是对区域范围内推广资源配置及其有效使用等多方面能力的综合评估和反映，也是探究一种新型推广机制能否发挥作用的可靠标准。

（四）技术成果扩散与信息反馈

技术成果扩散与信息反馈环节在需求导向型农技推广机制中处于十分重要和关键的地位。技术成果的扩散从广义上来讲，是一种创新的扩散，而美国学者艾弗雷特·罗杰斯将创新扩散定义为某种创新成果在一定的时间内，利用某种方式或途径，在社会范围内广泛传播的过程。从这一概念中可以发现，技术成果扩散的基本要素包含四个方面，即技术内容、传播路径、时间和社会系统。在需求导向型农技推广机制中，技术成果的扩散过程能借助扩散曲线进行表现。

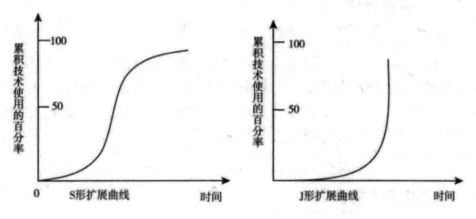

图 3-1 两种不同类型的累积技术扩散曲线

S 形农业技术扩散曲线和 J 形农业技术扩散曲线为两种不同形态的扩散曲线，虽然它们的形状略有不同（两者之间的主要相异点在于 J 形农业技术推广曲线中前期的技术使用率很低，而且徘徊不前，但到后期呈现出一种井喷式增长），但却同时表现出一种推广机制作用下的农业技术扩散过程：开始阶段，农业技术的扩散程度较低，多数农民对某项技术持一种观望的态度，后来该技术逐渐被农民所接收，接收的过程也是成本收益的权衡过程，然后使用率再次下降直至终结。需要指出的是，在技术扩散的初始阶段，即使是农技推广和研发人员能够为广大农户提供令其满意的技术服务，即处于农业技术供给与需求高度契合的状态，也无法极大提高农业技术的采纳意愿，也就是说影响农业技术推广效率的决定性因素是技术成果的成本与收益的相互关系。

依据信息类型的不同，可以把信息的反馈环节分成两方面：一方面，通过不断搜集和连续性的检测评估，将不同农业经营主体的技术需求信息反馈到农技供需矛盾问题的确认阶段，进一步加深推广人员和研发人员对农民技术采纳偏好的理解；另一方面，将农户对推广人员的服务情况和入户率等指标信息反馈到上级主管部门，作为其业绩考核的标准之一。

第二节 农技推广体系优化方案选择

前面提到，政府主导下的单一型农技推广模式始于计划经济体制，其运作方式、推广内容、管理体制与市场经济发展格格不入，并表现出"线断、网破、人散"等问题。此外，随着加入 WTO，我国农业经济也将进一步融入世界经济进程之中，但由于技术设施落后、从业人员素质较低使得农产品价格远远高于国际市场价格，农业的弱质性特征更加明显。这就要求我们一方面广泛吸收引进国外先进技术，加快农业技术更新换代步伐；另一方面苦练内功，依靠自身能力实现技术创新。需要强调的是，不管是自我创新还是引进借鉴都需要科学高效的农业技术推广模式来支撑，而以政府为核心的一元化农技推广模式显然无法完成这一任务，所以，培育新型农技推广主体，构建多元化农技推广组织成为化解上述矛盾、实现农技推广机制优化的必然选择。

从要素构成的角度来看，多元化农技推广组织涵盖了农民专业合作社、农业企业和科研机构等多种类型农业从业主体，其中农民专业合作社和农业企业同时承担着技术推广者和技术使用者的双重身份。与政府农技推广机构相比，上述推广组织更能迎合农户分化状态下出现的异质类农户有关技术内容和传递路径的诉求，进而实现技术供给与需求的高度契合，提升农技推广效率。下面就这些类型组织分别予以阐述和评论。

一、农民专业合作社

农民专业合作社作为多元化农技推广组织的重要构成部分，其主要任务是为合作社成员提供包括土壤检测、病虫害防治、产品销售在内的全生产链技术指导与服务，在此过程中，合作社内部的技术交流与合作有效地扩大了生产要素的作用空间。农民专业合作社在扮演技术推广角色中发挥了以下重要作用：

首先，实现农业技术推广与使用的高度统一。农民专业合作社内部人员构成中存在一定数量的技术能手，他们在广泛施用技术成果的同时利用自身优势在合作社内部进行技术扩散，指导并帮助其他成员更好地采纳农业技术。另外，合作社成员的示范带动效应十分明显，而这种带动效应可以缩短技术成果从研发到使用的周期，最终提高农业技术推广效率。

其次，实现农业技术研发与使用的协调一致。农民专业合作社除技术能人外，还会定期邀请相关专家进行技术指导，这些专家在指导过程中可以将农民迫切需要的技术类型及时反馈到研发单位，形成一条"自下而上"的技术传递路径，增加农业科技成果的适用性。

最后，实现农业企业与农户的有效对接。多数农民专业合作社通常与农业企业签订生产合同，合同规定由企业提供生产资料和技术，合作社农户负责农业生产并保证农产品符合相关标准。在此过程中，合作社实质上充当了一种纽带作用，是企业技术扩散到农户的重要途径，有利于形成"产学研"共同发展的良性循环格局。

二、农业企业

农业企业作为一种盈利性主体，对农业技术的扩散及推广是其利益追求过程中的有益衍生。具体而言，涉农企业为保证产品质量，将包括原材料使用、肥料农药残留处理、农产品深加工等产前、产中、产后技术无偿传授给广大农户，企业的逐利性特征使其间接承担了农技推广任务。进一步来看，企业参与农技推广活动的特征包含两个方面：一是合同约束性。农业企业通常与各类型农户签订具有法律效力的生产合同，合同中规定了双方在农业生产过程中的权利义务，以规范各自行为。从一般农户角度来看，合同的法律效力能够降低其技术成果的使用风险，在某种程度上提高了他们技术采纳的积极性，有效化解大市场与小农户之间的矛盾。二是利益导向性。毋庸置疑的是，农业企业为保证市场竞争力和持续发展，始终以追求利润最大化为根本目标。利益驱动下的企业主动向农民传授新技术，并开展相关培训，以符合企业产品标准。此外，利益的驱动效应同样作用在广大农民身上，进一步提升了农业技术推广效率。

除上述农业企业外，还有一些涉农单位（如农资经销商）只向农户提供种子、化肥、农药等生产要素，他们在从事农资交易活动中在一定程度上发挥了技术推广的功能，这种功能性角色产生的价值通常包含在技术商品之中。农资企业为提高品牌知名度，增加销售份额会为农民举办培训班或聘请技术人员进行现场指导，这些做法客观上加速了农业技术成果的扩散。

第三节 农业技术推广体系优化的对策

一、构建同市场经济相适应的生产需求与技术供给契合机制

（一）积极构建和完善农业技术市场

部分学者认为，商品化农业技术的市场导向性更强，也更能满足农民对于技术成果的需求，也就是表现出一种有用性和供需契合性特征。因此，为保证技术商品的顺利交易和买卖双方利益不受损失，就必须进一步加强农业技术市场的建设，鼓励技术成果的合理转让。首先，加大农业科研成果的知识产权保护力度，完善农业知识产权法律体系，将地理标识、新作物品种、绿色认证等纳入法律保护的范围。此外，主动探寻并学习国际上有关农业知识产权的通行做法和法律法规，避免在跨国技术买卖过程中产生摩擦和不必要的损失。其次，构建多元化的技术信息传播媒介，尤其是以手机和网络为代表的现代化传播媒介，丰富农民获取技术信息的途径和手段；利用这些途径及时发布农业科研成果、技术专利转让等供方信息和农业经营主体的技术需求信息，实现供需双方的交流与互动，进而密切两者之间的合作关系。需要强调的是，手机或网络等传递途径在使用时应加以规范和限制，对虚假和坑农害农信息进行过滤，逐步净化外部环境，以提高农业经营主体对技术信息传播媒介的信任。第三，创新激励机制，吸纳各方力量投入到农业技术推广活动之中。对于小规模农户、专业大户、家庭农场和农民专业合作社而言，鼓励农技推广人员和研发人员开展农业技术承包或"农技外包"等有偿服务，通过签订技术合同形成各方广泛参与的利益共同体，激发他们的工作热情，提高农业生产效率。而农业企业的发展则可以借鉴现代化公司制度，将股份制引入农业生产领域，推广和研发人员可以通过技术或资金方式入股，建立有效的风险共担机制，促进各方之间长期合作。

（二）改革农业技术成果评审制度

市场经济条件下，农业科技成果的商品性特征更加显著，在实现技术供求契合方面的作用也逐步显现。也就是说私有性农业技术更能满足农民的实际需求，且有利于形成以利益为纽带的生产同盟。但对于公益性技术成果而言，其实用性和适用性较差，导致一种生产与科研相互脱节的局面。因此，应鼓励政府技术研发机构和推广机构向广大农户提供更多实用成果，特别是改革现有的技术鉴定和评奖制度，将技术成果的经济效益和创新因素进行分割，重点关注创新部分，或者在评价过程中提高技术创新部分的权重，减少已获经济效益的比重，增加农业技术有用性，化解供需矛盾。此外，需要避免同一项技术从国家到省再到地市连续获取奖励的情况，一方面能够扩大推广技术的获奖范围，提高科技人员工作积极性；另一方面有助于最大程度上挖掘技术成果的使用价值。

二、构建多元化农技推广服务体系

吴春梅在总结国内外有关农业技术推广的实践中发现，推广组织的多元化发展已经成为一种趋势。对我国而言，多元化农业技术推广服务体系意味着"一主多元"模式的逐步确立和完善。所谓"一主"是指国家公益性农业技术推广体系，主要由国家、省、市、县、乡五级农技推广组织构成，其中县乡两级又称为基层农技推广机构，是现阶段我国农技推广的首要渠道。"多元"是除政府之外，从事农业技术推广活动的各类科研院所、农业企业、高等院校以及民间组织。"一主多元"模式下农业技术推广体系的各参与主体具有不同的职能和角色定位。具体而言，政府公益性推广机构主要负责涉及国家粮食安全或关键性技术试验和示范工作，如重大突破性技术的引进试验推广、病虫害防治、动植物防疫检疫以及水稻小麦玉米等大田作物的现场指导等。"多元主体"在推广体系中的角色及交互作用体现为两个方面：一方面，高等院校和科研部门可将研制技术有偿转让给私有部门，实现技术商品价值与使用价值的属性互换；另一方面，对于科技含量高且容易物化的技术成果（果蔬种子、农作物加工品以及园艺产品）可以由农业企业或农民合作组织出资购置，积极发挥市场在资源配置中的基础性作用，之后再与广大农民实施对接工作，指导其开展农业生产活动。需要点明的是，参与主体之间的分工与协作是保证多元化农业技术推广体系功能发挥的重要因素。这里提到的分工与协作实质上包含了以下三个方面的含义：首先，不同性质技术成果在推广过程中的管理方式存在差异，商品性技术需按市场规则进行扩散，而公益性技术的推广任务则主要依赖行政手段。其次，对各参与主体间的协调任务应该由政府部门承担，但在一些情况下，政府为追求自身利益而产生"寻租"行为，为避免这一情况，可通过中介组织对相关机构和人员进行监督。第三，进一步明确各自职能，防止责任不清或交叉现象的出现。该含义的前提条件是划分技术成果的属性，即区分商品性技术和公益性技术，前者具有排他性、竞争性和独立性特征，需由农业企业等私人机构提供；后者的公共物品性质明显，应该由政府部门承担技术推广任务。

总之，农业技术推广服务体系创新的根本在于改变目前生产与科研之间有效对接程度不高、条块分割严重的推广格局，通过整合推广资源，将广大农民、政府和技术研推机构联结起来。需求导向型农技推广机制的提出也是基于这一观点。要实现农业技术的供需高度契合首先应重视农民组织、村中能人的作用，构建技术研发部门、推广机构和农民三者之间的双向沟通机制，在田间地头开展技术的研发与推广工作，保障基层农技推广体系的完整和有效运行。同时，深入理解技术推广中有关交流与沟通的含义，将它视为"与农民交流和沟通以及农民采用技术的过程"，强调农民对技术选择的自主性，改变其被动接受和单向选择农业技术的局面。另外，可以利用农资经销商等技术传播途径，将农业技术直接销售到农业生产者手中，避免因成果转化过程中过多中间环节而导致的收益损失。

三、增加农业技术推广的资金投入

与农业本身的特征相同，农业技术的推广和创新在很大程度上具有强烈的公益性和外部性。如前所述，如果农业技术的研发和推广环节仅仅依靠市场机制发挥作用，那么技术成果的供需平衡将被打破，趋向供不应求的状态。为此，应当构建一种长期有效的投入机制，以使农技推广环节的资金得到稳定充足的保障。

首先要从根本上对推广资金的投入进行保障，这主要依靠于国家相关法律法规的制定和落实。王朝全认为，应当进一步制定农业技术推广法实施细则，明确规定每年的农技推广投资规模及其增长率（一些学者认为每年投入到农业技术推广的经费不得低于农业总产值的 5%），并成立专门的监督机构或独立的第三方组织对法律条款进行监管。此外，在资金使用和投入结构方面，应依据世贸组织有关农业投资的规定和原则，在提高政府对农业科研、教育和推广等方面投资规模的同时，减少农业生产、流通、运输、销售等环节的直接投资，最终使国家对农业技术推广方面的投资结构和规模水平达到国际水准。从基层农技推广机构的投资角度来看，需充分保障其日常运行的经费投入，将选拔过后的公益性农技推广人员的工资医疗、社会保障、各类保险等费用全部纳入财政拨款的范畴；逐年提高事业费和推广经费的比重，尤其是推广经费的正常拨付，在解决人员基本生活的同时，提供稳定、长效的农技推广物质保障，避免"有钱养兵，无钱打仗"情况的出现。

其次，构建多元化的农技推广投融资机制。我国农业技术推广领域的资金来源主要包括政府财政拨款、农民及其专业合作组织投资、涉农企业投资、金融服务机构投资四个方面。现阶段，农业技术推广投资的主体为政府，但因为政府公共性开支的规模有限，再加上推广经费从立项到审批到交付使用的所有环节复杂而繁琐，导致整个流程产生的成本较大，因此仅靠政府财政支持同样无法满足市场经济条件下农技推广事业发展的需要，这也证明多元化投融资机制构建的必要性。

可通过税收或其他优惠性政策吸引外资公司、民营企业及工商企业对农业技术推广事业进行投资，充分利用"三资"资本，并鼓励开展技术成果研发、农产品加工销售等与农技推广相关的经营活动；支持农业技术推广部门，特别是自收自支或差额拨款属性的推广组织兴办经济实体，依据市场需求从事经营性服务；金融机构应积极开发以农业技术推广为内容的衍生产品，加大金融产品创新力度；建立县域范围内的农技推广基金与担保机制，倡导金融机构、保险公司和信托担保企业的联合合作，集中力量化解基层农技推广人员贷款担保难的问题。

四、加强农业信息服务平台与农技推广网络建设

知识经济与全球化的发展趋势使得第一产业竞争压力逐渐增强，以农业技术试验、示范和培训为内容的传统推广模式显然已经无法适应新形势的要求。农业信息服务平台及推广网络的构建对农业发展具有十分重要的意义，具体表现为以下两个方面：第一，技术信息的传播不受地理空间和交通区位等客观因素的影响，农技推广人员可以通过互联网快速便捷地同广大农户进行双向沟通及交流，不但节省时间和费用，还能最大程度上提高农业技术推广效率。第二，信息这种非物化类资源要素在市场经济条件下的作用日趋明显，对于农业生产者而言，谁能够最快最准确获取市场信息就能掌握生产经营的主动权。他们利用农业信息服务平台和农技推广网络，及时了解农产品市场供求价格信息，在"人机"互动过程中实现技能与知识的积累。从实际情况来看，我国技术信息服务平台建设仍处于初期阶段，农技推广网络终端应用者的知识及技能相对匮乏，为解决这种困境，一是将"延伸网络、扩展平台、放大窗口"视为行动目标，实施"三电合一"（电脑、电话、电视）为载体的技术信息服务模式；二是加强农技推广人员和广大农民有关现代网络技术的培训教育工作，提升技术信息的利用效率；三是以省、市、县为划分标准分别建立农技推广网络，实现技术研发组织、推广机构、农业院校、农民合作组织之间的资源共享。

第四章 农业与农业经营

第一节 农业基础知识

一、农业的概念与起源

（一）农业的概念及内涵

农业一般是指栽培农作物和饲养家畜、家禽的生产事业。农业是人类社会与大自然关系最为密切的物质生产部门，同样也是最古老的物质生产部门。农业是国民经济的基础，是农村经济中的主要组成部分。

农业属于第一产业，农业的劳动对象是有生命的动植物，获得的产品是动植物本身。我们把利用动物、植物等生物的生长发育规律，通过人工培育来获得产品的各部门，统称为农业。农业是支撑国民经济建设与发展的基础产业。农业是人们利用动植物体的生活机能，把自然界的物质转化为人类需要的产品的生产部门。现阶段的农业分为植物栽培和动物饲养两大类。土地是农业中不可替代的基本生产资料，劳动对象主要是有生命的动植物，生产时间与劳动时间相异，受自然条件影响大，有明显的区域性和季节性。农业是人类衣食之源、生存之本，是一切生产的首要条件。它为国民经济其他部门提供粮食、副食品、工业原料、资金和出口物资，农村又是工业品的最大市场与劳动力的来源。

（二）广义的农业与狭义的农业

农业是一个综合性范畴。利用土地资源进行种植生产的部门是种植业；利用土地上水域空间进行水产养殖的是水产业，又叫渔业；利用土地资源培育采伐林木的部门，是林业；利用土地资源培育或者直接利用草地发展畜牧的是畜牧业；对这些产品进行小规模加工或者制作的是副业。它们都是农业的有机组成部分。

广义的农业包括种植业、林业、畜牧业、渔业、副业五种产业形式。狭义的农业仅指种植业，包括生产粮食作物、经济作物、饲料作物和绿肥等农作物的生产活动。

一般我们讲的农业，一般是指广义的农业，本教材也是如此。

以上从我国的范围内对农业的涵义作出狭义和广义的解释。在国外，对农业的含义也有其他不同的解释，有的把农业所包括的内容理解为种植业和畜牧业。在美国对农业含义的解释不仅包括了农业生产部门，而且也包括了为农业生产服务的产前部门（农业生产资料的生产和供应部门）和产后部门（农产品的加工和销售部门）。这是由于农业生产在高度专业化的基础上，日益与为其服务的农业产前部门和产后部门紧密地联系在一起的缘故。无论对农业所包括的范围做出怎样的解释，其基本内涵是不变的。即无论它怎样变化，它毕竟是一个以生物为劳动对象和劳动手段的物质生产部门。

（三）农业的分类

根据生产力的性质和状况，农业可分为原始农业、古代农业、近代农业和现代农业。原始农业、古代农业主要使用手工农具和畜力农具，农业生产主要依靠劳动者的直接经验，生产效率较低，仅能满足自给自足的需求；近代农业是指由手工农具和畜力农具向机械化农具转变、由劳动者直接经验向近代科学技术转变、由自给自足的生产向商品化生产转变的农业；现代农业是指广泛应用现代科学技术、现代工业提供的生产资料和现代生产管理方法的社会化农业。

按照地理、气候条件和栽培制度的不同，农业可分为热带农业、亚热带农业、温带农业和寒温带农业。

按照农业的分布地域，农业又可分为农区农业、半农半牧区农业和牧区农业。

二、中国原始农业的形成

在人类诞生的初期，人类既不懂得什么是农业，也没有进行任何农业生产活动，而是以渔猎和采集为生。农业究竟从何时开始，这是有文字记载历史以前的事情，所以无从准确考察。然而从考古的发现中可以推测，人类谋取衣食的活动始于渔猎，然后转向畜牧业，再由畜牧业发展为农业，所以将人类生活的进化顺序分为渔猎、畜牧、农业三个时代。这三个时代的先后顺序的划分是就一般情况而言，在某些地方，可能不必依此顺序发展。有的地方可能未经过渔猎阶段，而从采集活动开始，直接过渡到畜牧阶段，再过渡到农业阶段，或直接从采集阶段过渡到农业阶段。有的地方也可能直接从渔猎阶段进入到农业阶段。依据分析，在人类之初，渔猎活动和采集活动可能是相伴而行的，这是由于单纯依靠渔猎或采集难以满足人类的生存需要。不过这两项活动，有的地方可能以渔猎为主，也可能以采集为主。但渔猎和采集两者谁先谁后，不同地方也会有不同的顺序。

据分析，畜牧业始自于人类对野生禽兽的长期驯化。在人类处于狩猎阶段时，一时出现剩余，把捕获的禽兽暂时饲养，等待日后宰杀食用。人们偶尔发现这些尚未宰杀的野生禽兽具有产卵产子的功能。于是人们利用这一功能饲养这些野生禽兽，久而久之，那些易于驯化的野生禽兽演化成家禽家畜，人类开始了畜牧业活动。在人类捕捞水生生物的过程中，逐渐学会了水域人工养殖，于是出现了渔业及水产业。种植业是人们从采集野生植物的活动中逐渐演化而来的。在采集活动中，人们发现野生植物果实种子具有落地再生的功能，于是人们开始植物栽培活动，继而发展为种植业。

关于我国农业的起源有许多传说。早在五六十万年以前，我国的土地上就生活着原始人类。在旧石器时代，我们的祖先即进行采集和狩猎经济活动。种植业和畜牧业始于新石器时代，在新石器时代，生产力水平十分低下，人类的生活十分艰苦，人们用石锄、石铲、石刀和木棍等进行集体的耕作和收获，所获得的食物远远不能满足人类的生活需要，人们还必须进行采集、渔猎等活动来取得必需的生活资料。到了距今三千多年前的殷商时期，农业生产在社会经济生活中占据了十分重要的地位，历法已经出现，这说明农业技术有了相当发展。

人类谋取衣食的活动从渔猎到养殖、从采集到栽培是一个漫长的历史演进和转化过程，这个过程直到今天仍然继续着，如今野生植物的采集、水生动物的天然捕捞以及狩猎活动仍旧作为农业的补充而存在。农业从无到有，从低级到高级，显示了人类征服自然、改造自然的高造力和无穷的智慧。人类不仅能够创造农业，而且能够不断发展农业。在未来的历史长河中，人类还将不断开创灿烂的农业文明。

三、农业的发展阶段

农业作为人类物质生产活动最古老的部门，迄今为止经历了上万年的发展，先后经历了原始农业、传统农业、现代农业三个发展阶段。这是一个生产力由低级向高级不断发展的过程，也是人类征服自然和改造自然的过程。

（一）原始农业阶段

原始农业是指主要使用石器工具从事简单农事活动的农业，一般认为始于一万多年前的新石器时代，到两千多年前的铁器农具出现为止。原始农业是由采集经济发展而来的，在新石器时代以前，人类社会生产以采集和渔猎为主，采集和渔猎是人类获得生活资料的主要方式。随着生产经验的积累和生产工具的改进，人类逐渐了解一些动植物的生活习性和发育过程，开始懂得栽培植物和驯养动物，制造及使用这些活动所需要的工具，原始农业开始产生。农业的出现是人类改造自然、利用自然的第一次大变革，开创了人类社会第一个生产部门——农业，使人类由采集经济向农业生产过渡，形成了最早的农业系统。

原始农业生态系统受人的影响很小。人使用原始的生产工具对自然的作用十分有限，只能利用自然，而不能改造自然，没有物质和能量的人为循环。其系统结构即物种结构、食物链关系和能量金字塔均未受到破坏，还保持它的自然风貌。生物种群之间、生物种群与非生物环境内部之间呈现出互利共生、相互抑制、平衡发展的局面。原始农业技术系统的特点是"刀耕火种、广种薄收"，当时人们只是从自然界选择少数可供衣食的动植物，使用石器、木棒等简陋的原始农具，运用刀耕火种的耕种方式，根本谈不上什么生产原理和生产技术，实行以简单协作为主的集体劳动，进行十分粗放的饲养栽培。原始农业经济系统由于生产发展水平低而呈现出相当简单的结构，即由劳动力、工具、劳动对象、简单分配关系组成，各要素内部还没有形成一定的结构关系。从经济角度说，它完全是一种自然型经济，自给自足，缺少社会分工。

这一阶段的农业生产力十分落后，生产力水平极低，只是从土地上掠夺式经营，主要是依靠大自然的恩赐，人们只能获取有限的生活资料来维持低水平的共同生活需要，农业是当时社会唯一的生产部门。

（二）传统农业阶段

传统农业是在原始农业基础上，伴随铁器农具的出现和长期积累的生产经验而发展起来的。传统农业是指使用铁木农具，凭借或主要凭借直接经验从事生产活动的农业。大体上是指从铁器农具出现开始，一直到用机械取代手工劳动之前这一段时期的农业，即从奴隶社会过渡到封建社会，一直到资本主义工业化以前的农业。传统农业比原始农业有了极大进步，较为先进的铁木农具代替了原始的石器，畜力成为生产的主要动力，一整套农业技术措施逐步形成。其本质特征在于生态的原始性、技术的传统性和经济的封闭性。

生态的原始性，是指农业内部生物要素的生物学特性基本保持原始的状态，也是指农业内部物质能量流动的自然属性。首先，农业系统的生物要素和粮食作物直接从大自然中选择出来，人为成分很少；其次，这一时期农业生产过程中物质转化和能量循环，从方向和规模看，从自然继承过来，取自农业又返回农业，在农业系统内部周而复始封闭式循环，没有增加多少新的成分和人为因素。

传统农业的技术表现出较多的传统性，以手工工具、人、畜力和自然肥力为基础，人们从事农业生产所掌握的生产技巧，主要是世代继承积累下来的传统经验，依靠人的器官直觉观察和直接操作，人对农业生产过程仅仅作为一种连接和辅助活动，人们对自然界的依赖性很大，对外界环境的控制能力低，生产状况更多地决定于自然状况，而不是人的因素。

传统农业经济的封闭性表现在，多数农民是自给农民，生产以自给自足为其特征，农业生产要素来自农户内部，生产的主要投入要素是劳力和土地，地多人少以输入土地为主，地少人多则以输入劳力为主。资金等输入极少，生产过程也在农户内部完成，男耕女织，一家一户地生产。生产的产品基本上是在农户内部消费，投入能量和物质较少，产出的物质和能量很低，基本上是一种自给自足的自然经济形态的农业。传统农业的重大成就是精耕细作，用地养地结合，基本上维持自然生态的平衡。然而，传统农业是以世代相传的生产要素为基础，生产技术（包括物质资本、技术以及火的技术知识）没有任何重大变化，农业的产量、农业劳动生产率、土地生产率均很低下。

（三）现代农业阶段

现代农业，又称工业式农业或石油农业时期，是在现代工业和现代科学技术基础上发展起来的农业，萌发于 18 世纪 60 年代的英国，逐渐扩大发展到整个欧洲、北美和日本，主要是指第二次世界大战以后才形成的发达农业。现代农业是广泛应用现代科学技术、现代工业提供的生产资料和科学管理方法的社会化农业。它与传统农业有很大不同，由生态的原始性变为科学性，技术的传统性变为现代性，经济的封闭性变为开放性。生态的科学性是指现代农业生态系统完全脱离了原来的自然属性，在人的干预下运转，通过大量投入石油、化工物质来强化系统的稳定性，保证农业生产顺利进行。人们对农业生物本身及其环境因素的客观规律认识不断加深，所采取的农业技术措施更加符合客观规律的要求，改变和控制生物生长环境的能力显著提高，良好的高效能生态系统逐步形成。赋予农业的不仅是生产农产品的职能，而且越来越要求农业还具有改善生态环境的职能，自觉促使良性生态循环，保持农业的生态平衡。

技术的现代性主要是指现代的科学技术在农业中广泛应用，由依赖传统经验变为依靠科学，使农业生产建立在现代科学基础上，成为科学化的农业，如在植物学、动物学、遗传学、物理学、化学等科学发展的基础上，育种、栽培、饲养、植物保护等农业科学技术迅速发展和广泛应用。农业技术系统的结构发生了质的变化，农业的动力已不是人、畜力，而是石油或电力机械，其占总动力的比例达 90% 以上；劳动工具已不是铁犁或单机，而是机器体系；每个劳动力的机器装备程度很高。劳动对象已不是自然的土地和普通的动植物品种，而是经过持续改良的土地和培育出的优良品种；劳动的组织和管理不再是凭经验，而是靠科学；劳动者本身已不是普通农民，而是经过培养教育，有文化、有科技知识技能的劳动者。经济的开放性带动了农业经济系统物质和能量的"开放式循环"，农业生产系统和部门大量的物质和能量投入到农业系统，加大了物质能量的循环圈，从而提高了劳动生产率和土地生产率，为社会换取了大量的农产品，打破了物质和能量局限在农业系统内部的封闭式循环，系统的运转越来越依靠与外界进行大量的物质和能量交换，交换的范围不仅涉及国内，还涉及国外。

第二节 农业经营预测与决策

一、农业经营预测

（一）经营预测的概念与作用

1. 什么是预测

预测是根据事实（资料）和经验，经过逻辑推理、判断或者演算来寻求事物的客观发展规律，据以估计、推测未来事物的发展趋势及其结果。简单地说，预测就是预计和推测。预测在调查研究基础上的科学分析，简称为预测分析。预测分析所用的科学方法和现代手段，称为预测技术，也称之为预测方法。企业面对的市场瞬息万变，企业的外部环境、内部条件十分复杂，怎样在如此复杂的环境中生存、发展，需要企业的管理者借助各种必要的手段，从影响企业生产经营变化的各有关因素中，找到一定的内在联系和规律性，从而对企业赖以生存的内、外环境及其变化进行科学的预测，为领导者提供有力的决策依据，以便趋利避害，争取达到良好的效果。

预测具有以下特点：

第一，广泛性。工商企业经营预测涉及政治、经济、生产能力、科学技术发展水平、价格、工资收入、社会风尚以及国外影响等，联系非常广泛。从内容上看包含生产、销售、成本、利润、资金、市场供求、消费倾向等预测，这就要求管理者要了解掌握各方面的资料，不能只局限于一个企业的角度进行研究分析。

第二，趋势性。主要是指某一事物或现象在某一时期的主要倾向和发展趋势。如果不注意分析这些趋势，预测也就失去了应有的作用。要通过一系列企业经营活动中的业务资料、统计资料、会计报表和有关部门的信息进行分析，找出主要趋势，才能提高预测的准确程度。

第三，客观性。预测应当建立在科学基础上，要从实际出发，实事求是。根据大量的资料分析，由表及里、去伪存真。切忌主观臆断、妄自判断，不能把一些道听途说的或马路新闻作为预测依据。必须依靠科学的数据、真实的情况作为预测的根据，运用马克思辩证唯物主义方法分析客观实际。不能单纯凭长官意志和指示作为预测的根据，更不能把偶然的现象或一时失常的现象作为正常现象处理。在一片大好形势下，管理者容易盲目乐观；在困难形势下，则会悲观失望。预测时，要注意防止这两种容易失真的情绪，注意客观性，才能减少不可靠性。

第四，时间性。有市场就有竞争，竞争是商品经济固有的规律性。因此，预测必须要有强烈的时间观念，对各种信息、资料要及时掌握、及时分析、及时提出预测结果的各种方案，以便及时地做出决策。否则，就会坐失良机。雨后送伞，已是时过境迁，失去了实际意义或降低预测的价值。

2.什么是经营

经营，是指在一定的社会制度下，商品生产者为了一定的经营目标，根据外部环境和内部条件，以市场为对象，以技术的开发、商品的生产和交换为手段，通过有效的管理使自己的生产技术、经济活动与外界的自然、社会经济环境达成动态平衡，为满足社会需要谋求最大的经济效益而进行的一系列有组织的经济活动。

3.经营预测的概念

经营预测，是预测技术在经营中的具体应用。它是以过去和现在的统计资料和调查资料为根据，运用科学的方法对影响经营活动的各种不确定因素及其经营总体影响结果所进行的预料、估计和判断。简单地说，经营预测就是根据内外部经营环境、经营信息对未来经营状况所做的推测和预料。

4.经营预测的作用

企业经营预测是以经营决策为核心的，而经营决策又以经营预测为前提，因此，搞好企业经营管理，必须首先搞好经营预测。其作用主要表现在以下三个方面：

第一，经营预测是经营决策的重要前提和基础。企业经营的成败、各项管理职能的发挥，在很大程度上取决于决策是否及时、准确。管理的关键在于决策，而决策的成败在于预测。正确的决策必须以科学而准确的预测为前提和基础。没有科学的预测，决策就难以避免失误，就不能进行科学的决策，这必然会造成重大的经济损失。

第二，经营预测是制订经营计划的依据。从时间顺序来看，经营预测在经营决策之前，而经营计划在经营决策之后，经营计划是决策方案在未来时间和空间上所做的安排和部署。从计划与预测的直接联系来看，计划中很多数据都来自预测，计划的准确性也往往建立在科学预测的基础上。没有科学的预测，就不会有切实可行的经营计划。

第三，经营预测是改善企业经营管理的重要手段。在商品经济条件下，企业的经营与发展同市场息息相关。企业间的竞争是产品竞争，实质是生产技术的竞争。通过科学的预测，确定发展什么产品、采用什么技术、使用什么原材料，确定怎样才有利于降低产品生产成本，获得超额利润，提高经营管理的效益等问题。

（二）经营预测的种类

依据不同的标准，农业企业经营预测可划分为以下几类：

按经营预测的时间长短划分，可以分为长期预测、中期预测和短期预测。长期预测一般是指对 3 年或 5 年以上的经营过程所做的预测；中期预测一般是对 1 年以上 3 年以内的经营过程所做的预测；短期预测则是指对 1 年以内的经营活动所做的预测，如以旬、月、季为单位的预测。不同的经营过程具有不同的时间周期，因此需要有不同的预测期限。

按经营预测的方法不同，可以分为定性预测和定量预测。定性预测又称为经验判断预测，它是凭借预测者的经验和综合分析判断能力，根据预测对象的性质、特点、过去和现在的情况，运用逻辑推理法，推断预测对象的未来发展趋势。该方法简便易行，但带有较大的主观性，准确性差，受预测者分析、判断能力的影响大。它较适用于缺乏历史统计资料的数据和情况，或用于新产品销售量的预测。定量预测是预测者依照占有的系统可靠的资料和数据，在定性分析的基础上，借助数学模型、图表和计算机等手段，进行定量分析，进而对预测对象的未来发展趋势做出预测。它适用于有较完整的历史统计资料和数据的情况。

按经营预测的具体对象和内容划分，可以分为科学技术预测、市场预测、社会经济条件预测，等等。

（三）经营预测的原则

经营预测要求对未来做出合乎规律的推断和设计。要做好经营预测，必须遵循如下原则：

（1）实事求是原则。预测应该科学地反映客观事物变化的规律，为此必须深入调查或进行实验，取得第一手资料，然后选择相应的预测方法，认真细致地运算，得出预测结果。如果取得的结果不是切实可靠，不以求实的精神去推算，不用科学的方法对比分析，那就是瞎估乱算。若用这种错误的预测去决策，定计划，必然贻误大事，造成严重的损失。因此，在整个预测过程中，要自始至终地坚持实事求是的科学态度，如实地预测和反映被预测对象的情况，力求使预测结果真实有据。

（2）连贯性原则。所谓连贯性，是指社会经济现象的变化具有一定的规律，而这种规律在未来事物发展中仍不断延续。换句话说，事物的未来发展与其过去和现在的发展是一脉相承的。任何事物的发展变化都是一个渐进的过程，即现在是过去的发展，未来是现在的延续。因此在经营预测过程中，必须以连贯的历史发展资料为依据，分析研究今天企业状况与过去企业状况的异同，分析变化的影响因素和各因素的影响程度以及它们之间的数量关系，从中找出预测对象发展变化的规律，就能预测未来企业变化发展的趋势和方向，做出定性和定量的分析。

（3）相关性原则。是指事物之间或事物所构成的要素之间存在相互促进、相互影响或制约的关系。任何一个部门和企业的发展，都要有其他部门和企业的协调配合，同时也制约着其他部门和企业的发展，这种关系表现为一定量的比例关系。因此，经营预测必须遵循相关性原则，根据经营事物的具体情况，努力寻找该经营事物与其构成因素之间或其他事物之间的因果关系，以预测该事物的未来情况。

（四）经营预测的程序

经营预测是对企业发展前景的一种探索性研究工作，其预测过程是一个严密的逻辑推理过程，因此它有一套科学的研究步骤。要搞好经营预测，必须明确先做什么、后做什么，形成一个前后稳定有序的程序。

1. 确定预测目的和时间

在预测之前要有明确的预测目的，以便有的放矢地搜集必要的经济信息，同时还要确定明确的预测时间，包括起止时间和每个阶段的时间及所要达到的目标。

2. 搜集和整理信息资料

根据预测目的，广泛搜集所需资料，包含历史资料和现实资料。为了保证资料的准确性和有用性，还要对资料进行必要的加工和整理，对不完整的和不适用的进行调整和剔除。

3. 选择适当的预测模型和预测方法

对经审核和整理的数据资料，就可以根据其发展趋势选择合适的预测模型和合理的预测方法。一般来说，经营预测模型有两类：一是时间关系模型，用于研究预测对象的发展趋势及其过程，比如时间序列预测法；二是相关关系模型，表示预测对象与影响因素的关系的模型，用于研究预测对象受相关因素影响的变化过程及其数量的表现，如回归预测法。

预测方法很多，包括定性和定量两大类。一般定性分析主要采用在调查研究的基础上进行逻辑推理，在定性分析的基础上进行定量研究，则需要借助数学模型和统计方法。预测方法要根据预测的特点、预测对象的情况、预测要求的精确度、资料的占有状况来进行选择，以达到费用省、时效性强、准确度高的目的。

4. 分析预测误差

预测模型不可能与现实情况完全一致，极大程度会产生一定的误差。误差越大，预测的可靠性就越小，就失去了预测应有的作用。为此，就需要对预测结果进行验证，并且要分析产生误差的原因，并改进预测方法和修正所采用的数学模型，使预测结果尽量接近实际。

（五）经营预测的方法

预测的方法是达到预测目的的手段。这些方法按其性质的不同，可分为定性预测和定量预测两大类。定性预测法主要预测经营活动未来发展的趋势和方向，对数量的预测精度要求不高；而定量预测法则主要预测经营活动未来发展的量的水平，对发展趋势和方向的反映不够直观。因此在实际工作中，应注意定性预测和定量预测的结合。

1. 定性预测方法

定性预测是依靠人们的知识、经验和综合分析能力，对未来的发展状况做出推断，所以又称经验判断法。该方法直观简单、费用低，但掌握起来并不容易，需要有丰富的经验。在数据资料较少或不准确的情况下，采用该方法较好。

（1）专家意见法

专家意见法是美国兰德公司于 20 世纪 60 年代提出的，又称德尔菲法。这种方法是采用背对背的通信方式征询专家小组成员的预测意见，经过几轮征询，使专家小组的预测意见趋于集中，最后得出符合市场未来发展趋势的预测结论。德尔菲法又名专家意见法或专家函询调查法，是依据系统的程序，采用匿名发表意见的方式，即团队成员之间不得互相讨论、不发生横向联系，只能与调查人员发生关系，以反复地填写问卷，以集结问卷填写人的共识及搜集各方意见，可用来构造团队沟通流程，应对复杂任务难题的管理技术。用专家意见法预测，通常要经过三到四轮才能够得到比较集中的结果。其基本程序如下：

1）开放式的首轮调研

由组织者发给专家的第一轮调查表是开放式的，不带任何限制，只提出预测问题，请专家围绕预测问题提出预测事件。因为如果限制太多，就会漏掉一些重要事件。

组织者汇总整理专家调查表，归并同类事件，排除次要事件，用准确术语提出一个预测事件一览表，并作为第二步的调查表发给专家。

2）评价式的第二轮调研

专家对第二步调查表所列的每个事件做出评价。譬如，说明事件发生的时间、争论问题和事件或迟或早发生的理由。

组织者统计处理第二步专家意见，整理出第三张调查表。第三张调查表包括事件、事件发生的中位数和上下四分点，以及事件发生时间在四分点外侧的理由。

3）重审式的第三轮调研

发放第三张调查表，请专家重审争论。

对上下四分点外的对立意见做一个评价。

给出自己新的评价（尤其是在上下四分点外的专家，应重述自己的理由）。

若修正自己的观点，也应叙述改变理由。

组织者回收专家们的新评论和新争论，与第二步类似地统计中位数和上下四分点。

总结专家观点，形成第四张调查表，其重点在争论双方的意见。

4）复核式的第四轮调研

发放第四张调查表，专家再次评价和权衡，做出新的预测。是否要求做出新的论证与评价，取决于组织者的要求。

回收第四张调查表，计算每个事件的中位数和上下四分点，归纳总结各种意见的理由以及争论点。

值得注意的是，并不是所有被预测的事件都要经过四步。有的事件可能在第二步就达到统一，而不必在第三步中出现；有的事件可能在第四步结束后，专家对各事件的预测也不一定都是达到统一。不统一也可以用中位数与上下四分点来做结论。事实上，总会有许多事件的预测结果是不统一的。

专家意见法的特点：

1）匿名性

因为采用这种方法时所有专家组成员不直接见面，只是通过函件交流，这样就能够消除权威的影响。这是该方法的主要特征。匿名是德尔菲法的极其重要的特点，从事预测的专家彼此互不知道其他有哪些人参加预测,专家是在完全匿名的情况下交流思想的。后来改进的德尔菲法允许专家开会进行专题讨论。

2）反馈性

该方法需要经过 3 ～ 4 轮的信息反馈，在每次反馈中使调查组和专家组都可以进行深入研究，使得最终结果基本能够反映专家的基本想法和对信息的认识，所以结果较为客观、可信。小组成员的交流是通过回答组织者的问题来实现的，一般要经过若干轮反馈才能完成预测。

3）趋同性

专家意见法不是简单地收集专家意见，而是通过多次征询意见使专家的意见一轮比一轮更趋向一致，最后得到了一个可靠的预测结果。但这种方法也有其缺点，就是耗时，费用也高。

（2）主观概率法

主观概率不同于客观概率，它是预测对某一事件发展趋势可能性做出的主观判断。主观概率法就是先由预测专家对预测事件发生的概率做出主观的估计，然后计算它们的平均值，以此作为对事件预测的结论。

2. 定量预测方法

定量预测方法是在得到若干统计资料后，在假定这些资料所描述的趋势对未来适用的基础上，运用各种数学模型预测未来的一种方法。定量分析模型主要有时间序列模型和因果关系模型。

（1）时间预测模型

就是把历史统计资料按年或者按月排列成一个统计数列，根据其发展趋势，向前外延进行预测。这种方法适用于市场比较稳定、价格弹性较小的产品，尤其是短期预测更为适用。

1）简单移动平均法。此种方法是从时间序列中依次计算连续 n 期（通常 n 为 3 ～ 7）的平均值，作为 n+1 期的预测值。随着时间的推移，计算平均值所用的数值是逐期向后移的。计算公式如下：

$$n+1 \text{ 期的预测值} = \frac{\text{第 1 期数值}+\text{第 2 期数值}+\cdots+\text{第 n 期数值}}{N(\text{期数})}$$

2）加权移动平均法。人们在实际中发现，距预测期近的数据对预测值影响较大，距预测期远的数据则影响较小，这样可以依据距离预测期的远近，给 n 期内的数据以不同的权值，求得加权平均值作为预期结果。各权数的确定，可用 n 为最近的权数，依次减 1 为以前各期权数。

3）指数平滑法。指数平滑法是在移动平均法的基础上发展起来的一种时间序列预测法。其特点是以前期的预测值和前期的实际值为依据，并赋予一定的权数来求得本期的预测值。计算公式为：

$$M_t = aD_{t-1} + （1-a）M_{t-1}$$

式中：M_t 为第 t 期的预测值；M_{t-1} 为第 t-1 期的预测值；D_{t-1} 为 t-1 期的实际值；a 为平滑系数（$0 \leq a \leq 1$）。

平滑系数取值大小，应根据过去的预测值与实际值比较而确定。差额大，则 a 应取大一些；差额小，则 a 应取小一些。a 越大则近期的倾向性变动影响越大；a 越小则近期的倾向性变动影响越小，越平滑。因为平滑系数越小，预测趋向较平滑，因此，在实际应用中，倾向于采用较小的 a 值。

（2）因果关系模型

因果关系预测法，是根据相关性原则，利用客观事物之间的因果关系，并用一定的函数方程描述其相关变化规律，对预测对象进行预测的方法。因果关系预测法较常用的方法为一元线性回归法。一元线性回归预测法，就是研究一个因变量和一个自变量之间的相互关系，即从一个自变量（影响因素）去预测因变量（预测值）的方法。

其基本公式为：

$$y=a+bx$$

式中：x 为自变量；y 为因变量；a，b 为回归系数。当 b 为负值时，两个变量按相反方向变动；当 b 为正值时，两个变量按同一方向变动。

进行一元线性回归分析预测，关键是找寻合理的回归系数 a 和 b，确定回归方程，然后根据预计的 x 值求出 y 的预测值。采用最小二乘法原理求出回归方程中的 a 和 b 两个参数：

$$a=\frac{b\sum x_i-\sum y_i}{n}$$

$$b=\frac{n\sum x_i y_i-\sum x_i\sum y_i}{n\sum x^2-(n\sum x_i)^2}$$

算出 a、b 的值后，即可求出一元线性回归方程。但所求出来的回归模型能否用于预测，还必须首先展开相关系数检验。相关系数是表明两变量之间相关程度和方向的分析指标，通常用 R 表示，其取值范围为 $-1 \leq R \leq 1$。R 值接近 ± 1 时，称为强相关；R 值接近 0 时，称为弱相关。R=0，说明两变量无线性相关；R>0，称为正相关；R<0，称为负相关。计算公式为：

$$R=\frac{n\sum x_i y_i-\sum x_i y_i}{\sqrt{n\sum x_i{}^2-(\sum x_i)^2}\sqrt{n\sum y_i{}^2-(\sum y_i)^2}}$$

二、农业经营决策

（一）经营决策的概念

决策是人类活动中一项普遍而且重要的行为，在生活和工作中，它可以说无处不在。一个人大至奋斗目标的确定、人生道路的选择，小至从事某项工作、完成一件事情，都离不开决策。决策的定义目前尚未统一，比较趋于一致的看法有两类：一类认为决策就是管理；另一类认为决策就是抉择或决定。我们认为，从决策所涉及的许多实质问题来理解，决策应当是对未来实践的方向、目标、原则和采用的方法进行选择并做出相应的抉择或决定。决策对我们一生都是十分重要的，可以这样说，每个人几乎总是不断地面临着如何做出决策，只不过有时这种行为是自觉的、主动的，而有时却是不自觉的、被动的。

对企业而言，同样面临类似的选择，不管是大到企业发展战略的选择，还是小至产品价格的确定，无不包含着企业管理者的决策行为。现代企业普遍具有组织复杂、分工细密、联系广泛的特点，这就使得决策在企业经营管理过程中具有十分重要的作用。例如，在一个工业企业中，企业自身发展目标的选择，产品市场的开拓，企业应当采取的营销策略等均需要做出决策。与此相联系的，如产品的设计制造、原材料的来源和供应、产品质量的管理和保障、资金的筹集和运用、劳动管理、员工素质和生产技能的提高、产品售后服务系统的运行、企业形象的确立等，都面临决策。因而，能否进行科学的决策，就成为企业能否成功发展的关键和前提。最早把决策概念引入到现代企业管理理论中的是20世纪30年代的美国学者巴拉德和斯特恩等人。随着社会经济和科学技术的发展，决策已成为一门专门科学，掌握好决策的理论，并在企业管理中正确运用，已经成为经营管理人员的必备素质。

经营决策是指企业决策者在外部形势分析的基础上，依据企业内部条件情况，对企业总体发展战略和生产、服务、积累、投资、销售、分配等各种经营活动的经营目标、方针与策略所做出的抉择和决定。总的来说，经营决策的目的，就是要使企业未来的发展更符合决策者的意愿和要求。企业的经营规模可大可小，性质、类型各不相同，所面对的外部环境与内部条件也彼此存在差异，但总离不开求生存、谋发展这一目标。所以，管理者随时需要根据企业发展环境的变化做出各种决策，以保证企业发展总体目标的实现。可见，经营决策在企业发展过程中处于十分重要的地位和作用。

（二）经营决策的特征

任何决策都必须经历下列环节：从发现问题入手，提出并确定发展目标，依据内外部条件，收集信息，进行归纳、分析、整理，并测算出各方案可能实现的条件结果，运用特定的技术方法或手段，筛选出最佳方案或形成一个综合方案，并将该方案付诸实施以实现既定的发展目标。最后一步工作就是决策，属于决策行动。在此之前的一系列工作，均属于决策分析工作。值得注意的是，决策行动不同于决策分析。决策行动是由领导者或者事件的责任人做出的，他们必须对决策所引起的后果负责。而决策分析则不同，它是由具体的工作人员分析，只提供决策的依据、决策的方法及这些决策方案实施后的效果，而不管这个方案是否实施。因而，从事决策分析的人员，只有建议权，没有决定权。农业经营决策也是这样。农业经营决策与一般的决策存在共同之处，但由于农业企业本身固有的特征，因而，农业经营决策也必然具有其自身特征。

第一，企业是通过生产产品或提供服务来实现其经济效益和社会效益的。因此，经营决策所要确定的目标，就必须着重于企业所生产的产品或提供的服务。能否准确确定目标决定着企业能否生存和发展，这是企业经营决策的关键。若一个企业生产的产品或所提供的服务不为顾客或用户所欢迎，这就说明企业经营决策中所确定的目标错了，应该重新加以选择或修正。否则其他相关的决策将会毫无意义，甚至影响到企业自身能否生存。其理由如下：

（1）在社会主义制度下，企业所提供的产品或服务应能够满足人民群众日益增长的物质文明和精神文明建设的需要。无论企业提供的是产品还是服务，都应该符合有利于提高人民的生活水平、生活质量和文明素质这个根本目标，这一点，任何企业无论何时都不能有丝毫动摇。因为只有这样做，才能自觉地把企业纳入中国特色社会主义的轨道。

（2）企业的决策应以经济效益为中心。办企业，不管是生产产品还是提供服务，都要注重它所产生的经济效益，并且着力谋求最佳的经济效益。因为只有这样做，企业才能得以生存并进而谋求不断发展壮大。而要保证企业取得最佳的经济效益，关键在于企业的产品和服务的质量。因此，可以说产品或服务的质量是企业的生命，是实现所确定目标的根本所在。提供的产品或服务质量越好，企业的经济效益就会越好。企业决策者在选择企业的目标时，除了重视产品或服务的种类以外，还要十分重视产品及服务的内在质量，并使之贯穿于整个决策过程的始终。

（3）企业在选择和确定目标时，还应当充分注重市场。因为企业的产品和服务，一定要通过市场这一载体才有可能成为商品，才能产生效益，所以，市场应该是企业经营决策中考虑的主要因素。企业的决策者在决策之前，必须进行详尽的市场调研，在生产和经营中，应随时关注市场情况的变化，并使企业所提供的产品或服务适应市场需求的变化。只有这样，才能使产品或服务能顺利进入市场，逐步占领市场。另外，还要注重不断培育和拓展新市场，使企业能在激烈的市场竞争中立于不败之地。

第二，经营决策要符合企业的实际。从确定企业的目标开始，到提出和选择实现目标的方案，以至于定目标的方法和途径，始终不能离开企业的实际。如果面对的是一个刚创办的企业，在进行决策的时候，就必须从企业的实际情况出发，做一番认真的分析和评估。譬如，企业创办之后，生产什么产品或提供什么服务；在创办初期规模要多大，今后每个阶段以及最终目标将达到何等规模；投资的数量应是多少，资金应如何筹集和使用；员工人数各个阶段应为多少，对不同岗位员工素质有怎样的要求，各部门、各层次的人员应如何合理配置；所提供的产品或者服务的质量及价格将定在哪个档次，标准如何，投入和产出比例应为多少；将会面临怎样的市场竞争，如何使自己的产品或服务在竞争中站稳脚跟，进而开拓发展；如何能可靠地获得生产和服务所需的原料、技术和信息，以保证生产或服务的正常运转和健康发展，等等。以上列举的各个方面，在企业创办之前，决策者应该详细考虑、全面分析、适当预测，做到心中有数、成竹在胸。正如古人所言："凡事预则立，不预则废。"又譬如，面对的是一个已经建立或正在运作的企业，要做出决策，同样不能离开企业的实际。无论是做局部性的决策，还是做全局性的决策，无论是做短期、中期还是远期决策，对一个已经运作的企业而言，更应从本企业的实际出发，仔细分析企业的现状和以往的情况，总结成功的经验和失败的教训。这样，就更能了解、把握企业自身的优势和长处，认识存在的劣势或弱点，扬长避短。这种分析过程是对企业不断进行再认识的过程，而这种再认识的过程，正是对这类企业进行正确决策的基础和前提。有了这一基础和前提，再加上对客观环境与企业发展之间形成的（包括可能形成的）种种机遇与挑战，以及对推动或制约因素的分析、把握和运用，企业的决策就可以"知己知彼"，决策成功的可能性就大为增加。总之，不论是何种企业，如果离开企业自身的实际而进行决策，不重视主观条件，不坚持主观、客观条件的和谐与一致，那么这种决策就很容易变为无本之木、无源之水，成为盲目的、违反科学的决策，而这样的决策对企业所带来的影响及造成的后果将会是非常严重的。

第三，经营决策要注重对企业生存和发展环境的研究。任何企业都离不开一定的环境，环境对企业而言，既包含着机遇，也包含着风险。企业经营决策一定要重视环境这一因素，并对它进行详尽的分析，以便企业能适应环境，主动参与改善环境，并进而做到能动地运用环境因素趋利避害，使自身赢得生存的空间和求得发展的主动权。与企业生产和经营有关的环境因素包含生产环境、社会环境、自然环境、经济环境等，而且从当今企业的发展来看，在进行决策时，不仅要考虑国内环境，还应注重对国际环境的了解和研究，要把国际环境作为决策时给予考虑的一个重要因素。就生产型企业来说，企业的决策，如企业的选址、产品种类的确定、原材料的来源和供应的保障、原料和产品的运输、能源的供应无不与生产环境和自然环境的因素密切相关；无论是生产型企业还是服务型企业，要生存，要发展，都要充分考虑企业所处的社会环境及经济环境。哪些产品和服务是社会所需要的，这种需要随着社会环境和经济环境的发展变化将会有哪些变化，跟随这种变化企业将有哪些应变措施，将为社会提供哪些新的产品和服务，社会环境和经济环境的变化和改善将会给企业提出哪些挑战或提供哪些机遇，企业的决策者都必须认真研究，力求预先做出评价和估计，才能真正做到心中有数。这些对做出科学有效的决策是十分重要的。

第四，经营决策要"以人为本"。企业的一切活动，包括生产、经营和服务，都是要依靠人来策划和实施的；企业生产的产品或提供的服务，其价值大小、质量高低，说到底也是由人的素质高低决定的。因此，在企业经营决策中，一定要坚持体现"以人为本"。现代企业对科学技术的需求越来越大，现实市场竞争越来越激烈，企业要适应这种环境，就一定要提高员工的素质，爱护并激励员工的主动性和创造性，把提倡员工敬业、乐业、发扬相互间的协作精神作为一件关系全局的大事，始终加以重视。企业的决策者要重视培养和提高员工的文化、科学、技术素质，培养员工树立严格的质量意识和良好的职业道德，培养并善于发现和挖掘员工当家做主的主人翁精神，并使之发扬光大，形成凝聚力，形成企业的主流。一个企业如果能坚持"以人为本"，尊重和爱护员工，就能上下齐心、充满生机，就能调动广大员工的积极性，战胜困难，赢得竞争，顺利发展。"以人为本"的决策，还应包括决策者有选才、用才的卓识远见和得当措施。企业经营的成败，前景的兴衰与企业决策者是否爱才、识才，能否能够正确选才、用才关系极大。"以人为本"还应该包括企业领导者正确的人才观念和用人观念。一个企业，自身就是一个完整的系统，这个系统内有各种分工，承担着不同的任务和职能，即企业之中有若干子系统，子系统相互之间又必然是互相配合、互相依存、互相制约的，而这些不同的子系统，又都要围绕企业整体的总目标，并为它的实现而服务。正因为这样，决策者在规定各部门工作职责和任务的同时，应十分注意选择足以领导和负责每个部门工作的合适的管理人才，尽可能地把优秀的人才放在适当的岗位上，让他们发挥才干，并通过他们领导全体员工创造性地开展工作，做到"人尽其才，才尽其用"。如何真正做到选好人才、用好人才是企业经营决策的重要内容，也是企业领导者、决策者、高层管理者的重要职责。企业领导者需要做到这一点应具备"慧眼"，才可"识"英才。这就要求决策者具备较高的综合素质和整体素质，如思想水平、业务水平、管理水平、观念、道德以及心理、文化素质等。这些要求，只要企业的决策者、领导者能够下定决心、勤奋学习、以身作则、秉公办事，能够真正与员工打成一片，就能做到"慧眼识英才"。

（三）经营决策的影响因素

在经营决策过程中，组织的决策受到以下因素的影响：

1. 环境因素

环境对组织决策的影响是不言而喻的，这种影响是双重的。

（1）环境的特点影响着组织的活动选择

就企业而言，市场稳定，今天的决策主要是昨天决策的延续，而市场急剧变化，则须对经营方向和内容经常进行调整；位于垄断市场上的企业，通常将经营重点致力于内部生产条件的改善、生产规模的扩大和生产成本的降低，而处在竞争市场上的企业，则须密切注视竞争对手的动向，不断推出新产品，努力改善营销宣传，建立健全的销售网络。

（2）对环境的习惯反应模式影响着组织的活动选择

即使在相同的环境背景下，不同的组织也可能做出不同的反应。而这种调整组织与环境之间关系的模式一旦形成，就会趋向固定，限制着人们对行动方案的选择。

2. 过去决策

今天是昨天的继续，明天是今天的延伸，历史总是要以这种或那种方式影响着未来。在大多数情况下，组织决策不是在一张白纸上进行初始决策，而是对初始决策的完善、调整或改革。组织过去的决策是目前决策过程的起点，过去选择方案的实施，不仅伴随着人力、物力、财力等资源的消耗，而且伴随着内部状况的改变，带来了对外部环境的影响。"非零起点"的目前决策不能不受到过去决策的影响，过去的决策对目前决策的制约程度要受到它们与现任决策者的关系的影响。若过去的决策是由现在的决策者制订的，而决策者通常要对自己的选择及其后果负管理上的责任，因此会不愿对组织活动进行重大调整，而倾向于把大部分资源投入到过去方案的执行中，以证明自己的正确。相反，如果现在的主要决策者与组织过去的重要决策没有很深的渊源关系，则会易于接受重大改变。

3.决策者对风险的态度

风险是指失败的可能性。由于决策是人们确定未来活动的方向、内容和目标的行动，而人们对未来的认识能力有限，目前预测的未来状况与未来的实际状况不可能完全相符，因此在决策指导下进行的活动，既有成功的可能，又有失败的风险。任何决策都必须冒一定程度的风险。

组织及其决策者对待风险的不同态度会影响决策方案的选择。愿意承担风险的组织，通常会在被迫对环境做出反应以前就已采取进攻性的行动，而不愿承担风险的组织，通常只对环境做出被动的反应。愿冒风险的组织经常进行新的探索，而不愿承担风险的组织，其活动则要受到过去决策的严重限制。

4.组织文化

组织文化制约着组织及其成员的行为以及行为方式。在决策层次上，组织文化通过影响人们对改变的态度而发生作用，任何决策的制订，都是对过去在某种程度上的否定。

任何决策的实施，都会给组织带来某种程度的变化，组织成员对这种可能产生的变化会怀有抵御或欢迎两种截然不同的态度。在偏向保守、怀旧、维持的组织中，人们总是根据过去的标准来判断现在的决策，总是担心在变化中会失去什么，从而对将要发生的变化产生怀疑、害怕和抵御的心理与行为；相反，在具有开拓、创新气氛的组织中，人们总是以发展的眼光来分析决策的合理性，始终希望在可能产生的变化中得到什么，因此渴望变化、欢迎变化、支持变化。显然，欢迎变化的组织文化有利于新决策的实施，而抵御变化的组织文化则可能给任何新决策的实施带来灾难性的影响。在后一种情况下，为了有效实施新的决策，必须首先通过大量工作改变组织成员的态度，建立一种有利于变化的组织文化。因此，决策方案的选择不能不考虑到为改变现有组织文化而必须付出的时间和费用的代价。

5.时间因素

美国学者威廉·R.金和大卫·I.克里兰把决策类型划分为时间敏感决策和知识敏感决策。时间敏感决策是指那些必须迅速而尽量准确的决策，战争中军事指挥官的决策多属于此类。这种决策对速度的要求远胜于质量。比如，当一个人站在马路当中，一辆疾驶的汽车向他冲来时，关键是要迅速跑开，至于跑向马路的左边近些还是右边近些，相对及时行动来说则显得比较次要。

相反，知识敏感决策对时间的要求不是非常严格。这类决策的执行效果主要取决于质量，而非速度。制订这类决策时，要求人们充分利用知识，做出尽可能正确的选择。组织关于活动方向与内容的决策，这类决策着重于运用机会，而不是避开威胁，着重于未来，而不是现在，所以选择方案时，在时间上相对宽裕，并不一定要求必须在某一日期以前完成。然而，也可能出现这样的情况，外部环境突然发生了难以预料和控制的重大变化，对组织造成了重大威胁。这时，组织如不迅速做出反应，进行重要改变，则可能引起生存危机。这种时间压力可能限制人们能够考虑的方案数量，也可能使人们得不到足够的评价方案所需的信息，同时还会诱使人们偏重消极因素，忽视积极因素，仓促地做出决策。

（四）经营决策的分类

经营决策依照不同的要求，可以有不同的分类。

1.宏观决策、中观决策和微观决策

依照经营决策涵盖面的大小和决策所涉及的时间长短不同，能够分为宏观决策、中观决策和微观决策。

这些决策之间的区分，主要是指每项决策所涉及的内容与企业整体关系的密切程度的大小。如果决策本身是关乎整个企业的生存、发展一类的带根本性的问题，既关系到当前，又关系到今后一段较长时期内的企业命运，这便是宏观决策；如果是关系到企业某一特定时期的生产、服务、经营的发展、调整，以便为企业的整体或长期发展目标服务的决策，则是中观决策；微观决策是指某些为企业的宏观决策、中观决策服务的，在企业内部某一局部、某一环节、某一短暂时期内做出的决策。微观决策往往是战术性的、在某一较小范围内的，同时又往往是十分具体的决策行为。这几种决策之间，存在着相互联系又相互制约的关系，但应该明确的是，涵盖面较小的决策，永远是为涵盖面较大的决策服务的。

2.战略决策和战术决策

从决策所起的作用大小看，企业经营决策可分为战略决策和战术决策。

战略决策指的是企业中关系到总体的、全局的、长远的和根本问题的决策。一个企业，它的发展方向是否正确、路子是否宽广、前景是否乐观，从根本上说，是由其战略决策是否正确决定的。若企业的战略决策错误或出了偏差，就会危及企业的生存和发展。因此，可以说战略决策正确与否，是企业生死攸关的大事。在战略决策中，又包含着企业的总体战略决策和分战略决策两类。总体战略决策覆盖整个企业以及和企业相关的每个方面。但是，总体战略决策又是由各个分战略决策构成的，每个分战略决策的拟就，要根据企业总体战略决策的需要，为实现总体战略决策的要求和目标服务。至于企业的分战略决策，指的是与企业生产、服务、运作、竞争、发展相关的各个方面的战略决策，如生产战略决策、经营战略决策、投资战略决策、科技进步战略决策、市场竞争战略决策、人才培养战略决策，等等。在制定企业的总体战略决策和分战略决策时，有一条原则应该予以充分重视，那就是要善于发现、把握、培植企业的优势，抓住先机。唯有如此，在进行战略决策时才能高瞻远瞩、开阔视野、充满信心，才能使企业在变化、发展的环境中立于不败之地。同时，也要正视企业自身存在的薄弱环节和困难，在总体战略决策中，特别是在各方面的分战略决策中，拿出力量和办法解决问题，以使企业的某些劣势尽快地转变为优势。

战术决策，指的是企业经营决策中针对某一具体对象的具体决策。这种决策，多见于日常的生产、服务、管理的过程中，是为了解决企业运作中某些具体问题而做出的。它具有涉及面较窄，影响只限于某个局部或只关系到某一段较短时间内的特点。就决策

者的职责范围而言，战略决策，尤其是总战略决策，是由企业的高级管理层、主要的领导者和决策者负责做出的；分战略决策和战术决策则通常是由企业的中层管理者、部门负责人根据需要做出的。当然，即使是战术性的决策，也不能违背战略决策的要求和目标，应当为战略决策的实现而服务。

3. 个人决策和团体决策

以做出决策这一行动的参与人数多寡来分，企业经营决策可以分为个人决策和团体决策。

个人决策，就是凭借决策者个人的主观能力进行的决策。它受到个人的智慧、阅历、经验和对决策对象的了解程度的限制，也受到个人性格特征和心理特点的影响，局限性很大，成功的把握也较小。在现代企业经营决策中，已经很少采用这种方法。

团体决策，就是借助团体的力量来进行决策。团体的力量取决于领导人的主观能力，以及领导者与被领导者之间在智力结构、工作素质、工作作风和态度方面的配合情况。随着社会的发展和科技的进步，影响决策的因素不断增多，决策涉及面广，影响时间长，因而决策失败造成的后果影响更为深远。因此，现代企业经营决策的发展趋势，越来越趋向于依靠团体的力量和严格科学的决策程序来进行。

4. 单目标决策和多目标决策

以企业经营决策的目标来分，企业经营决策可以分为单目标决策和多目标决策。

在企业经营决策过程中，有时要实现某一项确定的目标而进行的决策，这就是单目标决策。这类决策所要实现的目标，有些是时效性较强的，例如，为了适应市场竞争的需要，在生产、产品改良、产品销售价格、产品售后服务等方面为某一项目标的实现而做出的决策；但是，有些单目标决策也可能是关系企业整体的，而且这一目标贯穿企业的生产、经营、服务、管理的始终。这类决策目标的确定和实现有利于确定和体现企业的特色，从而保证企业的生存和发展。可见，单目标决策很重要，切不可因为目标比较单一就忽视了它或者在决策过程中掉以轻心。多目标决策则是与单目标决策相对而言的，它的特点是决策要实现的目标在两个以上；多目标中各目标之间往往是互相关联、相互支撑的；多目标之间，有先后实现之分，但却无此轻彼重之别；无论多目标的具体数量是多少，它们的实现是为整个企业的全局、企业发展的战略目标服务的。要科学、顺利地做出并完成多目标决策，决策者就一定要了解多目标决策的特点，在了解企业、市场、企业所面临的挑战和机遇的前提下综合调度、全面思考。企业在做多目标决策时，应着眼全局，多角度、多层次考虑问题，切忌只顾眼前、图一时之快，或者顾此失彼，造成多目标相互之间牵扯，产生不了合力。

5. 确定型决策、非确定型决策、风险型决策

按照决策问题所处条件与所产生的后果不同，经营决策可分为确定型决策、非确定型决策和风险型决策。

确定型决策，又称肯定型决策，是指每一种可供选择的方案所需要的条件和未来状态完全已知，对每一种方案实施后果也能计算确定，可以在比较中做出肯定择优的选择。

非确定性决策，又称不肯定型决策，是指各方案所出现的结果不确定，而且不能预计其出现的概率，因而只能靠决策者的经验和主观判断而做出的决策。

风险型决策，这种决策各方案的条件大部分是已知的，出现的结果却不能确定，但这种不确定的结果出现的概率又是可以预先估计的。由于决策的最后结果受概率的影响，而且这种概率是事先预测的，实际情况的出现不一定完全和概率相符合，所以这种决策带有一定风险性，故称之为风险型决策。

（五）经营决策的内容

经营决策的内容十分广泛，总结起来主要有以下六个方面：

（1）生产决策。生产决策主要是确定企业生产方针、发展方向、生产结构、生产规模、资源的合理配置与技术措施的选择等。

（2）营销决策。营销决策是指企业识别、分析、选择和发现市场营销机会，以实现企业经营目标的一系列活动过程。主要包括市场调研、预测，产品市场定时定位决策，产销量、分配路线和销售方式决策，销售促进技术和市场营销组合决策，价格决策，竞争战略，售后服务和其他销售业务决策等。

（3）财务方面的决策。主要包括资金筹集决策，即如何为企业筹备所需资金的决策；投资决策，即把能动用的资金投向何种生产经营活动的决策；对投入生产经营过程中的资金如何使用的管理决策等。

（4）研究开发决策。主要包括市场开发、产品开发决策，新技术、新工艺开发决策，人力资源开发、智力开发决策等。

（5）组织人事方面的决策。主要包括企业组织机构设置、权责分工、组织人员配备及干部任用考核、任免和培训等方面的决策。

（6）其他方面的决策。包括员工聘任的决策，激励机制和思想教育、职工福利事业的发展决策以及环境保护的决策等。

（六）经营决策的原则

按照企业经营决策的基本要求和具体要求，在进行经营决策时应该遵守的原则，包括以下几个方面：

1. 信息原则

信息是企业进行决策的前提和基础。决策过程实际上就是收集信息、分析信息、利用信息，根据信息进行评价、判断并做出选择的过程。因此，要保证决策的正确、成功，就一定要掌握和运用好信息原则。随着科学技术的进步，信息量不断增加，信息交流、传播的范围越来越广，但信息交流的手段越来越先进，因而交流、传播所需的时间越来越短，同时，正确的信息所产生的效益也越来越高。因此，企业在收集信息时应该讲求"快"和"多"。也就是说收集信息的速度要快，注意信息的时效性；数量要多，凡是与本企业的生存、发展有关的信息，都要收集。对信息进行分析、评价、判断、选择时，则应讲求"细"和"准"。"细"，就是要认真仔细，一条有用的信息，有时看起来微不足道，但若仔细分析，并正确运用于企业经营决策，那么可能对整个决策产生始料未及的巨大作用，也可能会带来很好的效益。运用信息要做到"准"，一种可行的方法就是"比较"，通过比较，可以从众多的信息中鉴别出真假、权衡出利弊、筛选出优劣，还有利于信息的取长补短。决策者在利用信息时要仔细思考、善于判断，这是准确运用信息的关键。当然，还可以利用现代的科学手段，如信息网络、信息库等作为辅助手段，以提高效率和增强可靠性。

2. 预测原则

对企业来说，决策实际上就是在现有条件的基础上对未来的发展进行判断和安排。因此，企业的任何决策都包含着对未来的预测。企业的产品或服务，其生产、经营、质量、市场、价格、管理等都可能产生变化。而企业中某一种因素的变化，又必然影响或牵动其他因素和条件，最终影响整个企业。因此，决策时对企业的内部、外部的种种因素和条件做出预测，就显得非常重要。决策过程中掌握和应用预测原则，目的是预测企业的未来。充分和正确的预测能使企业把握机遇、减少失误、获得发展，也能使企业预见变化，预先拟订对策以适应变化，避免在发生不利于企业的变化时束手无策、陷于被动。

3. 满意原则

企业经营决策的目的，就是要使未来的发展更符合决策者的意愿和要求。就是说，决策的结果是要让决策者满意。"满意"，通俗来说，就是通过决策，使企业选择最佳的发展目标和实现这一目标的最佳方案。崇尚完美，"心想事成"，这是人类所普遍向往和追求的，但在现实生活中，这种向往和追求却往往是难于达到的。基于这个道理，企业经营决策中的满意原则，应该具有相对性，即从企业实际和客观环境的条件出发，通过卓有成效的努力，去实现企业所确定的目标。所谓"最佳""尽可能完美"，都是在不断变化的条件下相对而言的。人类的生产活动、社会活动、科学技术的进步、人类对提高生活文明程度的要求等，都处于不断的变化和发展之中。因此，对"满意度"标准的要求也是不断变化、不断提高的。实际上，世界上没有十全十美的事情，企业的决策目标、决策方案当然也是如此。所以，遵循普遍的客观规律，选定切合企业实际的最佳目标和实现目标尽可能完美的实施方案，就应该是符合决策的"满意原则"。从这个角度来理解和把握这一原则，既有利于企业经营决策目标的实现，也助于推动企业的进步和发展，使企业在实现既定的决策目标之后，能更有把握地去开创新局面，登上新台阶，去制订并实现新的更宏伟的目标。如果追求不切实际的十全十美的决策目标，耗费大量的时间、精力和财力，则当决策目标无法实现时，不但造成人、财、物的浪费，还会影响信心和士气，为企业今后的发展带来内部和外部的不必要的伤害，得不偿失。

4. 系统原则

运用系统原理、方法对企业做出决策，这就是系统原则。无论是生产性的还是服务性的企业，其内部构成及与外部的种种联系，本身就是一个完整的系统，因而日常的运作和管理也是作为一个系统来进行的。我们经常提到的"产、供、销""科、工、贸""农、工、商"，就是把几个不同的环节或几种不同的产业连在一起，实际上就是反映了企业内部或企业集团内部的系统。对于企业，如果不用系统理论作为指导的原则，内部管理就会顾此失彼、出现混乱，正常的生产和经营活动就会无法开展，企业就会运作失序、毫无效率，甚至还会导致企业垮台。一个企业与外部的种种联系，也是一个完整的整体。很难想象，企业离开外部联系这个系统还能够立足、生存和发展。正因为如此，企业在进行决策时，也应该把握和运用"系统原则"。不仅要把企业内部和企业外部的条件和联系作为完整的系统来考虑，而且要把确定决策目标、实现目标方案的选择以及采用的方法、途径视为一个系统加以考虑。这样，既有利于企业本身的内部协调，也有利于企业内部与企业外部的相互沟通、协调和彼此促进，更有利于企业确定最优的决策目标和方案，避免造成损失和出现失误。

5. 可行性原则

企业经营决策要得以实现，关键之处在于决策是否具备可行性。这里说的可行性指的是决策符合科学、符合主客观条件、经过充分努力可以达到或实现。有些决策，表面看来似乎可行，实际上并不可行；有些决策，当时看来似乎可行，但过了一段时间之后，又显示出其不可行；又有一些决策，单项看来是可行的，但一经实施，与其他因素、环节不配合，又证明是不可行的，等等。出现上述几种不可行的决策，原因可能是多方面的，例如，策前准备不足，没有做详细的调查研究，使决策目标和实现目标方案的选择和确定偏离或超越实际；在策过程中，决策者凭主观意志武断仓促地拍板定案，使本该是科学化、民主化的决策过程变成了凭经验、靠权力，既不尊重科学又不讲民主的决策；决策目标和实施方案确定并开始实施之后，没有及时收集情况，没有及时发现和积极解决出现的问题，不能及时修正决策目标和实施方案中的错误或失误。这种种情况，如果不加以及时有力的纠正，结果就必然会导致决策失败。要使决策成功，一定要运用可行性原则。而要用好可行性原则，有两条必须认真加以重视：一是做好调查研究工作；二是尊重科学，充分听取专家的意见。在选定目标、选定实施方案，即进行决策之前，一定要先做充分的调查研究，充分征求各类专家的意见，就目标和方案是否合理、面对的困难是否能够克服，以及如何克服这些困难，有哪些利弊，利弊之间如何相互制约，能否相互转化，所确定的目标经济效益和社会效益如何，各种方案有何优点与缺点，能否实现优势互补、综合采用等情况进行详细的了解和科学的分析，做出精确的计算、充分的比较和如实的评价，再进行可行性论证。

在论证过程中，决策者应善于听取不同意见，尤其要善于从专家的不同意见中让自己的思想得到启发、深化或修正原来的思考，使之更周密、更科学。进行科学的可行性论证好处很多，它可以减少或排除决策的错误或失误，还可以使决策具备"最佳性"，即选取最佳的目标和实现目标的最佳方案。在时间安排上，进行可行性论证一定要在决策之前，不能安排在决策之后。先论证，再决策是科学的决策程序；若是先决策，再论证，那就是违背科学，变为搞形式主义。其结果往往会造成决策错误，受害的是企业，决策者当然最终也难辞其咎。

6. 集团决策原则

集团决策，就是利用智囊团进行决策。所谓智囊团，就是指决策者之外的参谋、顾问，各类有关的专业人士、专家、学者等专门人才。企业与整个社会一样不断进步，在进步的过程中也会面临更加复杂的情况，碰到以往未遇到过的新情况、新问题。所以，当今的不少决策已很难如以往一样，可以由决策者个人或少数几个人来完成。事实上，任何一位即使是再高明的决策者，智慧和才能都有局限性，那种由领导者拍胸口、"包打天下"式的决策既不科学，也不民主，是不合时宜、不可取和靠不住的。只有坚持集团决策原则，高度重视和真正发挥智囊团在决策过程中的作用，才能集思广益，"集百家之长为我所用"，才可以保证决策的成功。另外，决策时也要注意倾听员工的意见和建议。员工是企业的成员，也是企业的主人、企业发展的基础。员工在生产、服务的第一线，有实践的经验和切身的感受，员工的意见和建议极可能是真知灼见。企业的领导和决策者，若能在决策中充分听取员工的声音，决策的可靠性将更为充分。这样做，不仅可以增强决策的科学性和民主性，而且还能激发员工主人翁的责任感和自豪感，增强企业在员工心中的凝聚力，为企业经营决策方案的正确实施铺平道路。

7. 择优原则

择优原则是用来衡量决策是否属于多方案中最理想的（有时不一定是某一目标值的最优方案）方案，决策产生于多方案的选择。若没有多方案，就不存在决策，也不需要决策。决策面临多方案的选择时，必须从中选出最符合目标和对现有条件最有利的决策方案作为决策的行动方案。

在择优过程中，要充分注意价值标准的选择，因为它是决策判断优劣的依据。价值包括三个方面：经济价值、学术价值和社会价值。如果仅看到经济价值，而忽视了学术价值和社会价值，往往会失去前进的方向或导致违反社会风尚和伦理道德的结果。所谓经济价值，一般是指投资、利润、产品价值，等等；学术价值是指在技术和理论方面在国内外的先进性，等等；社会价值是指产品投放市场后，满足社会的需求程度以及使用之后对社会风尚和伦理道德的影响，也包括对环境保护所引起的影响，等等。在选择价值标准上，应当统筹兼顾，但应当把社会价值和学术价值放在优先的位置，必须在符合社会价值和学术价值标准的前提下，选择经济价值标准，否则企业最终难逃失败的命运。有的为"三农"服务的产品，经济效益一般，但社会效益很好，应当做重点考虑。

8. 反馈原则

反馈原则是用来衡量决策在实施过程中能否利用反馈原理进行调整，即衡量决策系统是否有良好的自我调节功能。任何一项决策，都不能保证永远正确。在一般情况下，所做的决策在执行过程中，都会发生各种各样不同程度的偏差或失效。这些偏差和失效，可能是原来信息不足引起的，也可能是事先制订的行动方案在实践中因受习惯的限制而难以实行所致，还可能是由于执行者行为（包括自觉或不自觉）和认识的不正确所导致的。无论是何种原因，其共同的表现形式就是执行的结果与预期的目标不一致。这些"不一致"的信息，必须能够及时准确地输送给决策者或决策集团，作为他们为纠正偏差再进行决策工作的参考。这个及时、准确和畅通无阻的输送过程，就是反馈过程，也就是用实践检验决策，并采取行动来纠正原决策的偏差的过程。因此反馈原则实际上是为了提高决策系统质量，坚持决策的科学性或变非科学决策为科学决策而采用的一条重要原则。

上述八条原则，并非在所有的决策中都会充分体现出来。在实际所进行的决策工作中，往往只有少数决策能比较好地符合上述原则，而大多数决策只是符合上述部分原则。符合上述原则的不同程度，实际上反映了决策水平的高低。

第三节 农业经营主体

国家统计局数据显示 2023 年中国城镇化率为 56.1%，这是我国社会的一个历史性变化。由此衍生的诸多挑战，也在考验着城镇化水平和质量能否持续提升，尤其是在工业化、城镇化面临"民工荒"的同时，农业农村也体现出"农民荒"的态势。党的十八大报告强调，要构建集约化、专业化、组织化和社会化相结合的新型农业经营体系，加快培育新型农业经营主体，激发农村发展活力。

目前，新型农业经营主体主要有专业大户、家庭农场、农业合作经济组织、龙头企业等。

一、专业大户

（一）专业大户的含义

专业大户是指从事种植、养殖业或其他与农业相关的经营服务达到相当规模、专业化生产经营的新型农业经营主体。从农业经营方式看，专业大户和家庭农场是有很大区别的。专业大户更多的是围绕某一种农产品从事专业化生产，从种养规模来看明显大于传统农户或一般农户，由于没有明确的概念和严格的界定，有时也将专业大户称为种养大户。

种养大户是指从事种植业和养殖业生产经营达到相当规模和条件的经营户（含农业户、城镇居民户），但不包括注册登记的农民合作社、公司等经营主体。其中种植大户按种植作物类别分为粮食（水稻）、果树、蔬菜、西瓜、白莲、食用菌、茶叶等大户；养殖大户按养殖种类分为猪、牛、羊、鸡、鸭、鹅、兔等畜禽养殖大户、养蜂大户和水产养殖大户。

（二）评审标准

对各类农业种养大户的认定，各地确定了相关标准。例如，江西省赣州市对农业种养大户的认定标准如下：

种粮大户：年内单季种植粮食（水稻）面积 100 亩及以上。

经济作物种植大户：果树种植大户，种植经营果园面积 100 亩及以上；蔬菜种植大户，年内种植蔬菜面积 20 亩及以上，并且当年种植两季以上；白莲种植大户，年内种植白莲面积 20 亩及以上；西瓜种植大户，年内种植西瓜面积 20 亩及以上；食用菌种植大户，年内种植食用菌 10 万袋及以上；茶叶种植大户，种植茶叶面积 50 亩及以上。

畜禽养殖大户：生猪养殖大户，生猪年出栏 500 头以上；肉牛养殖大户，肉牛年出栏 50 头以上；奶牛养殖大户，奶牛存栏 10 头以上；养羊大户，羊年出栏 300 只以上；肉用家禽养殖大户，肉鸡年出栏 5000 羽以上、肉鸭年出栏 5000 羽以上、肉鹅年出栏 2000 羽以上；蛋用家禽养殖大户，蛋用家禽存栏 1000 羽以上；养兔大户，兔年出栏 3000 只以上；养蜂大户，养蜂箱数 50 箱以上。

水产养殖大户：一般水产池（山）塘养殖水面面积 20 亩及以上，年总产量 20 吨以上，年总产值 20 万元以上；特种水产池（山）塘养殖面积 10 亩及以上，年总产量 2.5 吨以上，年总产值 20 万元以上。

二、家庭农场

（一）家庭农场的含义

家庭农场，是一个源于欧美的舶来名词，在中国，它类似于种养大户的升级版。通常定义为以家庭成员为主要劳动力，从事农业规模化、集约化、商品化生产经营，并以农业收入为家庭主要收入来源的新型农业经营主体。

家庭农场是指以家庭成员为主要劳动力，从事农业规模化、集约化、商品化生产经营，并以农业收入为家庭主要收入来源的新型农业经营主体。2013年"家庭农场"的概念是首次在中央一号文件中出现，称鼓励和支持承包土地向专业大户、家庭农场、农民合作社流转。2013年中央一号文件提出，坚持依法自愿有偿的原则，引导农村土地承包经营权有序流转，鼓励和支持承包土地向专业大户、家庭农场、农民合作社流转，发展多种形式的适度规模经营。

（二）家庭农场面临的问题

家庭农场是 2012 年前后才兴起的新型土地规模经营主体，一直以地方实践为主，中央层面尚未对其进行明确定义。尽管具备较强的技术能力和生产实践经验，然而由于缺少资金，对基础设施和生产资料长期性投入能力不足，加上土地流转不规范引发的隐忧，使家庭农场主扩大生产的积极性受到影响。

1. 中国对家庭农场缺乏清晰的定义

尽管中央时常提及"家庭农场"，但如何定义还没有统一的认识。这就导致有的种植大户已在尝试这一经营模式，却不知自己就是家庭农场的雏形；有的农场不以家庭成员为组成，或不从事农业生产经营，却自称家庭农场；有的人将家庭农场主与地主相提并论，担心引发土地兼并；有的人错误地将家庭农场与"休闲农业"混为一谈。对家庭农场的含糊定义，影响到如何界定、如何扶持、如何引入登记制度等一系列问题。

2. 难以得到相应的扶持政策，缺少更新设备和改善农田基础设施的资金投入

一些农民流转了大量土地进行农场经营，但是受没有进行土地整理的限制，地被分成若干小块，遇上机耕道，必须自己扛着小型农机到另一块田里去。昂贵的租金占用了大量的流动资金，搞土地整理自己又无财力完成。

3. 融资难也是制约家庭农场发展的一大障碍

一些试验阶段的家庭农场想扩大规模，却遭遇了融资难题。农民很少有可以抵押的资产，靠少量贷款根本解决不了问题。

4. 土地流转不规范，难以获得相对稳定的租地规模

面对农户承包地极其细碎的现状，要实现土地规模经营，最大的困难就是租到成方成片的耕地，并确保租期较长、相对稳定。但因为中国农村土地产权模糊和农民的惜地意识，许多农户不愿长期出租土地，致使家庭农场难以稳定地保持足够的土地经营规模。

三、农业合作经济组织

（一）农业合作经济组织的含义

在这里，我们把合作经济组织、农业合作社与合作制看成是同义的概念，而不加严格的区分。在合作社的历史发展过程中，合作社的定义在不同历史时期、不同国家有很大的差别。例如，德国经济学家李弗曼（R.Liefmann）认为："合作是以共同经营业务的方法，并以促进或改善社员家计或生产经济为目的的经济制度。"这种说法是把合作社当作一种制度看，包括的范围也很广。美国合作经济学家巴克尔（J.Baker）认为："合作社是社员自有自享的团体，全体社员有平等的分配权，并以社员对合作社的利用额为依据分配其盈余，合作社是与私人企业、公司制企业不相同的一种组织。"这个定义从微观的角度提出，接近于当前世界上的普遍看法。德国经济学家戈龙费尔德（E.Grunfeld）认为："合作是中小经营者基于自己意志的结合，由于共同对私有经济利益的追求，以实现社会政策的目的。这种制度，在其活动的范围内，排斥自由市场经济。"他把合作社视为一种追求私人利益的同时，实现社会政策目标的经济制度。马克思、列宁认为，合作制就是生产者联合劳动的制度，要以这种制度代替资本主义雇佣劳动制度。由此可见，他们把合作制看成是一种社会经济制度。

合作社就其本质意义上来说，是劳动者（包括城市工人、手工业者、农民等小生产者和贫穷阶层）为了共同的利益，按照合作社的原则和规章制度联合起来共同经营的经营企业或经济组织。

农业合作经济组织，也称农业合作社，是指农民，特别是指以家庭经营为主的农业小生产者为了维护和改善各自的生产以及生活条件，在自愿互助和平等互利的基础上，遵守合作社的法律和规章制度，联合从事特定经济活动所组成的企业组织形式。

农业合作经济组织一般要包括以下几个方面的规定性：

（1）合作社成员是具有独立财产所有权的劳动者，并按自愿的原则组织起来，对合作社的盈亏负有限责任。

（2）合作社成员之间是平等互利的关系，组织内部实行民主管理，合作社的工作人员可以在其成员内聘任，也可以聘请非成员担任。

（3）合作社是有独立财产的经济实体，并实行合作占有，其独立的财产包括成员投资人的财产和经营积累的财产。

（4）合作社实行合作积累制，即有资产积累职能，将经营收入的一部分应做不可分配的属全体成员共有的积累基金，用于扩大和改善合作事业，不断增加全体成员的利益。

（5）合作社的盈利以社员与合作社的交易额分配为主。

符合这五项规定的经济组织才是相对规范的合作经济组织。

农业合作经济组织是独立经营的企业组织，虽然它有教育社员，代表社员利益与政府对话，协助政府推行某种政策、法令的职能，但它不是政治组织、文化组织、社会组织形成的群众组织。农业合作社必须有共同经营的内容，自负盈亏，实行独立的经济核算。那些不以盈利为目的、无经营内容、不实行严格独立核算的农民技术协会等不属于合作社的范畴。

（二）农业合作经济组织产生的原因

1. 社会分工与生产专业化需要农业合作制

社会分工是商品生产存在的基本条件之一，农业生产越专业化、商品化，就越要求进行各种形式的合作与联合。若农业生产是建立在自给自足的自然经济基础之上，各个农户生产出来的农产品，除了满足自给性需要以外，几乎没有什么剩余，那么农户们之间就没有实行合作的必要。如果利用非经济手段强行把不同的农户组合到一起，就会阻碍生产力的发展。只有在各个农户之间，出现了相当的社会分工和专业化，生产的各个不同的环节、阶段由不同的生产组织去完成的情况下，彼此之间才有合作的必要。

2. 为了抗御市场风险和自然风险，农业需要合作制

市场经济的发展，将众多的农户推向了市场，而市场则由价值法则这只看不见的手来诱导资源的配置，通过价格围绕价值上下波动来引导生产。分散的农户面对变幻莫测的市场，风险陡增，且农业还是受自然灾害影响最严重的产业，单家独户无力抗御自然灾害。为了减少和避免市场与自然所带来的风险，农民迫切需要合作制。

3. 农产品的易腐性和农业资产的专有性使农民需要合作制

大部分农产品存在易腐性，特别是蔬菜、水果、畜产品等，这些产品一旦成熟或采摘以后，如果不进行储藏或加工，就必须马上卖掉，否则就会腐烂，农民会因此遭受巨大损失。因而农民自然会有合作的愿望，以解决农产品不耐储藏这一令人头痛的问题。农业生产中所购买或建设的许多资产带有专有性，如农民饲养百禽所建的棚舍、养奶牛

所购买的挤奶器、种蔬菜所盖的大棚等，都是带有专有性的资产。若不用于所经营的种养业，将难有他用，这些资产的处理价值将非常低廉。为了减少由此造成的损失，农民也在寻求长久的合作。

4. 在激烈的市场竞争中，小规模经营的农户需要合作制

一般来说，农户的经营规模狭小，单独采购生产资料难以获得价格优惠和运输上的经济，单独出售农产品也难以卖上好价钱，在生产中单独使用某种大型的农业机械或采用某种先进的农业生产技术也可能变得不经济。农民在激烈的市场竞争中，为了降低成本、提高盈利，就需要通过合作制联合起来，借助外部交易规模的扩大来节约交易成本，提高在市场竞争中的地位，形成某种程度的垄断，提高产品的售价；通过扩大外部经营规模来提高农业机械等设备的利用率，寻求规模经济。

5. 农业合作制与市场经济相伴而生

市场经济的发展是农业合作制发展的基础和前提条件，市场经济的扩张是农业合作制产生的土壤，而农业合作制是市场经济发展到一定阶段的产物，并且为它的进一步协调发展起推动作用。农业合作制作为连接农民与市场的中介，对于推动市场经济的发展，维持农产品市场和农业要素市场的稳定与均衡，改善农民的社会与经济地位起到了非常重要的作用。

（三）农业合作经济组织运行的基本原则

合作制的发展在世界上已有近150年的历史。尽管世界各国合作制产生的背景、发展的环境及发展的类型各不相同，但就合作制作为市场经济发展的产物、合作制作为一种国际运动，各国合作制的发展却有一定的共性。国际合作运动中有不同的合作学派、不同的助理论观点，对合作制有不同的定义，因而不同的合作经济组织所遵循的基本原则也有所差别。但当前大多数合作经济组织及合作学者们仍信奉传统原则，即在1860年罗虚代尔公平先锋社提出的"行为规则与组织要点"12条原则的基础上，1966年国际合作社联盟提出了六项原则。

1. 入社自由

任何人只要能从合作社的服务中获益并履行社员的义务、承担社员的责任都可入社，不得有任何人为的限制与存在社会、政治和宗教上的歧视。

2. 民主管理

管理人员由社员选举产生或以社员同意的方式指派，他们对社员负责。基层合作社的社员有平等的投票权——一人一票，并参与决策。其他层次的合作社应在民主的基础上以适当的方式进行管理。

3. 资金报酬适度

股金只能获利息，不能分红，股金的利率必须受到严格的限制，不能超过市面上通行的普通利率。

4. 盈余返还

合作社经营活动的盈余有以下几种使用方式：用于合作社的发展，用于公共服务事业，按社员与合作社交易额的比例在社员中分配。

5. 合作社教育

所有的合作社都应对其社员、雇员与一般公众进行教育，使他们了解合作社在经济及民主方面的原则和活动方式。

6. 合作社之间的合作

为了更好地为社员及社区的利益服务，所有的合作社应以各种切实可行的方式与地方性的、全国性的或国际性的合作组织加强合作。

六项原则在 1984 年国际合作社联盟第 28 届代表大会上又得到确认，也为世界上大多数国家的合作经济组织所接受并采纳。中国所实行的社会主义市场经济是一种开放型的经济，在整个国家经济制度框架都向国际靠拢或接轨的情况下，中国农业合作经济组织运行的基本原则也应该认真吸纳国际合作运动的成功经验。要使农业合作经济组织真正发挥它应有的功能，就必须坚持所确定的基本原则。

（四）农业合作经济组织的组织结构与管理原则

1. 组织结构

农业合作社的最高权力机构是社员大会。如果社员人数过多不便组织社员大会开会议事，可选出代表组成社员代表大会作为合作社的最高权力机构。社员大会或社员代表大会的职权是通过与修改合作社章程；选举或罢免合作社的董事会和监察委员会的成员；讨论确定重大经济决策及社章规定的其他重要事项。

农业合作社的董事会由社员大会或社员代表大会选举产生，大会休会期间依照社章和社员大会或代表大会决议，处理合作社的重大事务，选择聘任合作社的高级管理人员。高级管理人员负责处理合作社的日常经营管理工作，并对董事会负责。

农业合作社必须设监察委员会或者监察员，由社员大会或社员代表大会决定并选举产生。监察委员会或监察员根据合作社法和社章监督合作社管理委员会的工作和社员违章行为，有权检查合作社的财务收支、督促及时公布账目。

2. 管理原则

农业合作社实行民主管理。社员大会或社员代表大会议事实行民主制，少数服从多数，一般事项须半数以上成员通过，事关企业投资、分配、合并、分立、解体等重大事项都必须三分之二以上成员通过。

农业合作社的管理机关和监察机关议事实行协商一致的原则，如果协商不能解决再实行民主表决，少数服从多数。

农业合作社实行民主理财，账目公开，群众监督。监察机构和监察小组有权依照法律和章程对合作社财务状况进行审计，对存在问题提出处理意见。合作社各项资金按章程规定和权力机构决定的用途专款专用，不得随意挪作他用。

（五）农业合作经济组织运行的基本特征

1. 合作目标的双重性，即合作经济组织的服务性和盈利性

农业合作经济组织一方面要向各个成员提供生产经营服务，是一种互利关系；另一方面，它又要最大限度地追求利润，是一种竞争关系。在市场经济不断发展的情况下，农业家庭经营必须得到产前、产中、产后等诸环节的优质服务。合作经济组织正是适应缩小生产经营风险扩大生产经营规模，提高劳动生产率的需要而建立起来的，它必须为各社员提供各方面的服务，才具备存在的前提。当合作经济组织与社员发生经济往来时，不是以追求利润最大化为目标，而是以为社员提供有偿、低偿或无偿的服务，力求经营成本最小化为目标。但当它与外部发生经济往来时，它必须以追求利润最大化为目标。只有如此，它才能够生存，才能够更好地为其社员提供优质的服务。因而，农业合作经济组织是以追求利润和为其社员提供服务为双重目标的企业组织。

2. 合作经营结构的双层次性，即约定统一经营与分散经营相结合

以合作占有为核心，在个体制基础上形成合作制，主要是指在以家庭为基本核算单位的前提下，整个生产过程的一定环节由这些农户共同组成的合作经济组织来完成，从而他们的合作关系，通过完成这些经营环节的经济组织迂回地体现出来。在这个一定环节上，家庭经营为合作经营所代替，而在其他的环节上还基本保持着家庭经营的特性。凡适合于合作经营的生产、加工、储藏、营销和服务项目，都由合作社统一经营；对某些生产要素的使用和某些生产环节的协调，也由合作社统一安排。当然，合作社并不是对家庭经营的否定，而是构筑在家庭经营的基础之上，并为其提供有效服务。在非合作的项目上，家庭经营仍旧保持独立性。因而，合作社是约定统一经营与分散经营相结合，具有经营结构的双层次性。

3. 合作经济组织的民主性，是在自愿基础上的有效结合

合作经济组织必须按照自愿的原则，通过民主协商制定一系列切实可行的章程和制度，将有关问题以文字形式确定下来，具有一定的法律效力。合作经济组织是完全建立在自愿组合的基础上，在没有外界干预的条件下，农民所做出的自主选择，联合各方彼此信任，需求基本一致。自愿避免由于人为组合或行政撮合所带来的消极逆反心理，使全体成员始终保持应有的责任感和生产与合作热情，这是合作经济组织具有旺盛生命力的重要原因。同时，由于自愿，联合对分离不具有排他性。合作成员在企业经营过程中，拥有充分的重新选择的权利。农民既可以离开原有的合作经济组织，又可以是几个合作经济组织的成员。这种自愿组合和自愿分离两种机制的交互作用，既催发了新企业的诞生，又加速了旧企业的强大或瓦解，从而形成了促进经济发展的强大推动力。

四、农业产业化龙头企业

中国的农业产业化经营，缘起于 20 世纪 90 年代初，是中国的一种独特叫法，是"农工商一体化、产供销一条龙"经营的简称。它与 20 世纪 50 年代初发达国家开始的农业

一体化（agricultural integration）过程中形成的农业综合经营（agribusiness）本质上很相似，只是缘起的背景条件、历史作用、具体形式等存在着差别。对于什么是农业产业化经营，是否叫农业产业化经营，在国内农业经济学界存在着很大的争议。发展到现在，已经基本达成的认知是：农业产业化经营是以市场为导向、以农户经营为基础、以"龙头"组织为依托、以经济效益为中心、以系列化服务为手段，通过实行种养加、产供销、农工商一体化经营，将农业生产过程的产前、产中、产后诸环节联结为一个完整的产业系统，是引导分散的农户小生产转变为社会化的大生产的组织形式，是多方参与主体自愿结成的经济利益共同体，是市场农业的基本经营方式。

（一）农业产业化龙头企业的含义

农业产业化龙头企业是指以农产品加工或流通为主，通过各种利益联结机制与农户相联系，带动农户进入市场，使农产品生产、加工、销售有机结合、相互促进，在规模和经营指标上达到规定标准并经政府有关部门认定的企业。

（二）评审标准

1. 企业组织形式

依法设立的以农产品加工或者流通为主业、具有独立法人资格的企业。包括依照《公司法》设立的公司，其他形式的国有、集体、私营企业以及中外合资经营、中外合作经营、外商独资企业，直接在工商行政管理部门登记开办的农产品专业批发市场等。

2. 企业经营的产品

企业中农产品加工、流通的增加值占总增加值 70% 以上。

3. 加工、流通企业规模

总资产规模：东部地区 1 亿元以上，中部地区 7000 万元以上，西部地区 4000 万元以上；固定资产规模：东部地区 5000 万元以上，中部地区 3000 万元以上，西部地区 2000 万元以上；年销售收入：东部地区 1.5 亿元以上，中部地区 1 亿元以上，西部地区 5000 万元以上。

4. 农产品专业批发市场年交易规模

东部地区 10 亿元以上，中部地区 8 亿元以上，西部地区 6 亿元以上。

5. 企业效益

企业的总资产报酬率应高于同期银行贷款利率；企业应该不欠税、不欠工资、不欠社会保险金、不欠折旧，不亏损。

6. 企业负债与信用

企业资产负债率通常应低于 60%；企业银行信用等级在 A 级以上（含 A 级）。

7. 企业带动能

通过建立可靠、稳定的利益联结机制带动农户（特种养殖业和农垦企业除外）的数量通常应达到：中东部地区 3000 户以上，西部地区 1000 户以上；企业从事农产品加工、流通过程中，通过订立合同、入股与合作方式采购的原料或者购进的货物占所需原料量或所销售货物量的 70% 以上。

8. 企业产品竞争力

在同行业中企业的产品质量、产品科技含量、新产品开发能力居领先水平，主营产品符合国家产业政策、环保政策和质量管理标准体系，产销率达 93% 以上。

第五章 农产品市场与农业组织

第一节 农产品市场

一、农产品市场的概念

市场是商品经济的范畴，所有商品生产和商品交换的地方，就必然有市场。市场有狭义和广义之分。狭义的市场是指商品交易的场地，也就是把一定时间、一定地点进行商品交易的场所称为市场。广义的市场是指一定时间、地点、条件下商品交换关系的总和，即生产者、商人、消费者之间，以及生产者之间、商人之间错综复杂的交换关系，这些交换关系都是通过市场这根纽带相联系，进而构成商品交换关系的集合体。

伴随现代社会和市场经济的发展，农产品市场的范围、涉及的内容和市场的形式都在发生变化。从市场的活动范围来看，不但涉及产前活动如市场调查、市场预测、产品开发等，而且延伸到产品的售后活动，如售后服务、信息反馈等。从市场的形式来看，也越来越多样化。随着市场经济的发展，现代市场的商品交换不一定要有场所，通过电话、计算机网络、传真等就可以进行业务洽谈和实际的商品买卖活动。

农产品市场是一个由诸多因素构成的整体，主要的构成因素有：①交易对象，即交易物。从进入市场的农产品商品看，在实物形态上，包括农、林、牧、渔业的主副产品，以农产品为原料的加工制品，以及工业品等。②交易主体，即交易当事人及其相互关系。

进入农产品市场的交易主体有农户、农业企业、加工厂家、商业经营者、消费者以及交易中间人。③交易条件，即交易的场所、设施和环境条件。④交易规范，即规范交易方式、交易行为的法律规定和宏观的监督、管理。交易规范包括法律规范、政策规范、共同约定规范和交易道德规范等。⑤交易市场组织。交易市场组织是为保证商品交换顺利进行而建立的协调、监督、管理和服务等部门。这些组织包含负责市场交易活动的流通组织机构，如公司、政府部门、商品交易所等，还有税务、工商、计量、质检、卫生等市场交易的服务机构等。

二、农产品市场的分类

农产品市场由不同类型的市场构成。按照不同的标准，可以把农产品市场划分为各种不同类型的市场。

（一）按农产品在购销过程中的集货序列划分

1. 产地市场

产地市场又称初级市场。这是分散在农村并与集镇相结合的小型市场，它的基本形式是农村集市贸易。产地市场的特点是：接近产地，市场范围小，价格比消费市场低，采取现货交易。

2. 集散市场

集散市场也叫中心市场或者中级市场，从事农产品集中和分散的处理。集散市场的特点是：商品经营的范围大都跨越了县界或省界，一般位于交通要道或经济活动中心；交易方式多种多样；交通发达，市场设备好；市场价格比初级市场高，比消费市场低，并且价格与供求的变动能影响一个地区甚至全国某种农产品市场。

3. 消费市场

消费市场也叫终点市场，它是指对某一产品的最终销售而不再转运的市场。消费市场多为产品的零售市场，农产品的消费市场主要集中于大城市、工矿区等人口密集的地方，许多消费市场同时也是中心集散市场。

（二）按农产品在购销过程中的散货序列划分

1. 农产品批发市场

农产品批发市场又称中心集散市场，是一种较高级的市场形式，它是将来自各产地的农产品进一步集中起来，经过加工、储藏与包装，通过销售商销往全国各地。农产品批发市场作为区域性贸易场所，具有成交量大、环节少、集散快、效益高等优点，对于疏通城乡、地区间的农产品流通具有重要作用。

2. 农产品零售市场

农产品零售市场又称为农产品消费市场，它是通过零售方式直接为消费者提供农产品服务的最终交易场所。通过零售经营，农产品离开流通领域进入消费领域，真正成为消费对象，进而完成社会再生产过程。

（三）按农产品交易方式划分

1. 现货市场

现货市场是指买卖双方在商定交易条件后随即成交商品，且银货两清的市场。现货交易简便灵活，只要买卖双方相互协商同意，就可以任何方式在任何地点成交。农产品品种繁多，那些生产季节性强，易腐、易损等不易保存的鲜活商品如蔬菜、瓜果等，特别适合于现货交易。

2. 期货市场

期货市场是在现货市场的基础上发展起来的高级市场形式，是商品经济高度发达的产物。现货交易的特点是交易达成后货物交割同时或基本上同时进行，而期货交易是交易成立与交割在时间上分离的交易。这种交易适合于贸易量大，产品的规格、质量比较稳定，并且易于标准化的产品。

此外，农产品市场还可以分为买方市场和卖方市场，这是相对于市场商品供求状态而言的一种分类方法。

第二节　农业合作经济组织

一、农业合作经济组织的概念

在合作社的发展过程中，合作社的定义在不同历史时期、不同国家有很大的差别。例如，德国经济学家李弗曼（R.Liefmann）强调："合作是以共同经营业务的办法，并以促进或改善社员家计或生产经济为目的的经济制度。"这种说法是把合作社当作一种制度看，包括的范围也很广。美国合作经济学家巴克尔（J.Baker）认为："合作社是社员自有自享的团体，全体社员有平等的分配权，并以社员对合作社的利用额为依据分配其盈余，合作社是与私人企业、公司制企业不相同的一种事业。"这个定义从微观的角度提出，接近于当前世界上的普遍看法。德国经济学家戈龙费尔德（E.Grunfeld）认为："合作是中小经营者基于自己意志的结合；由于共同对私有经济利益的追求，以实现社会政策的目的。这种制度，在其活动的范围内，排斥自由市场经济。"他把合作社看成一种追求私人利益的同时，实现社会政策目标的经济制度。马克思、列宁认为，合作制就是生产者联合劳动的制度，要以这种制度代替资本主义雇佣劳动制度。可看出他们把合作制看成一种社会经济制度。

合作社就其本质意义而言，是劳动者（包括城市工人、手工业者、农民等小生产者和贫穷阶层）为了共同利益，依照合作社原则和章程制度联合起来共同经营的企业或经济组织。

农业合作经济组织，也称农业合作社，是指农民特别是指以家庭经营为主的农业小生产者，为了维护和改善各自的生产以至生活条件，在自愿互助和平等互利的基础上，遵守合作社的法律和规章制度，联合从事特定经济活动所组成的企业组织形式。

二、农业合作经济组织的类型

农业合作经济组织可以从不同的角度划分，主要按合作的领域和组织的形式进行分类。

（一）按照合作的领域分类

按照合作的领域，农业合作经济组织可以分为以下几种。

1. 生产型合作，包括农业生产全过程的合作、农业生产过程某些环节的合作和农产品加工的合作等。

2. 流通型合作，包含农业生产资料和农民生活资料的供应、农产品的购销储运等方面的合作。

3. 信用型合作，指农民为解决农业生产和流通中的资金需要而成立合作组织，比如我国现阶段的农村信用社等合作金融组织。

4. 其他类型合作，如消费合作社、合作医疗等。

（二）按照组织的形式分类

按照合作的组织形式，农业合作经济组织可以分为以下几种。

1. 农业专业合作，一般是指专业生产方向相同的农户，联合组建的专业协会、专业合作社等，以解决农业生产中的技术问题或农产品的销售问题等。

2. 社区性合作，是以农村社区为单元组织的合作，如现阶段我国农村的村级合作经济组织。由于社区性合作经济组织与农村行政社区结合在一起，所以它不仅是农民的经济组织，同时还是社区农民政治上的自治组织，是连接政府与农民、农户与社区外其他经济组织的桥梁和纽带。

3. 股份合作，是农民以土地、资金、劳动等生产要素入股联合组建的合作经济组织。股份合作不受单位、地区、行业和所有制的限制，具有很大的包容性。它是劳动联合与物质要素联合的结合体，在组织管理上实行股份制与合作制的运行机制相结合，分配上实行按劳分配与按股分红相结合。

三、农业合作经济组织的作用

农户组建与参加合作经济组织是希望从合作经济组织获得以下几个方面的利益：第一，合作经济组织使农户的净经济收益最大（包括价格上的优惠和利润返还），这是吸引农户加入的重要原因。第二，生产者希望他们所投资生产的商品有一个稳定的市场。

第三，农产品生产者希望通过一个合作经济组织来纠正市场上的价格扭曲。

1. 增强农户在市场上的力量

目前我国农户的规模太小，在市场上处于劣势，只能是市场价格的接受者。而加工营销商往往具有较强的实力，在市场上有垄断地位，他们可以依据自身的状况来确定其价格和产量，这样农户就受到市场力量不平衡的影响，得不到其应得利益。小规模农户组成营销合作经济组织之后，在市场上与加工营销商进行交涉的就是规模较大的合作经济组织而非单个农户，这样就强化了其在市场上的力量。

2. 实现规模经济

合作经济组织可以通过将小规模的家庭经营联合起来以实现规模经济。许多单个农户无法完成的功能可以由合作经济组织来完成，通过合作经济组织可以采用大型机械设备，可以集体收集信息，可以进行广告宣传等。通过合作经济组织实现的规模经济既包括生产领域的合作经济组织，也包括流通领域的合作经济组织，如果是生产领域的合作经济组织可能只实现生产领域的规模经济，流通领域的合作经济组织则可能只实现流通领域的规模经济，如果合作经济组织实现从生产到流通领域的纵向一体化，就可能实现这两方面的规模经济。

3. 减轻风险和不确定性

风险和不确定性对农户来说时刻存在，它既包括农业生产的风险，又包括市场上的风险。通过组建合作经济组织可以减轻农户的市场风险，因为它可以使农户生产的农产品有稳定的市场、价格，获得稳定的收益。

第三节　农业产业化经营

一、农业产业化经营的内涵

农业产业化经营，国外最通用的叫法是"农工商、产供销一体化，产加销一条龙"。第二次世界大战后，随着农业生产的现代化、人民生活水平的提高及生活节奏的加快，食物消费方面也发生了变化，农工商一体化经营首先在美国出现，随后在西欧各国和日本广泛兴起。西方发达国家把农业产业化称为"agribusiness"（农工商综合经营），这个词由美国戴维斯提出的。1952年，美国哈佛大学企业管理研究院为了制订一项农业与其他部门相互联系的研究计划，聘请了联邦政府农业部助理部长戴维斯主持这项工作。1955年10月，戴维斯在波士顿宣读了他的论文，最先使用了"agribusiness"一词，这个词是由"agriculture"和"business"两个单词组成的。1958年戴维斯的研究成果《农业综合经营概论》出版，以后这一概念逐步被广泛应用。"农工商一体化、产供销一体化"中"农"是指包括种植业、养殖业、微生物开发利用和其他特殊生产在内的"大农业";"工"是指以农产品为主要原料的加工业和食品工业;"商"是指与农产品运销相关的国内商业和对外贸易;"产"是指初级产品的生产和成品制作;"供"是指生产资料供应和各种服务的提供;"销"是指农产品及其加工品的运销,包含收购、集货、储藏、运输、批零销售。

学术界对农业产业化的内涵说法不一,还没有一个规范统一的认识,主要有如下几种。

(1)农业产业化的实质是农户与市场的连接。在农业产业化的发展过程中,政府的作用主要是通过制定政策,营造出一个便于农户与市场连接的制度环境。

(2)通过对生产要素的优化配置和产业的重新组合,形成商品性产业流通。这种产业流通是根据现代农业要求,大规模地组织分工分业生产,把分散的家庭经营纳入一条龙的生产经营体系,把许多分散独立的生产过程融为一个社会生产总过程,最大限度地发挥整体效应和规模效应。

(3)农业产业化是围绕一个或多个相关的农副产品项目,组织众多主体参与,进行生产、加工、销售一体化的活动,并且在发展过程中逐渐形成一个新的产业体系的过程。其中,经济利益是各方主体追求的共同目标。

(4)农业产业化就是指改造传统的自给半自给的农业和农村经济,与市场接轨,在家庭经营的基础上,逐步实现农业生产的专业化、商品化和社会化。

(5)在市场经济条件下,通过将农业生产的产前、产中、产后诸环节整合为一个完整的产业系统,实现种养加、产供销、贸工农一体化经营,增强农业的增值能力和比较效益,形成自我积累、自我发展的良性循环发展机制。

(6)把农业产业化界定为市场化、社会化、集约化农业。市场化农业就是以市场为导向,依据市场的需要调整农业的产业结构及其产量;社会化农业就是逐步扩大农业的生产经营规模,实行农业生产的专业化分工,以及加强农业生产、加工和流通等再生产诸环节的内在有机联系,直至达到一体化;集约化农业就是通过结构优化、技术进步和实施科学管理,提高农业经济效益。

(7)农业产业化是以国内外市场为导向,以提高经济效益为中心,对当地农业的支柱产业和主导产品,实行区域化布局、专业化生产、一体化经营、社会化服务、企业化管理,把产供销、贸工农、经科教紧密联系起来,形成一条龙的经营机制。

综上所述,农业产业化经营可以定义为:以市场为导向,以农户经营为基础,以"龙头"组织为依托,以经济效益为中心,以系列化服务为手段,通过实行种养加、产供销、农工商一体化经营,将农业再生产过程的产前、产中、产后诸环节联结为一个完整的产业系统,是引导分散的农户小生产转变为社会化大生产的组织形式,是多方参与主体自愿结成的经济利益共同体,是市场农业的基本经营形式。

二、农业产业化经营的基本特征

关于农业产业化经营的含义虽然表述各异，但也有其共同点，即农业产业化经营的基本特征。具体表现为如下方面：

（一）生产专业化

生产专业化即围绕某种商品生产，形成种养加、产供销、服务网络为一体的专业化生产系列，做到主导产业商品基地布局专业化。传统农业的一个显著特点是零星分散、规模窄小的"小而全"，经营上相对封闭；而由自给自足的多种经营向半自给自足的混合经营，再到完全的专业性商品生产经营的转变，则标志着现代商品农业的演化与发展，由专业化带动形成的区域经济、支柱产业群、农产品生产基地，为农业产业化经营奠定了稳固的基础。专业化生产必定是商品生产，其产品必须通过市场交换才能实现其价值。因此，市场需求是专业化形成的首要动力和前提，而市场需求的变化必然引起专业化生产方向的变化。而自然资源的适宜性是专业化形成和发展的物质基础，在具有自然资源适宜性的地区发展某个专业化部门，可以用较少的投入获得较大的产出，从而使其产品得以以较低的生产成本赢得市场竞争力。

（二）布局区域化

产业化实际上是一定区域内各种自然资源、社会资源，围绕一个或几个产业合理配置并可能取得较好效率的重组方式。其一，它与一定区域内的资源禀赋相联系；其二，它与一定区域内的自然与社会分工体系相适应；其三，它与区域内的经济功能及其指向相一致；其四，它与区域内的市场及其结构演进过程相统一。因此，农业产业化经营必须以区域经济为依托。每个支柱产业或生产系列，按照区域比较优势原则，设立专业化小区，按小区进行资源要素配置，安排商品生产基地布局，进而有利于充分发挥区域资源比较优势。

（三）企业规模化

农业产业化经营是社会化大生产，其突出特点是规模经济。通过主导产业商品基地合理布局，适当集中，形成区域化生产规模；通过产业化经营，可以系统组织涉农服务、农产品加工和运销，形成聚合规模，增强农产品的生产竞争能力，提高农业的比较利益。实际上，企业规模化是由生产专业化的加深而受到加强的企业生产经营的内部集中化。在这种情况下，农业专业化的效率是通过大生产的优越性表现出来的。因为农业生产经营规模的扩大，有助于采用科学技术进步成果，运用先进技术和工艺。

（四）经营一体化

在农业产业化经营中，产前、产中、产后各有关环节联结成"龙"型产业链，实行农工商一体化、产供销一条龙综合经营，使外部经济内部化，从而减少交易过程的不确定性，降低交易成本，不仅从总体上提高农业的比较效益，而且使参与一体化的农户获得合理份额的交易利益。

（五）服务社会化

社会化服务的内容十分广泛，它本身伴随农业中分工协作的发展而发展，包括产前服务、产中服务、产后服务、经营服务等。通过一体化组织，不仅可以利用龙头企业的资金、技术和管理优势，而且能够组织有关科技机构，对共同体内各个组成部分提供产前、产中、产后的信息、技术、经营、管理等全程服务，促进各种要素直接、紧密、有效地结合。

三、农业产业化经营的类型及运行机制

（一）农业产业化经营的类型

1. 龙头企业带动型

龙头企业带动型，是指以农产品加工、储存、运销企业为龙头，围绕一项产业或产品，实行生产、加工、销售一体化经营的农业产业化模式。所谓龙头企业，指的是在农产品产、加、销一体化经营过程中，下连广大农户、上连国内外市场，具有开拓市场、带动生产、深化加工、延展农产品销售空间和时间、增加农产品附加值等综合功能的农产品加工、销售企业。

2. 中介组织带动型

中介组织带动型，即依托农村各种类型的农民专业协会、合作社等农民专业合作组织，把分散经营的农户组织起来，一起进入市场，参与竞争。如以中介组织为载体，让农民参与贸、工、农一体经营，通过中介组织维护农民的合法权益等，使农民的大部分生产活动通过中介组织得以实现。

3. 专业市场带动型

专业市场带动型，是指通过发展农产品交易市场，尤其是专业批发市场，带动区域专业化生产或产加销一体化经营。这种模式的基本特征就是以专业市场为依托，充分发挥专业市场的辐射带动作用，达到发展一处市场、带动一个产业、繁荣一方经济、富裕一方群众的目的。

4. 主导产业带动型

主导产业带动型，是指从利用当地资源、发展传统产品入手，形成区域性主导产业，围绕主导产业发展产、加、销一体化经营。主导产业是指在某地区的经济发展中起导向作用的骨干产业。要确立主导产业，必须确立主导产品，主导产品是主导产业的代表。主导产品，就是指主导产业中的骨干产品。该产品的发展，能够带动和影响这一个产业的发展。

5. 科技带动型

科技带动型，即应用高新技术进行名优特新产品的开发和传统产品的更新换代，由此推动生产、加工、销售的配套发展和新市场的开拓。这种模式的基本特征是，通过实行农业科技研究、农业科技教育、农业科技推广、农业科技服务和开发等措施，用科学

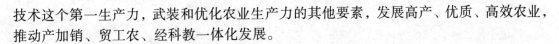

技术这个第一生产力，武装和优化农业生产力的其他要素，发展高产、优质、高效农业，推动产加销、贸工农、经科教一体化发展。

（二）农业产业化经营的运行机制

作为多元参与者主体的行为规范，农业产业化经营的运行机制主要包括利益分配机制和营运约束机制。

1. 利益分配机制

农业产业化经营是多元主体利益的联合，其本质是经济利益的一体化经营，其基本原则是"风险共担、利益均沾"。利益分配机制是通过分配方式来实现的，基本分配原则使各个环节（包括劳动、资金、产品、知识、技术等）获得平均利益。农业产业化经营中有以下几种利益分配方式：

（1）按股分红、红利均等。

（2）按合同规定的保护价格交售产品的利润，农户可以得 15% ~ 20% 的利润。

（3）超额利润返还让利，即"龙头"单位按照各参与者主体交售产品的比例，将一部分超额利益返还给签约基地和农户，让利于农。

（4）企业与农户有租赁关系的，以租金形式付给租让其承包地的农户。

（5）龙头企业大多数实行工资制，企业按照职工工种、技术水平和完成任务等多种指标支付工资，对成绩突出的还发奖金。

2. 营运约束机制

（1）市场约束机制。龙头企业靠自己的信誉和传统的产销关系，与农户和原料产地通过市场进行交易，价格随行就市。这种运行方式适合于与产业化经营系统以外的市场主体进行交易，而在系统内部则在保护价低于市场价时采用市场机制。

（2）合同（契约）约束机制。龙头企业与基地（村）和农户签订具有法律效力的产销合同、资金扶持合同和科技成果引进开发合同等，明确规定各方的权利，以契约关系为纽带，进入市场，参与竞争，谋求发展。

（3）股份合作约束机制。在农业一体化系统中，企业与企业之间、企业与农户之间实行股份合作，互相参股，如以土地、资金、技术、劳动力等向企业参股，形成新的资产关系。龙头企业运用股份合作制吸收农户投资入股，使企业与农户以股份为纽带，结成"互惠互利，配套联动"的经济共同体。入股农户不仅可以凭股分红，而且能在龙头企业以低于市场的价格购到生产资料。

（4）租赁约束机制。龙头企业将已经分给农户的土地返租回来，作为企业的生产基地再倒包给农户经营，成为企业的生产车间，生产的产品全部由企业收购。

（5）专业承包约束机制。有的地方将一体化经营分为两大部分：一部分是农产品加工和运销，实行公司制经营，向国内外市场出售其制成品；另一部分是种植业和养殖业初级产品生产，实行专业承包经营，土地适当集中，通过招标分包给若干大户，所属公司为甲方，专业大户为乙方，签订专业承包合同，并规定双方在种植业生产中的责、权、利。

第六章　农业发展要素

第一节　农业资本

一、资本形成及资本形成理论

（一）资本形成的概念

发展经济学中资本形成理论的最早开拓者之一纳克斯（Ragnar Nurkse）曾经给"资本形成"下过一个全面的定义。他说："资本形成的意义，是指社会不把它的全部现行生产活动，用之于满足当前消费的需要与愿望，而是以其一部分用于生产资本品：工具和仪器、机器和交通设施、工厂和设备——各式各样可以用来极大增加生产效能的真实资本（Real Capital）。资本形成一词有时被用于包括物质资本（Material Capital），也包括人力资本（Human Capital），即在技能、教育及健康等方面的投资——这是一种非常重要的投资形式。"他还补充说："资本形成过程的实质，就是将社会现有的部分资源抽调出来增加资本品存量，以使将来可消费产品的扩张成为可能。"

从上述纳克斯的定义能够看出，发展经济学中所谓的资本形成，从广义上讲，包含物质资本和人力资本两个方面。但习惯上将二者分开，通常所说的资本形成狭义地讲只是指物质资本，即实物形态的机器、工具设备、厂房、建筑物、交通工具和设施等长期耐用的生产资料，包括固定资产和生产所必需的存货。它体现现有的生产能力和未来的生产潜力。物质资本形成是投资过程的结果，它来源于生产量超过当前消费量的剩余即储蓄。生产"剩余"或储蓄，通过投资和生产，便转化为物质资本。

（二）资本形成理论发展简述

资本形成理论最早可以追溯到亚当·斯密的劳动分工理论和资本积累理论，以及李嘉图的收入分配理论。他们的理论都是旨在促进资本扩张和资本主义的长期增长，因而属于古典经济学的资本形成理论。马克思的劳动价值论和剩余价值论则揭示资本积累的源泉与资本扩张的奥秘和机制。从斯密到李嘉图再到马克思，他们都非常重视资本积累在工业化与资本主义增长中的关键作用，这一传统为第二次世界大战后西方发展经济学家所继承。

二战后，发展经济学中的资本形成理论起于哈罗德—多马模型，兴盛于20世纪50年代，从纳克斯的"贫困恶性循环理论"、纳尔逊的"低水平均衡陷阱论"，到罗森斯坦—罗丹的"大推进论"、刘易斯的"二元模式论"，可谓众说纷纭。它们的共同特点均是强调资本形成对发展中国家经济发展的重要作用。

此后，资本形成理论大致沿着三条线索演化：一是在经济增长模型上，沿着哈罗德—多马模型，从20世纪50年代后期索洛提出的"新古典增长模型"，到60年代据此进行的"增长核算"研究，再到80年代出现的"新内生增长理论"，基本上是逐渐淡化物质资本形成的作用，然而日益重视技术进步和人力资本对经济增长的重要作用；二是在"二元结构"模式上，沿着"刘易斯模式"，到"拉尼斯—费模式"，再到"乔根森模式"和"托达罗模式"，这都属于"农业剩余劳动积累"理论，反映了从忽视农业、压制工资到重视农业、适度工资的理论转变过程；三是在资本形成方式上，从20世纪五六十年代政府主导的财政融资方式到70年代麦金农和肖提出的"金融深化论"，再到90年代末期东亚金融危机爆发后出现的"金融制度论"和"外资冲击论"，使人们深入全面地认识到金融制度对发展中国家资本形成与经济增长的正负效应。

（三）资本形成理论的最新进展

1. 新内生增长理论

罗伯特·索洛的新古典模型认为，分别考虑资本和劳动力单个要素时，收益递减；同时考虑两个要素时，收益则是不变的。在罗伯特·索洛的新古典模型中，技术进步被作为残值处理。

罗默和卢卡斯的新内生增长理论构建了收益递增生产函数，认为专业化分工和对"知识"资本投资带来了递增的收益。技术进步和人力资本都被内化到经济增长的一般均衡模型当中。他们认为对研究部门的投资会产生新知识，技术进步残值通过人力资本构成形式被纳入了计算。作为公共物品的知识对其他企业具有溢出效应，从而对知识的总投资具有规模递增效应。这反过来又能使对知识的投资不断进行，进而支持人均收入水平的长期增长。这里的一个政策含义是，政府可以通过激励知识创造和人力资本密集部门的行为主体来促进经济增长。

2. 托达罗模式

刘易斯模式是将一国的经济分为农业和工业两大部门，工业部门较高的劳动边际收益率引致劳动力源源不断地从农村农业部门向城市工业部门流动，而城市工业部门从高劳动生产率和流入劳动力的低工资支付中获得巨额的超额利润，即人口红利，并不断地扩大工业部门以吸收农业部门的剩余劳动力，直到吸收完毕。20 世纪 70 年代，美国经济学家托达罗发表了他的农村劳动力向城市迁移决策和就业概率的劳动力流动行为模型对刘易斯模型在很大程度上予以了修正和拓展。托达罗模式的核心思想是：农村劳动力向城市转移，取决于在城市获得较高收入的概率和对相当长时间内成为失业者风险的权衡。该模式还认为，发展中国家难以消除的二元经济结构决定了较大的城乡收入差距，这导致农村人口源源不断地涌入城市。农村劳动力的过度涌入会造成城市劳动力市场严重失衡，使城市失业问题越来越严重。

托达罗模式的政策含义是：应该扩大农村的就业机会，以缩小城乡就业之间的不平衡；由于拓展城市少量的就业机会，可能会引来大量的农村剩余劳动力供给，导致更多的人失业，所以，开创城市就业机会无助于解决城市就业问题；应当重视农业和农村的发展，鼓励农村的综合开发，增加农村的就业机会，提供教育和卫生设施，发展电力、供水和交通，改善农村的生活条件，从而缓解农村人口向城市的流动趋势。

从中国的城市化实际情况可以看到，刘易斯模式和托达罗模式都能在中国找到相应的例证。中国近 30 年在市场力量的自发引导下实现农村劳

动力的大规模流动，并通过人口红利创造了中国经济增长的奇迹，这可以说是对刘易斯模式的最好注解。而中国的户籍管理制度以及其他控制农村人口流动的政策可以说是托达罗模式在中国的政策实践。

3. 金融制度论

良好的金融制度和金融政策，可以帮助克服资本短缺，改善资源配置，从而促进经济增长，并影响一国的经济发展道路，这就是金融制度论。

金融方式是资本形成的最主要方式。市场经济越发展，对金融体系的依赖性就越大。金融发展与实际经济发展之间存在着一种相互刺激和互相影响的关系。一方面，经济发展、国民收入提高产生对金融服务需求的增长，从而刺激金融业扩展，深化经济货币化程度；另一方面，健全的金融制度能将分散的储蓄有效地动员和汇集起来，并引导到投资活动中去，从而促进经济的发展。从统计角度看，金融发展的初始水平和未来的长期经济增长率、资本积累、生产率提高之间有着很明显的正相关关系，而且，即便一个国家已经建立了保证经济持续发展的其他条件，金融发展不充分也会形成"贫困化陷阱"，成为经济增长的一个严重障碍。根据金融制度论，发展中国家应该抛弃"金融抑制"战略，进行"金融自由化"与"金融深化"的改革。在条件不成熟时，可以先实行"金融约束"政策。

二、农业资本形成的来源及方式

（一）资本形成的来源

资本形成来源于生产剩余即储蓄，再由储蓄转化为投资，最后才变成机器设备、厂房、交通工具、基础设施等物质资本。在一个开放的经济中，一国的总储蓄包括国内储蓄和国外储蓄两大部分，并存在多样化的储蓄主体。国内储蓄主体包括个人、企业和政府；国外储蓄主体包括外国官方机构和国外私人及私人机构。以上资本构成形成的四类来源，即个人储蓄、企业储蓄、政府储蓄和外国储蓄。

就农业资本形成来说，农业资本形成一方面来自农业内部的储蓄和积累，也可能来自农业以外的储蓄和积累，这取决于一个国家在不同的经济发展时期农业在国民经济中的地位与作用。在发展中国家的工业化初期，农业资本形成可能不仅没有外部资本的流入，而且农业中形成的资本也呈现外流状态。而在工业化中后期，情况则相反，不仅农业自身储蓄形成的资本可以留在农业内，外部资本也会大量流入以支持农业的发展。

在以上的资本形成的来源中，个人储蓄和企业储蓄被称为自愿储蓄（Voluntary Saving）。发展中国家通常在工业化初期，自愿储蓄占收入的比例较低。其原因主要是：人民普遍贫困，缺乏储蓄能力；可用于储蓄的金融资产类别太少；金融机构少，存款手续太麻烦；公众对本国货币缺乏信心，保有货币常会受到贬值的损失。因而，完全依赖自愿储蓄，资本形成速度必然很慢。

为加速动员国内资源、促进资本形成，不少经济学家主张通过征税、财政赤字、通货膨胀、对隐蔽性失业的充分利用等方式实行所谓的强制性储蓄（Compulsory Saving）。实际上，很多发展中国家特别是在 20 世纪 50—60 年代，正是通过这种强制储蓄来加速进行资本积累和工业化的。20 世纪 70 年代以后，亚洲四小龙的成功，使越来越多的经济学家和政府决策者认识到外贸和外资在资本积累以及经济发展中的作用也很重要。

这四个来源仅是从货币形态上而言的。在实物形态上，资本形成还有以下两个重要的来源：

一是劳动积累。在发展中国家，广大农村地区存在着大量的剩余劳动力，在城市也有许多公开的或隐蔽性失业。这些多余的劳动力对生产没有多少贡献。所以，如果将闲置的劳动力动员起来，从事那些不需要多少资本的生产性劳动，如建筑、修路、农田水利建设等工作，便可以直接增加资本的形成，同时农业生产量并不会因此减少。而且，支付给这些人员的工资，将被他们主要用于购买粮食等，这又可以增加农民的收入，从而增加储蓄。中国扶贫开发中的以工代赈就是运用了这一原理。此外，还可以将剩余劳动力输出到国外，赚取外汇，中国大量的"劳务输出"就是如此。更重要的是，对企业经营者来说，大量的农村剩余劳动力的存在，对在业工人将构成一个强大的竞争压力，从而可以保持较低的工人工资，增加企业的利润和资本积累。

以上三个方面的劳动积累就是一些经济学家认为中国 30 年经济增长的重要因素，即"人口红利"。而目前，根据蔡昉的测算和国家统计局的最新统计结果，推动中国经济增长的这一重要因素正在失去，2013 年将成为中国经济的刘易斯拐点。

二是对外贸易。发展中国家的生产结构以农业和初级产品加工业为主，而它们要进行工业化，最缺乏的就是先进的机器设备和技术。通过对外贸易，能用本国的剩余农产品和初级制造品出口，换取先进国家的资本品进口，从而达成资本形成的目的。因此，对外贸易也是发展中国家资本形成的一个特殊的、重要的来源。但是，在发展中国家与发达国家的贸易中，经常会遭遇发达国家以剪刀差形式进行贸易垄断和控制。具体来说，发达国家靠垄断以高端技术为主的资本密集产业来获得相较于劳动力密集产业的垄断利润，控制了发展中国家的对外贸易。其方式是：一方面压低发展中国家生产的初级产品的国际市场价格，另一方面通过专利保护法案等一系列措施防止先进技术流入其他国家，从而提高其工业制成品的国际市场价格。把这一现象用价格走势图表示出来就像一把张开的剪刀。

（二）农业资本形成的方式

农业资本形成的方式亦即储蓄转化成投资的机制或渠道。综观国际经验，农业资本形成的方式主要有以下四种。

1. 农业自身的剩余

农业剩余转化为资本的方式，主要有以下四种：

一是直接的劳动力投资。当农民开垦土地、修造建筑物、开挖灌溉沟渠、修建公路、铁路、桥梁时，便直接形成了物质资本。这是最古老、流行久远的农业资本形成做贡献的典型方式。这种直接劳动力投资，可以是农民自发进行的，如在自家的土地上开垦修筑，也可以是由政府或农村社区组织进行的（无偿地或支付较低的报酬）。

二是利用廉价的剩余劳动力，扩大资本积累。发展中国家大都人口众多，农村存在大量的剩余劳动力。这对劳动力市场是一个很大的竞争压力，使得农业企业或政府可以将劳动力的工资水平维持在一个较低的水平上，从而增加利润，扩大资本积累。这便是著名的刘易斯"二元模式"所提出的资本积累理论。二元模式的核心思想是在实际工资不变的情况下获得无限供给的劳动力，利用农村剩余劳动力所创造的价值，增加资本家的利润，扩大资本形成。这是一种隐蔽的、间接的资本形成方式。在二元模式下，利用廉价剩余劳动力形成的资本主要流入现代工业部门，但一些国有或其他农业企业也会利用农业剩余劳动力参与国际与国内市场的竞争。

三是出口农产品。利用比较优势，使得农产品参与国际市场的竞争，以换取外汇或引进外国的先进设施和技术进行农业投资，也是农业资本形成的一个重要方式。

四是农民和企业的自愿储蓄。农民和农业公司的收入在扣除了生活消费和成本以外，如果有剩余，一方面可以直接投入农业再生产中，形成农业资本；另一方面也可以存入储蓄机构或购买政府债券、农业公司债券或股票，再由金融机构、政府、公司全部或部分地投入农业中，这也会间接形成农业资本。

2. 政府财政投资或补贴

农业作为具有公共产品属性的产业，政府投资或补贴本国的农业，是大多数国家通常的措施。各国政府对农业的财政投入一般被视为公共投资。中国通过30年改革开放的发展和积累，已经从农业支持工业、农村支持城市阶段进入到工业反哺农业、城市支持农村的新阶段。因此，近些年政府对农业的投资和补贴大幅度增加。在WTO规则下，各国政府农业补贴措施主要有：农产品价格补贴、农产品进出口补贴、农业投入补贴、农民收入补贴以及政府在农业资源环境、农业科技教育、农业基础设施建设、农业保险、市场信息等方面的补贴支持。中国在加入WTO时全部取消农产品出口补贴，因此，中国的农业补贴仅局限于国内支持，主要是政府通过各种国内政策，以农业和农民为扶助资助对象所进行的各种财政支出措施。包括对农产品的价格支持、对农业投入品的补贴、对农民的直接收入补贴，乃至政府用于农业科研推广培训、基础设施建设、扶贫、生态环境建设等方面的支出。这些支出的相当一部分都直接或间接地形成了农业资本。此外，与国际其他国家相比，中国因为还存在相当规模的国营农场，政府每年还要对国营农场进行专门的投资或补贴，这部分投资也是中国农业资本形成的方式之一。

3. 工商资本

工商资本即一些在工商业领域取得成功的企业或公司将企业利润的一部分投入到农业生产中去，从而开拓新的投资领域，以期开拓新的市场并取得相应的利润。工商资本进入农业有直接和间接两种，直接进入就是直接向农业生产领域投资，生产具有特色的农产品，如目前在中国工商资本下乡已形成潮流，主要投入领域不仅有养殖业，还有种植业等。间接进入主要是工商企业为了扩大在农村的市场，为农业客户提供的分期付款、商业信用、贷款担保等。如在美国，一些农机制造商往往会为农场主提供分期付款等多种金融解决方案，以解决农场主资金不足的问题。在中国，一些大型龙头企业也开始推出供应链融资等创新型金融方案以帮助农业生产者获得信贷支持。

4. 国外资本

国外资本是指从国外获取的资金。发展中国家普遍面临着资金不足、技术落后的困难，因此，利用外资及引进国外先进科学技术就成了发展中国家的客观要求，并由此产生一个新的农业资本形成途径。利用外资有三条渠道：一是多边渠道，即从国际组织（世界银行、国际农业发展基金会、联合国粮农组织、联合国开发计划署、亚洲开发银行）或多国集团（欧盟等）获取资金。这些组织通常以建立农业开发项目的形式提供资金；二是双边渠道，即一些发达国家与欠发达国家以政府对政府的双边合作形式为发展中国家农业发展提供长期低息优惠贷款支持。三是民间渠道，主要是外国企业和个人在发展中国家开办合资、合作经营、独资企业（简称三资农业企业）。

国外资金促进农业资本形成主要分为上述的贷款、援助和外商直接投资三种类型，以前两种类型的资金为主。

（三）农业资本外流

发展中国家在从传统农业社会向现代工业社会转型的过程中，通常会遇到资本不足的问题，而一些发展中国家解决的办法是采取工业优先战略，通过剪刀差或扭曲农业贸易条件等方式，使农业中产生的剩余流出农业和农村，注入工业和城市，形成工业化的初始资本，形成农业支持工业的局面；当工业化有了一定的积累后，才会逐渐放弃对农业的剥夺，使农业中形成的资本可以留在农业中，用于农业自身的再生产，尤其是当工业化进入中期后，工业化已经取得了相当的成就，反过来将剩余资本的一部分用来支持农业，形成工业反哺农业、城市支持乡村的局面。

在新中国成立以来的 60 多年间，经历农业资本外流到外部资本注入两个阶段。

1. 农业资本外流阶段

自新中国成立起至 2003 年。在这期间，国家以各种形式和手段从农业中榨取剩余，来自农业中形成的资本不能留在农业产业中，而是向外流出，其中流出的渠道有：

（1）农业负担。农业负担是指农民在国民收入分配中无偿向政府、工商企业以及城市居民提供的各种资金、劳务、产品等资源。在中国，各种名目和农民负担以下：

1）农业各税及费：农业各税有农牧林业税、耕地占用税、农林特产税和契税。税外收费即农民向政府有关部门以及各种社会组织缴纳的费用，包含合法的收费及各种非法形式的乱集资、乱收费、乱罚款。

2）义务工。新中国成立后及改革开放后相当长一段时间内，这种方式曾是一种很普遍的农业资本外流形式，成为当时农业资本形成和整个社会资本形成的一种有效形式。

（2）工农产品剪刀差。剪刀差是指在工农业产品交换时，工业品价格高于价值，农产品价格低于价值所出现的差额。它表明工农业产品价值的不等价交换。如果价格背离价值的差额越来越大，叫扩大剪刀差；反之，叫缩小剪刀差。新中国成立后工农产品剪刀差政策曾是中国农业资本不足、城乡差距过大的主要原因。关于从实行粮食统购统销开始到取消统购统销制度，国家究竟通过工农产品剪刀差从农民手里取得多少农业经济剩余的问题，官方没有给出正式的数据，很多人对此做过各种计算。陈锡文认为，从 1953 年实行农产品的统购统销到 1985 年取消统购统销期间，农民对工业化的贡献是6000 亿—8000 亿元，即国家通过工农业产品价格剪刀差无偿从农民手里拿走了 6000亿—8000 亿元资金。中国的剪刀差政策通过对农业剩余的过度抽取，在一定时期内加速了工业化进程，但是也使农业和农民长期处于落后状态，是中国"三农"问题的主要根源之一。

（3）农村金融渠道。改革开放以前，农村信用社是农村的唯一金融机构，其核心使命就是从农村汲取资金以向工业和城市输送。1953—1979 年的 27 年间，农村信用社累计存款达 1941.4 亿元，而发放的贷款只有 529.6 亿元，存贷比只有 0.27，净流出的资金达 1411.8 亿元。而农民 27 年的累计存款只有 554.2 亿元，得到的贷款只有 248.6亿元，仅是存款的 45%。改革开放以后，通过金融渠道向外流出资本的局面尚未根本改变。只是除了农村信用社这一传统渠道外，还增加了中国农业银行、中国工商银行、中国银行、中国建设银行、邮政储蓄银行等，它们多数在农村是只吸收存款而不发放贷款。

2. 外部资本流入农业阶段

自 2004 年中央宣布降低农业税税率至 2006 年取消农业税，并宣布对种粮农民实行直接补贴政策以来，中国农业资本形成就进入了从农业流出到从外部注入的新阶段。这一阶段的特征一是财政资金大量投入，二是工商资本进入农业，三是金融市场中流入农业的资金量和注入渠道增多。

（1）财政资金。在总量上，2012 年中央财政"三农"投入达到 12280 亿元，比 2003 年翻了两番多。在增幅上，中央财政投入三农资金年均增长 21%，高于同期中央财政支出年均增长 4.5 个百分点。从财政投入的内容看，有四大块：一是农业补贴。从对农业的补贴政策看，中央财政共对农业提供了四项补贴，2012 年这四项补贴的额度分别是：种粮直接补贴 151 亿元、良种补贴 220 亿元、农资综合补贴 1078 亿元、农机具购置补贴 200 亿元。二是农业大县奖励政策。2012 年中央财政共投入资金 277.65 亿元，对产粮、油大县进行奖励。同时还投入大量资金奖励生猪大县，如 2009 年生猪奖励资金投入 21 亿元，惠及 352 个县。三是农业综合开发政策。2009 年，中央投入农业综合开发资金 166.27 亿元，地方财政配套投入 95.27 亿元。四是扶贫开发投入。2009 年，中央共投入扶贫资金 197.3 亿元，地方财政投入 90 亿元。

（2）工商资本。关于工商资本投入农业目前还未得到精确的数据，但从农业产业化龙头企业的发展中可见一斑。2012 年，全国农业产业化龙头企业约 12 万家。其中，国家认定的国家级龙头企业达 1253 家，这些企业平均固定资产规模超过 1.8 亿元。

（3）金融资本。经过多年改革，农业贷款难的局面得到很大改观。如

2012 年末，全国金融机构贷款余额共 62.99 万亿元。其中，农村贷款 14.54 万亿元，农业贷款 2.73 万亿元。另外，农业从股票市场和债券市场筹资的能力也开始增强。如在 2012 年，在中国 A 股市场上已有 60 家农业上市公司。

三、农业资本与农业金融

（一）农业金融在农业资本形成中的作用

农业金融是广义金融与信贷系统的子领域之一，它主要涉及提供信贷的机构、向农业提供信贷的条件及关于信贷供给条件对农业活动的组织和对农村地区收入分配的影响等问题。向农业提供贷款的机构作为一个服务部门对农业领域具有非常重要的作用。

1. 作为交换与支付媒介的作用

农业生产由自然经济向商品和市场经济转化是必然规律。在这转化过程中，金融服务解决了买与卖在时间、空间、质与量上不一致的矛盾，进而降低了生产者之间互相交换商品的交易成本，节约了商品流通费用，加速了社会再生产，促进了经济发展。具体到农业生产中，农民在支付生产成本和实现收获价值之间，金融可以帮助平衡农民现金

流中的季节波动，而且可以抵消不同年份间的波动。

2. 资金动员与分配

农业部门通常存在资金不足的问题，农业金融能够在资本盈余部门与资金不足部门之间起中介作用。功能齐备的金融体系可以把存款从投资机会欠佳的储蓄者手中动员、集中起来。通过评估，将可贷资金分配给收益较高的投资者，从而提高资本收益和产出水平，进而提高社会福利。

3. 风险转移与分散

农业生产经常面临着自然和市场两种风险，因而对农业的投资经常也要承担较大的风险。而人们对于风险的态度差异很大，功能完备的金融体系将风险分配给愿意承担风险且承担风险费用最小的那些人。某些风险不仅可以由功能完备的金融机构承担，而且实际上还能减少，比如，变现金融资产的风险比变现实物资产的风险要小得多；金融体系因此而有助于稳定经济。

4. 经济结构的调整与优化

在经济发展的过程中，不仅农业产业内的生产效率会有高低不同，从整个社会看，农业与其他产业间的生产效率也会有差别。通常新兴行业要比其他产业有较高的生产效率。在追逐利润的动机下，金融中介机构通过对这些产业的信贷投入，还间接地促进了产业结构的优化，产生了经济结构的调整效应。

总之，在一个国家的工业化过程中，农业需要大量的资金投入才能满足农业生产，才能使农业生产为工业化和城市化做出其产品贡献、要素贡献等。尤其是一个国家的农业进入了现代农业阶段，对信贷的需求会更加强烈。因为现代农业是高度的资本密集型产业，无论是单位产业使用的资本量还是以每个劳动力使用的资本量来衡量，都是如此。在美国，1990 年时，农业中每个工人使用的资本量大约是制造业中每个工人使用的资本量的两倍。欧盟在 20 世纪 80 年代中期，所有农场中平均资本—产出比率为 3.8。从投资的方向看，对土地和建筑的投资在农业总投资中的比例变化不大，对畜力的投资在不断减少，但对机械、设备的需求增加很快。

（二）发展中国家的农业金融

尽管农业金融对农业生产和农村经济增长有非常重要的促进作用，然而在发展中国家农业金融的发展往往是不足的。发展中国家的农民很少能从银行或其他正规金融渠道获得资金。根据世界银行的估计，在亚洲和拉丁美洲只有 15%，在非洲可能只有 5% 的农民可以获得资金，而且这些农民通常是较富裕的农民，而穷困的农民往往得不到。多数农民更多地求助于非正式的贷款。非正式的贷款通常来自职业贷款人、当铺老板、零售店主和地主。这些非正式贷款的覆盖面很低，但利息率很高。

1. 发展中国家农业信贷不足的原因

一是自然风险。由于天气的变化、虫灾和疾病，对农业贷款是天生就有风险的，而且对于牲畜和木本农业作物，投资期限很长。风险还容易在大范围区域内一起出现，从而当一个借款者因为种植失败而产生不得已的违约时，很可能导致附近的借款者同样违约。因而农业贷款通常有一个相当的风险溢价。据估计，在尼泊尔东部农作物每年的风险溢价高达17%。

二是与农民的交易成本高。农民数量多且分布广，从而贷款涉及与大量相对难以接触的个人决策者签订合同，因此交易成本高，通常能达到贷款价值的15%—30%。因此，正式贷款者可能需要每年索取40%—60%的利息以抵消向小农贷款时的风险和成本。

三是信息与道德风险。发展中国家的农村金融市场通常不能很好地发挥作用。普遍的缺陷是：信贷垄断而且不能动员农村的储蓄；对合同及其实施的法律支持无力；关于借款者个性及能力以及其面临的风险和不确定性的信息成本高昂；监督资金使用的困难；在潜在借款人中（尤其是其中的小农户）缺乏财富和抵押品；共同和集体财产权阻止他们将最重要的可能资产——土地作为抵押品；等等。

2. 发展中国家农业信贷市场的问题

不完善和不完全的农业信贷市场与贷款天生的高昂成本相结合，发生了严重的问题。正式金融机构通过非价格措施来向农民分配信贷（信贷配给）。他们不愿意利率上升到使市场出清的水平，这一方面可以用借款者中逆向选择问题的担忧来解释——因为总有愚蠢和过度乐观的农民会以高利率来申请贷款；另一方面，当利率过高时，会降低农民的剩余收益，它又导致更高的违约动机。结果，面对银行低利率下产生的对贷款的过高需求，以及在区分不同借款者时所面临的高昂的信息成本时，正式金融机构经常偏向拥有可证实的财富和抵押品的较大型农场主或较富裕的农民。贫穷农民的需求得不到满足。

贫穷的农民得不到正式机构的贷款，只能求助于非正式的贷款者。而非正式的贷款者一般会将贷款与借款者的土地、劳动力、农产品的合同等条件相连，以减少逆向选择和道德风险。这种限制性贷款降低了贷款人的风险，但是这种贷款多用于消费性贷款或短期生产性贷款，很少被用于长期性的农业生产投资。

以上分析表明，发展中国家的信贷市场一般而言不仅无法提供能满足需求的足够信贷，而且可获得的信贷分配可能是无效的和不公平的，因此产生了对农业信贷市场进行政府干预的强烈呼声。

在很多发展中国家，农业信贷还被作为向农民转移收入的方法使用。发展中国家政府通过财政补贴等办法向农民提供廉价的贷款，使其实际利率低于市场利率，并通过行政方式将贷款给予普通低收入农民，试图以此方式帮助农民中的弱势群体解决贷款难问题，并将投资引导到有前景的农作物生产。一般做法是建立一个特殊的农业信贷机构以发放农业贷款，贷出政府和援助者（比如世界银行，到1975年中期，世界银行承诺了60亿美元的信贷计划）的资金。但是，从实际情况看，这些致力于增加大多数农民的信贷计划只有极少数取得了成功，如韩国。多数的结果是进一步有利于少数富有和有权力的农民。即使当农业信贷计划是以资助低收入农民为目标，它也将随着时间的推移转向追求其他目标，导致设定信贷目标的偏移，出现严峻的信贷马太效应。

这一结果破坏了农村正式金融市场的建立，又使国家指定的农业信贷机构既承受高管理成本又承受高坏账成本，只能长期依赖于政府提供的公共资金。通常发展中国家指定的农业信贷机构只限于国家指定的银行（如中国的农业银行）与合作社向农民发放贷款，使这些机构成为正式农村金融市场的垄断者。在垄断情况下，低效、腐败、偏离目标成为普遍的状态。

3. 向农业信贷提供补贴的争论

20世纪产生的一个仍然没有解决的政策问题是关于为农业信贷提供信贷补贴的可取性和政策有效性。这些补贴在政治上吸引力很大，而且已经在很多发展中国家如印度、巴西、墨西哥等以及很多发达国家如欧盟、美国等得到运用。

对于信贷补贴的争论有三类：一是谁可获得补贴？二是补贴对于农业工人有什么影响？三是为什么工业化国家依然想通过降低信贷成本的方式将更多的资源转移到农业中去？

从发展中国家的情况看，第一类的争论已有了答案，就是富有的农民和有权力的农民得到了补贴。从中国的情况看，结论也是如此。

对于第二个争论的一般结论是：在任何经济增长的国家，一般存在着农业部门劳动者持续地转移到非农业部门的趋势。特别是在发展中国家，农场工人是经济收入最少的工人。如果补贴的农业信贷实际上保留在农业中，而不是投资于更有潜力的地方，那么该信贷通常会诱导投资错配，并进而降低农业工人的工资。这将间接诱发更高的农业工人流出率。

对于第三类问题的结论是工业化国家的农业信贷补贴尤其不正常。通常发达国家对农产品实行价格补贴和收入补贴，使农产品的产量超过现行价格下所能销售的产量，也就是供过于求，使政府必须以相当大的成本处理掉这些农产品。对农业信贷的补贴又增加了农业的资本投入，因而更进一步提高了实现价格和收入政策目标的成本。

第二节 农业技术进步

一、农业技术进步的相关理论

解释农业技术进步的理论主要是诱导性技术创新理论。诱导性技术创新理论最早由英国经济学家约翰·希克斯提出。他在《工资理论》一书中讨论"经济进程的分配效应"时引入了诱导性技术进步的概念。诱导性技术创新理论的发展分为两个分支：一个是希克斯—速水—拉坦—宾斯旺格假说，关注由资源的相对稀缺变化而引发的相对要素价格变化所诱导出来的要素节约偏向；另一个是施莫克勒—格里克斯假说，关注增长的产品需求对技术变革速度的影响。

（一）"要素稀缺诱导的技术创新"假说

希克斯—速水—拉坦—宾斯旺格假说的基本思想是：生产要素相对价格的变化影响技术创新活动的方向，并进一步影响技术进步的方向。

希克斯（1932）认为经济增长受四种力量的推动：人口增长、工作意愿增强、资本增加和技术创新。在竞争条件下，一种技术创新只有在它的最终效果能够带来国民收入的增加时才会被采用。希克斯认为，技术创新虽然会使国民收入增加，但是未必同比例增加各种要素的边际产出，由此区分"节约劳动"的技术创新、"节约资本"的技术创新和"中性"的技术创新。"节约劳动"的技术创新使资本边际产出的增加大于劳动边际产出的增加。"节约资本"的技术创新使劳动边际产出的增加大于资本边际产出的增加；"中性"的技术创新使劳动和资本的边际产出同比例增加。希克斯认为技术创新是偏向劳动还是偏向资本取决于劳动与资本的相对价格。在竞争条件下，若一种要素的价格相对于其他要素上涨，就会导致减少这种要素相对使用量的一系列技术变革。资源稀缺带来的对经济增长的制约可以被以相对丰富的要素替代相对稀缺要素的技术进步所消除。

宾斯旺格（1974）构造了一个技术变革中诱导的要素节约倾向的简单模型，将厂商条件下的相对价格对要素节约倾向的影响和产品需求对技术变革速度的影响综合在一个单一的以企业利润最大化行为为基础的诱致性技术变迁模型中。

在希克斯—宾斯旺格研究的基础上，日本经济学家速水佑次郎和美国学者弗农·拉坦（1971）分别研究了日本和美国的农业现代化进程后提出了著名的速水佑次郎—拉坦模型。与希克斯一样，他们认为技术的发展是为了用相对丰富而廉价的要素来替代相对稀缺而昂贵的要素。具体到农业生产中，技术进步机制体现为两种：一种是美国式的农业机械化技术进步，用于解决由缺乏供给弹性并相对稀缺的劳动力资源所带来的制约农业发展问题，劳动生产率的提高是农业机械化的主要特征，也是农业增长的主要来源。第二种是日本式的生物化学技术的进步，用于消除由缺乏弹性并相对稀缺的土地资源所带来的农业发展瓶颈问题。土地生产率的提高是生物化学技术的主要特征，也是农业产出增长的主要来源。随着农业生产的发展与技术进步的深入，最初以节约某一种要素为特征的技术道路选择又有逐渐趋同的现象。由于在一个动态的竞争经济中，较为缺乏的要素诱发较多的该种要素的技术进步，从而缓解其相对稀缺程度；较为丰富的要素则由于大量使用而变得不太富裕。

（二）市场需求诱导的技术进步

施莫克勒（1966）在《发明和经济增长》一书中提出了市场需求诱导的技术进步理论，并在工业领域进行了实证研究。格里克斯采用这一理论对美国杂交玉米的发明和推广进行研究，并指出市场赢利性在这一过程中所起的主要作用，从而较早地提出了关于农业技术进步的市场诱导假说。他强调，技术创新过程的收益是与农业研究有关的外部效应——生产者剩余和消费者剩余的增加相关的，其成本是杂交玉米研究经费的累计数。格利克斯也注意到杂交玉米技术成果推广的经济效益，他提出研究成果的地区分布和新品种的推广首先受到经济利益的支配。科研机构将会把资源更多地分配到具有较高价格或较大市场的商品的新技术开发上。

（三）要素稀缺理论和市场需求假说的关系

要素稀缺理论和市场需求理论并不是两种独立的假说，而是互相补充的技术进步理论。节约一种或几种要素的技术创新，若不落实到某一种产品上，就无法被技术需求的微观主体所采用。技术创新可能带来的要素节约，进而增加的利润只有在一定规模的市场需求下才能实现；反过来说，某一种产品的技术发明如果不能够相对节约一种或几种生产要素，也不会被技术需求的微观主体所采用。因为在一定的市场需求和要素供给条件下，生产者已经实现了要素投入的最优配置，只有节约最为稀缺和昂贵的要素，才能使生产者的利润获得最大程度的提高。所以，微观主体的利润最大化动机是要素稀缺和市场需求两种假说内在统一的基础和纽带。

关于两种假说互相补充的命题同样可以运用到农业技术领域。各种农作物的不同市场需求规模会诱导不同数量的技术发明，但是这些发明必须以节约某种要素为特征；反过来，节约某种生产要素的农业技术也必须落实到某种农产品上。农牧民作为技术创新的采用者，出于利润最大化的动机，会被引导到采用节约较为缺乏而昂贵要素的技术，而研究单位作为技术创新的供给者，也要考虑哪种技术具有更大的市场潜力。

要素稀缺和市场需求的诱导性假说为农业研究资源的分配提供了一个有效的基本原则，但这并不意味着应该由完全放任自由的市场竞争机制来支配农业科研活动。具有公共产品性质的农业科研活动需要政府的鼓励和支持。政府可以通过理顺价格机制、改进博弈规则和降低信息不对称等间接方式影响要素或产品价格，也可以采取强制性干预手段将科研资源分配到涉及公共利益的重大科研技术的创新研究上来。

二、发达国家农业技术进步的路径

世界各国国情不同，农业技术进步所走的道路也不同。从已经实现农业现代化的发达国家来看，农业技术进步的成功道路可以分为美国、日本和西欧三种模式。

（一）先以劳动节约型技术为主，后以资源节约型技术为主的道路

这种农业技术进步模式的代表性国家是美国。这类国家还有苏联、加拿大和澳大利亚等。

美国的国情是土地广阔，人均耕地多，工业化水平高，但农业劳动力缺乏。其农业生产要素特征表现为劳动力相对土地和机械的价格较高。因此，美国的农业技术进步首先走的是以节约劳动为特征的机械技术进步道路。到 1940 年，美国农业已基本实现机械化。与此同时，随着工业的迅速发展和经济开放程度的提高，市场对土地的需求增加，地价不断上涨，于是产生了对资源节约型技术的需求，这又鼓励了生物化学技术进步。1950—1970 年，美国在农机动力投入增长 22.3% 的同时，农用化学物质投入增加 3.2 倍，并大面积推广使用良种，使土地生产率不断提高，实现了对土地的节约。

（二）先以资源节约型技术为主，后以劳动节约型技术为主的道路

这种农业技术进步模式的代表性国家是日本。

日本是典型的人多地少的国家。20 世纪 50 年代以前，资源条件是农业劳动力丰富而土地稀缺。在要素市场上，土地的价格相对高于劳动力价格。同时，欧美的大型农业机具与日本的农业资源结构不相适应，小规模的农户经营使大型的农业机具无法发挥作用。因此，日本的农业技术进步是从生物技术和化学技术开始的，走的是以节约土地为主的生物化学技术进步的道路。生物化学技术的主要代表是土壤肥料技术、植物栽培技术、农艺操作技术，特别是育种技术。1985 年，日本平均每公顷耕地化肥使用量已经达到 430.4 公斤，加上良种的推广，使日本的土地生产率逐年提高。但是随着日本经济的迅速发展，农村劳动力大量向工业等非农产业转移，农业劳动力逐步由过去的丰裕转为相对不足，这就诱发了劳动节约型技术的推广运用。20 世纪 50 年代后期掀起了耕耘机和中小型拖拉机的普及热潮，1970 年前后又实行收获过程的机械化和大型拖拉机化，使 20 世纪 70 年代以后的农业劳动生产率出现了高速增长。

（三）中性技术进步的道路

亦即劳动节约型技术与资源节约型技术并举的道路。以西欧国家为代表，如法国、英国、意大利等。这些国家既缺乏农业劳动力，人均耕地又不充裕，但是工业相对发达。因而，把机械化、水利化、化学化、良种化等放在同等重要的地位，密切结合，同时发展，使农业劳动生产率和土地生产率同时提高。例如法国，农业劳动力不足和耕地不足同时存在，一方面，从 19 世纪开始，因为非农产业高收入的吸引，农业劳动力大量外流，结果农业劳动力日趋紧张，以致不得不从国外雇佣劳动力。从 21 世纪初开始使用农业机械，取得了比从国外雇佣劳动力更好的效益。从此，劳动节约的农业机械技术在全国获得迅速发展。另一方面，法国的农用地，尤其是人均耕地资源稀少，这就要求推广生物技术和化学技术等资源节约型技术，以提高土地生产率。早在 19 世纪中叶法国就开始使用化肥，化肥使用量逐年增加，平均每公顷化肥施用量从 1938 年的 60 公斤增加到 1985 年的 300.9 公斤。

三、中国农业技术进步的道路

从新中国成立到 20 世纪 80 年代以前的很长一段时间，中国建立了一种以政府为技术选择主体、由政府控制实施的农业技术进步的集中决策机制。它是传统计划经济体制下以行政手段配置资源的体现。同我国生产力发展的水平低、不平衡和多层次的状况相适应，我国农业技术进步也呈现出多层次并存的特征，既有包括原子能、生物工程和微电脑技术在内的高新农业技术，又有拖拉机、化肥、农药、塑料薄膜以及农艺等现代常规农业技术。这决定了我国农业技术进步不能选择某种单一模式。

中国农业技术进步的道路，大体可以划分为两个相互联系的阶段。

第一阶段以资源节约型为主。我国属于人多地少的国家，人均占有耕地不足 1.5 亩，只相当于美国的 12%，而农村剩余劳动力非常富足。这就意味着试图主要以土地和农业机械替代劳动是不现实的。对农村中等发达地区与欠发达地区来说，在21世纪初的二三十年里，农业技术进步仍将以生物和化学技术等资源节约型技术为主。对农村经济较发达的地区，在采用资源节约型技术的同时，可有步骤、有选择地发展劳动节约型技术，逐渐提高农业劳动生产率。

根据国外经验，加速生物技术进步的前提条件是农业生物技术创新成果的大量增加，并使其价格相对于土地和劳动的价格有长期下降趋势，这样农民才会选择这些相对低成本的生物技术并达到利润最大化目的。而我国目前农业科学研究投资明显不足，低于世界平均水平。我国农业化学性技术投入要素供给缺乏弹性，造成农业生产资料价格长期大幅度提升，其结果是农业生产者对农业现代化投入要素的有效需求不足。这两点是制约我国生物化学技术进步较快发展的重要因素。

第二阶段应是资源节约型技术与劳动节约型技术全面发展和有机结合。21世纪二三十年代以后，农业技术的经济类型开始由资源节约型技术为主转向资源节约型技术与劳动节约型技术并举，并使二者有机结合起来，以不断提高土地生产率和劳动生产率。

当然中国地域辽阔，各地自然条件和社会经济发展水平各不相同，因而在选择农业技术进步道路上应该因地制宜，切不可一刀切。中国农业技术进步的道路应该在借鉴经济发达国家农业技术进步的经验基础上，走出一条符合中国国情的农业技术进步道路。

第三节 农业与国民经济

一、农业是国民经济的基础

（一）农业基础论

农业是国民经济发展的基础，这是许多古典经济学家和马克思主义经典作家们阐述过的一条基本原理。马克思曾说："人们首先必须吃、喝、住、穿，然后才能从事政治、科学、艺术、宗教等等。"马克思是从社会分工的产生及其发展的角度来说明农业在人类社会发展中的地位和作用的。他认为"农业劳动……是其他一切劳动部门所以能够独立化的自然基础"。超越于农业劳动者对农产品的个人需要的农业劳动生产率，是社会分工产生与发展的基础，进而是国民经济发展的基础。

马克思主义重视农业和重农主义经济学家重视农业有着本质的不同。重农学派虽然也曾试图从整个国民经济着眼来考察农业，但是他们把农业劳动看成是唯一的生产劳动，认为农业以外的劳动都是非生产劳动，只有农业才能生产出"纯产物"。并且他们还认为农业"纯产物"是自然的恩赐，从而得出一个农业至上的狭隘观点。

农业的基础地位可以从经济、社会和政治等多个角度得到解释。

首先，从经济角度看，农业是国民经济的基础，是其他部门经济发展的基础。从产品供给方面看，农业是人类的衣食之源、生存之本，是工业等其他物质生产部门与一切非物质生产部门存在与发展的必要条件，是国民经济中最基本的物质生产部门。农业的发展状况直接影响着、左右着国民经济全局的发展。农业还是工业特别是轻工业原料的主要来源，食品工业、纺织工业、皮革工业、烟酒业等所用的原料大多来自农业。农业也是部分重工业的原料来源，橡胶工业、化学工业以及最新的生物能源等所用的原料也来自农业。从市场需求方面来看，农业和农村是工商业产品和服务的广阔市场。从要素提供方面看，农业是国家建设资金积累的重要来源。农业既可以用上缴农业税的方式直接为国家积累资金，也可通过价格"剪刀差"等方式间接地为国民经济积累资金。农业还能为国民经济其他部门的发展提供劳动力。随着农业的发展和农业生产率的提高，农村中的剩余劳动力将不断转移到国民经济的其他部门。同时，一些农业用土地可以转变为建设用地，为工业化和城镇化提供必要的土地资源。

其次，从社会角度看，农业是社会安定的基础。农业能否稳定发展，能否提供与人们生活水准逐渐提高这一基本趋势相适应的农、副产品，关系到社会的稳定。"民以食为天"，若农业不能提供粮食和必需的食品，人民生活将受到影响，社会可能出现动荡，生产将难以为继，经济将出现波动，国家将失去安定的基础。从这个意义上讲，农业是安定天下的产业。

再次，从政治角度看，农业是国家自立的基础。大国的自立能力在相当程度上取决于农业的发展。如果农、副产品不能保持自给，过多依赖进口，必将受制于人。一旦国际政局发生变化，势必陷入被动，甚至危及国家安全。

总的来说，农业的基础地位来源于以下几个方面：

1. 农业的基础地位来源于经济发展的历史

农业是人类社会最早从事的产业，一切其他产业都是在农业发展的基础上逐渐分化发展起来的。

2. 农业的基础地位来源于其产业的特殊性

农业是人类的衣食之源、生存之本，没有其他产业可以替代。

3. 农业的基础地位来源于其对国民经济的贡献

从要素市场、产品市场、收入形成、消费保障、税收积累、外汇创造等方面，农业对国民经济的增长都提供了重要支撑。

4. 农业的基础地位来源于其社会影响

农业是社会安定的基础，农业能否稳定发展，能否提供和人们生活水准相适应的农、副产品，关系到社会稳定大局。一个社会要维持稳定，只有"手中有粮"，才能做到"心中不慌"。

5. 农业的基础地位来源于其政治影响

农业是国家自立的基础。类似于中国这样的大国的农产品需求，单靠国际市场是无法满足的。在特定条件或者某些特殊场合下，"粮食禁运"、"粮价操纵"等还可能成为政治干预手段。

（二）农业对国民经济的贡献

关于农业对国民经济的贡献，早期的古典经济学家已有很多论述，但将其归纳整理、系统阐述，并形成经典理论的则是张培刚和库兹涅茨等人。张培刚 1945 年在其博士论文《农业与工业化》中，强调了农业发展对工业化启动起着至为重要的作用。他详细分析了农业对工业化的五大贡献：（1）农业是粮食供给的主要来源；（2）农业是工业原料供给的来源；（3）一定阶段，农业为工业提供大量的剩余劳动力；（4）农民作为买者和卖者对于工业生产市场的扩大起着重要作用；（5）农业通过向国家纳税和输出农产品而形成的资金积累和外汇储存对于工业资本的积累而言是一条非常重要的途径。因此，张培刚认为，农业对工业化以及整个国民经济的发展都起着重要作用和做出巨大贡献，农业是工业化与经济发展的基础和必要条件。

1961 年，库兹涅茨在《经济增长与农业的贡献》一文中对农业的基础性作用进行了重新概括，并做了定量分析。1984 年，加塔克和英格森特在《农业与经济发展》一书中，清楚地将欠发达国家农业对国民经济增长与发展的贡献概括为四大方面：一是提供粮食供给和工业原料的产品贡献；二是作为生产资料和消费资料市场消费者的市场贡献；三是向非农部门提供资本、劳动力的要素贡献；四是增加国家出口收入和扩大进口替代品的外汇贡献。从此，这一概括在理论界得到越来越多的共识。

1. 产品贡献可以划分为食品供给和原料供给两大部分。

（1）食品供给

在食品供给方面，粮食是人类生存之本。在多数国家，农业部门是非农业人口消费食品的主要来源。经济的多样化取决于国内食品生产者所生产的，超过他们维持自身生存所需要的剩余。理论上讲，国内食品供给不足可以通过扩大进口加以弥补，但实际上，这种进口常常因为外汇的稀缺和高成本而受到限制。特别在欠发达国家，进口食品的机会成本很高。

一般来讲，对农业食品需求的增长速度会超过工业化和城市化的增长速度。这是因为：第一，非农业人口的工资和收入一般高于农业人口；第二，根据人们收入水平提高，食品消费结构发生变化，对肉、奶、蛋、菜、油等的食物需求更多，这些食品需要消耗更多的初级谷物产品来转化。由于食品在生活必需品中占据首要地位，食品短缺引起的食品价格迅速上涨常常会导致一系列不利于经济增长的社会和政治动荡；同时食品价格上涨也会迫使工资提高，进而降低工商业利润和再投资的潜力；而且，工资上涨也会进一步影响到该国生产产品的国际竞争力。

（2）原料供给

在原料供给方面，农业是部分工业生产的主要原料来源。轻工业中的食品工业、纺织工业、皮革工业、烟酒业等所用的原料来自农业，重工业中的橡胶工业、化学工业等所用的原料也来自农业。统计资料体现，在许多欠发达国家，工业化早期阶段，农产品加工业都占有主要地位。因此这些国家的工业化进程特别受制于农业原料的供给能力。

2.要素贡献

资源要素从农业部门向非农部门转移有许多正当的理由，也可以说是一种必然的趋势。第一，在经济发展过程中，非农部门的产品和服务的收入需求弹性很多情况下大于食品及其他农产品的收入需求弹性，对非农部门增加资本的需求要更高一些。第二，一般情况下，农业增加投入的边际产出率往往低于工业等部门，也会导致资源要素流出农业部门。第三，在发展的最初阶段，农业作为国民经济构成中的主要部门，实际上是人口、劳力、土地资源的主要来源，也是国内储蓄与投资的主要甚至唯一来源。

（1）劳动力转移

随着农业生产率的提高，农业能够向第二、三产业转移大量的劳动力资源。劳动力从农业向工业和其他部门转移主要受到三个因素的影响：第一，农业剩余劳动力的蓄积量，它与农业劳动生产率的提高有关；第二，乡村移民作为潜在工业工人的质量，它与教育和培训等有关；第三，工业和城市对新增劳动力的需求量，它与工业化和城市化的推进速度有关。

欠发达国家的农业劳动力剩余一般被认为采取隐蔽性失业的形式存在。隐蔽性失业有不同的定义：首先，剩余的概念可定义为边际劳动生产率为零（$MP_1=0$）和边际劳动生产率为正数但低于平均消费或维持生存工资的水平（$0 < MP_1 < SW$）两种情况；其次，剩余形式因农业工作日长度是固定的还是可变的，也有不同的区别。如果隐蔽性失业是在 $MP_1=0$ 的条件下存在的，那么农业工人可以长期退出农业而不会引起农业产出的下降；如果隐蔽性失业是在 $0 < MP_1 < SW$ 的条件下存在的，而且农业工作定额不能改变，那么农业劳动力的边际收缩可能引起农业产出下降。但是如果农业工作定额可变（工作日长度可变），那么，即使隐蔽性失业是在 $0 < MP_1 < SW$ 的条件下存在的，农业劳动力的边际收缩也不一定会引起农业产出下降。计算农业剩余劳动力的方法有很多，但结论往往会受到各方挑战。有些研究甚至通过具体案例来观察这一现象，譬如舒尔茨（Schltz，1964）观察到印度农业产量在第一次世界大战末流感盛行之后下降了，而流感确实造成了农业人口数量的减少，由此判断农业隐蔽性失业数量少于流感造成的农业人口减少数量。

在农业中，农忙季节的失业和其他时间的失业之间存在重大的区别。研究农业劳动剩余要充分考虑这一农业生产特点。另外，农业制度是否僵化、是否影响农业劳动力从剩余农场向短缺农场转移，也是评估农业劳动力总体剩余水平时需要考虑的因素。此外，还要考虑到不同文化和收入水平的人口对劳动和闲暇的偏好与态度不同。更深入的讨论涉及自愿失业和非自愿失业，以及自愿不充分就业等领域（加塔克、英格森特，1987）。

工业和城市对农业剩余劳动力的需求也受到多重因素的影响，由于生产不仅仅是只需要劳动力就可以开展起来的。事实上，在许多国家，城市失业率很高，农村人口流向城市的速度通常高于城市工商业就业增长的速度，以至于许多国家的政策目标被迫放在增加农业就业、放慢城市移民和减少城市失业方面。这也是著名的托达罗人口城乡转移模型所关注到的问题（Todaro，1969）。

（2）资本转移

在工业化早期阶段，农业可以为工业化提供必要积累，推动工业化的发展。资本从农业向其他部门转移可以依靠自由市场上私人投资者的自愿决策来实现，也可以通过政府强制手段来实现。通过自由市场途径来转移资本的方式符合经济学的常规理论。只要农业部门的生产有超出自身需求的剩余产品、农民是净储蓄者，这一转移就可能自然发生。一些文献讨论了不同农业制度对农业剩余转移的影响，认为地主—租赁制比自耕农制度更容易导致农业剩余的转出。因为地主—租赁制本身的地租需求就迫使农业必须生产更多的剩余产品和价值，而地主因为更加富有，其边际储蓄倾向更高。

运用计划经济方式的国家，特别是欠发达国家，政府通常喜欢干预资本及其他资源在部门间的分配。在农业储蓄转变为非农投资方面，政府通常喜欢加速推进，其理由是尽快建造自立的工业体系、增强国防力量等。政府可以采取的方法有两种：直接控制和间接控制。直接控制的方法包括对农民和地主征收直接税收，强制性的农产品国家收购（通常低于市场价格），以及政府垄断农业投入如化肥、种子等，与农产品进行实物交换；间接控制方法包括价格控制、间接税和汇率调整等。其共同目的在于改变部门间的交易比率（即农产品对非农产品的价格比率）。若采用间接方法从农业部门中抽取资本（比如提高制造业产品的进口税），部门间的交易条件必然会变得不利于农业。这样做的结果可能进一步加剧城乡之间的收入不平等，使本国的"幼小"工业持续依赖政府扶持和保护、缺乏竞争力，以及导致农业发展减慢甚至停滞。

（3）土地资源转移

在工业化和城市化的发展过程中，大量的土地资源从农业转移到非农产业，支持非农产业的发展、城市扩张和基础设施建设。在市场诱导方面，土地资源的转移与资本资源的转移非常类似。但是，由于土地的不可移动性、不可再生性，以及政府对土地使用规划的强制性限制，使得土地资源从农业向非农业和城市转移具有了很多不同的特点，在各个国家之间也有重大差别。关于土地问题，本书另有章节专门论述，这里不再赘述。

3. 市场贡献

一方面，农业为非农产业的发展提供了广阔的市场，现代农业投入如化肥、农药、农膜、农机、农具、各种农业设施、水、电、油等都来自多种工业行业；另一方面，以农业人口为主的农村也是工商业消费品的广阔市场。很显著，农业市场贡献的重要性依赖于农业部门自身的相对重要性。在欠发达国家的经济结构中，农业部门往往规模庞大，占有绝对重要的地位，农业的市场贡献对国内市场开发具有举足轻重的影响（即使在中国，据估计，改革开放初期，在1978—1984年新增加的1798亿元社会商品零售额中，也有约2/3来自农民的消费）。当然，也存在一些几乎没有农业的经济体，如中国香港和新加坡等，但这样的例子并不很多。

如果静态和直观地看待农业的市场贡献，往往会低估农业的作用。考虑到下面两种情况后，我们发现农业部门的市场贡献确实超出了我们的直观印象。第一，由于存在产业间的联系，一个部门生产和收入的扩大常常会带来更多的其他部门生产和收入的增加。

考虑到乘数效应,这种发展的连带影响会进一步放大。第二,欠发达国家的农业部门最初可能是自给和半自给的,随着经济增长和社会发展,他们的商品化和市场化程度会不断提高,这会进一步扩大农业和农村部门的市场贡献。

4.外汇贡献

不少欠发达国家的发展受到外汇短缺的限制。这些国家不但经济发展总体水平落后,其经济结构更加落后,国内制造业极端缺乏竞争力,因此,农业不可避免地成了出口物资的重要来源。即使经济发展到一定程度,在一些农业大国的出口商品构成上,农、副产品及其加工品仍占有重要地位,农业在商品出口创汇方面起着十分重要的作用。

发展经验表明,许多外汇短缺的发展中国家,为了购买基本的必须进口物资,向国外出口农产品是一种可行且实际的换汇方法。除此之外,可替代的资金来源,诸如官方援助、外国贷款及国外私人投资等虽然可用,但是都数量有限,完全不能满足购买大量进口商品、燃料和原材料的需求。

与此相关,如果国内农业生产可以在较低成本的基础上加以扩大,例如,把没有充分利用的土地和劳动力资源投入生产,那么在农业方面实行进口替代的政策效果将会优于工业。因为在这些国家,相比工业而言,农业生产所需要的资源和技术往往更加容易获得。

总而言之,大多数欠发达国家需要生产更多的农业剩余,使农业部门更有效地发挥在工业化和国民经济发展中的作用,为此,必须重视农业生产的增长,而不是压制农业生产的发展。

(三)工业化过程中农业角色转变

在整个工业化过程中,农业的角色不是一成不变,而是有所变化的。农业对国民经济的贡献在不同的阶段有不同的特点和重点。

在工业化的初级阶段,工业部门相对弱小。农业作为国民经济中的主要部门,其首要任务不仅是养活城镇人口(产品贡献),还要为工业积累一定资金。19世纪中叶以来,欧美国家若没有农业的先期发展或伴随农业革命提供日益增多的剩余农产品,工业化的启动乃至于任何重大的工业增长都是不可能的。法国之所以工业化起步晚于英国,一个重要的原因就是因为法国当时的农业生产所能提供的剩余产品远远落后于英国。

在工业化逐步展开阶段,农业所提供的要素贡献(资金和劳动力)会显得越来越突出。依据钱纳里等人的研究,阿根廷、智利和乌拉圭忽视农业发展,结果不仅农业处于停滞状态,而且工业进展也很缓慢;相反,以色列、马来西亚和中国台湾地区则通过政府投资、扩大服务和非歧视价格政策来促进农业发展,结果不仅农业迅速增长,而且工业增长得更快。两者之间的差别很大程度上来自农业要素贡献的作用不同。

在工业化的中级阶段,随着农业占国民生产总值比重和食物占消费总支出比重的不断下降,对农业部门的资金与产品依赖会逐渐减弱。同时,工业化对农业市场的依赖越来越强。有研究表明,若在工业化中期,一国农业产品贡献或要素贡献仍然很强而市场贡献很小,则不利于该国工业的发展。19世纪50年代哥伦比亚的土豆出口量十分巨大,却并没有带动经济全面增长；然而 1880—1950 年，当其主要出口产品转变为咖啡后，工业化速度却大大加快了。这种变化的原因在于土豆适宜在种植园内生产，出口的主要受益者是少数种植园主，他们习惯将大量收入用于购买奢侈品而不是一般的工业品。而咖啡适宜在小型家庭农场内栽培，出口的受益者变成了数量众多的农民，而农民的消费对象刚好是一般的工业品。

在工业化的高级阶段，工业部门已经发展壮大，并具备了自我积累的能力，农业部门的相对规模越来越小。这时，农业对工业发展的要素贡献和外汇贡献会进一步削弱，农业的市场贡献也在逐步减小。但是，随着工业规模日益增大、城市人口越来越多，农业部门对工业发展的产品贡献将再次凸显出来。工业部门对农业剩余产品的需求压力不断增强，将导致农业不断改进生产技术，提高效率和产量。为了维持和促进农业生产，政府还有必要对农业采取一定的支持和保护政策，并不断减少对生态环境的破坏。

可见，在工业化进程中，农业基础性地位的表现形式并不是一成不变的。虽然产品贡献、要素贡献、市场贡献和外汇贡献贯穿于整个工业化的全过程，但在不同阶段这些贡献的地位和作用是不一样的，必须依据工业化所处的历史阶段不断调整政策，才能保证农业与工业化之间的协调发展，否则就会影响工业化的顺利推进。

二、农业与国民经济结构变化

在经济发展过程中，农业作为一个产业，在国民经济中的地位变化十分明显，存在着相当一致的规律性趋势。对这种变化规律的揭示和描述主要出现在产业结构理论中。

（一）产业与产业分类

1. 产业概念

研究产业结构首先必须把握产业的含义。产业是一种社会分工现象，是随着社会分工而产生并随着社会发展不断演进的，是指国民经济中一些具有相同生产技术和产品特征的经济活动集合或系统，这些系统由企业或单位及其活动所构成。产业是国民经济的组成部分。产业经济介于宏观经济和微观经济之间。

2. 产业分类

为了对产业进行合理有效的管理和科学的研究，必须对产业进行科学的分类。产业的分类标准依产业研究的目的而定，不同的目的有不同的标准，因此产业分类标准多种多样。到目前为止，主要的产业分类标准与分类方法有以下几种：

（1）两大部类分类法

马克思在分析社会资本简单再生产和扩大再生产的实现条件时，根据产品再生产过程中的不同作用，将社会总产品分为两大部类，即将生产生产资料的部门划归为第一部类，将生产消费资料的部门划归为第二部类。同时马克思还从价值形态上，将社会总产品分为不变资本、可变资本和剩余价值三大部分。

马克思两大部类分类法揭示了社会再生产顺利进行时两大部类产业间的实物和价值

构成的比例关系。这种分类方法对于政府通过宏观调节、正确处理两大部类之间关系，保障社会再生产的总量平衡和结构平衡具有重要的意义。这种分类法的主要目的在于揭示剩余价值产生的秘密，在其他理论研究和实际使用中存在着一定局限性：第一，没有涵盖所有产业，不利于对产业进行全面分析。这种分类方法只包括了物质生产部门，没有考虑非物质生产部门，比如商业、运输等。第二，许多商品难以归类。因为大多数产品具有多种用途，既可用于生产资料，也可用于消费。第三，不够细化，不能对具体产业进行细致分析。

（2）农、轻、重分类法

这是以物质生产的不同特点为标准进行的分类。农、轻、重分类法将经济活动中的物质生产部门划分为农业、轻工业和重工业三大类，具有直观、简便、易行的特点，在研究和制定工业化发展进程中的经济战略时有很大的实用价值。

农、轻、重分类法源于苏联，曾在社会主义国家广泛使用。我国在新中国成立直到改革开放之前的相当长一段时间内，也曾长期使用它来制定国民经济发展规划和布局产业结构。

这一分类方法同样存在局限性，其局限性和上述两大部类分类法一样，不完全、不准确、不细致。

（3）三次产业分类法

这是以产业发展的层次顺序及其与自然界的关系作为标准的分类方法，把全部经济活动划分为第一产业、第二产业和第三产业。三次产业分类法由费歇尔提出，克拉克和库兹涅茨推广应用，现已成为世界通行的统计方法，也是西方产业结构理论使用的主要分类方法。费歇尔强调，人类经济活动的第一阶段主要是农业和畜牧业生产；第二阶段始于工业革命，以制造业的崛起为标志；第三阶段始于 20 世纪初，以大量非物质生产部门的迅速发展为标志。因此，可对应地将所有经济活动划分为第一、第二和第三产业。库兹涅茨等人进一步完善了这种分类方法，并将其应用到统计分析中，进而系统地揭示了三次产业在国民生产总值中所占份额随经济发展所发生的变化规律。

三次产业分类方法克服了以往产业分类方法不全面的缺点，将所有物质和非物质生产部门全部囊括在内，而且简单、实用，对经济结构变化规律的揭示科学、合理。但也存在一定局限性，比如有些产业的归属存在争议，第三产业内容过于繁杂，内部行业之间差别悬殊等。

（4）霍夫曼的产业分类法

霍夫曼出于研究工业化发展阶段的需把产业分为三类，即消费资料工业、资本资料工业和其他工业。霍夫曼使用这种分类方法的目的是分析消费资料工业净产值与资本资料工业净产值的比例（霍夫曼比例），并按照这一比例大小来划分工业化发展阶段。

霍夫曼分类法比较适合分析工业化过程中工业结构演变规律，但不太适合其他方面的应用分析。

（5）生产要素集约分类法

这是一种根据不同产业在生产过程中对资源的需求种类和依赖程度的差异来划分经

济活动的分类方法。主要分为劳动密集型产业、资本密集型产业、技术密集型产业和知识密集型产业等。

这一分类方法的优点是能够比较客观反映一个国家的经济发展水平和产业高度化趋势，有利于研究产业之间对生产要素依赖程度的差异，以便制定更加合理的经济发展战略，提高宏观经济效益。它的局限性主要表现在分界比较模糊，而且资源密集程度是相对的，在时间上也是动态变化的。

（6）标准产业分类法

这是为了统一国民经济统计口径而由权威部门制定和颁布的一种产业分类方法。标准产业分类法具有权威性、统一性、完整性和实用性，便于各国之间进行产业分析和比较。

联合国统计司于 1948 年设计了全部经济活动国际标准产业分类（ISIC）的最初方案，并于 1958 年、1968 年和 1990 年进行了三次修订，第二次和第三次修订索引分别于 1971 年和 1994 年公布。2007 年正式推行了第四次修订结果。世界上 140 多个国家，以及联合国国际劳工组织、粮农组织、教科文组织、工发组织、经合组织等国际机构均在采用 ISIC 标准公布和分析统计数据。2007 年国际标准产业分类将全部经济活动划分为 21 个大项，每个大项下又分中项、小项、细项，并规定了统一的统计编码。

ISIC 与三次产业分类法保持一致。第 1 大项为第一产业，即农业、林业和渔业。第 2—6 大项为第二产业，包括采矿和采石业，制造业，电力、煤气和水的供应，污水处理、废物管理和补救活动，建筑业。第 7—21 项为第三产业，分别为批发和零售贸易，机动车辆和摩托车修理，运输与仓储业，食宿服务活动，信息和通信业，金融和保险服务，房地产活动，专业服务、科学和技术服务，行政和支持服务活动，公共行政和国防，强制性社会保障，教育、卫生和社会服务，艺术、休闲和娱乐活动，其他服务业，住户活动，国际机构。

中国《国民经济行业分类与代码》国家标准（GB/T4754）自 1984 年首次制定，1994 年和 2002 年两次修订，目前已广泛用于统计、计划、财务、工商、税务等领域。2002 年版国家标准将经济活动分为 20 个门类、95 个大类、396 个中类和 913 个小类。其中，农、林、牧、渔业作为第一门类，下设 5 个大类、18 个中类和 38 个小类。这一标准立足于我国国情，同时考虑了与国际标准的兼容性。

（二）产业结构演变理论

一国的经济发展过程不仅体现为国民生产总值的增长，而且伴随着产业结构的成长。产业结构的发展和演变是任何一个国家经济发展过程中必然发生的经济现象。对产业结构演变的分析主要显示在揭示三次产业结构变迁的趋势和规律方面。

1. 配第——克拉克定律

最早发现产业结构演变规律的是英国经济学家威廉·配第，他发现世界各国国民收入水平差异的关键在于产业结构的不同。例如当时的荷兰，由于大部分人口从事制造业和商业，因此其收入大大高于欧洲的其他国家。配第关于产业间收入相对差异的规律性描述被后人称为配第定律。

英国经济学家科林·克拉克分析了劳动力在第一、二、三产业间移动的规律性。随着经济的发展，国民收入水平的提高，劳动力首先从第一产业向第二产业转移；当人均收入水平进一步提高时，劳动力便向第三产业转移。劳动力在产业之间分布的变动趋势是，第一产业比重不断减少，第二产业和第三产业比重不断增加。劳动力在产业之间流动的原因在于不同产业之间的收入相对差异。克拉克认为他的发现只是印证了配第曾经提出的观点，因此后人将其称为配第—克拉克定律。

克拉克认为劳动力分布的这种变动可以归结为需求因素和效率因素。一方面，随着人均收入的增长，对农产品的相对需求一直在下降，而对制造品的相对需求开始上升然后下降，最后让位于服务业；另一方面，不同产业存在不同的生产效率，制造业的劳动生产率总是比同一个经济系统中其他产业的劳动生产率以更大比例增长，这会导致长期内该产业部门吸收就业的比例下降。

2. 库兹涅茨法则

库兹涅茨利用经济统计学原理对产业结构变动与经济发展的关系进行了全面考察，总结出总产值变动与就业人口变动的规律——库兹涅茨法则。通过对40多个发展程度不同的国家进行横断面和时间序列数据分析，库兹涅茨发现：第一，农业部门创造的国民收入占全部国民收入的比重与农业劳动力占全部劳动力的比重一样，均处于不断下降趋势之中。农业部门国民收入相对比重的下降超过劳动力相对比重的下降程度，农业部门的比较劳动生产率低于1。这表明，在大多数国家农业劳动力减少的趋势仍然存在。这是任何国家在经济发展的一定阶段上普遍存在的规律。第二，工业部门国民收入相对比重总体趋势是上升的，但工业部门劳动力的相对比重在上升一段以后大体不变或者上升缓慢。特别是进入20世纪后，工业先行国家劳动力相对比重一直保持大体不变的情况。它反映了工业化达到一定程度后，第二产业不可能大量吸收劳动力。但与此同时，这些国家的相对国民收入（比较劳动生产率）唯有第二产业是上升的，体现在人均国民收入增长过程中，第二产业具有突出贡献。第三，几乎所有国家服务部门的劳动力相对比重都呈上升趋势。但国民收入相对比重在有些国家出现了不与劳动力相对比重同步上升的情况，综合来看，大体不变或略有上升。这表明，第三产业具有很强的吸纳劳动力的特性。一般来说，在工业先行国家中，第三产业是三次产业中规模最大的一个，无论劳动力的相对比重还是国民收入的相对比重都超过一半以上。

3. 霍夫曼定律

德国经济学家霍夫曼将消费资料工业净产值与资本资料工业净产值之比（又被称为霍夫曼系数）作为划分工业化发展阶段的标准。他提出在工业化第一阶段，消费品工业的生产在制造业中占主导地位；在工业化第二阶段，资本品工业增长快于消费品工业的增长，但消费品工业的生产规模仍然要比资本品工业大得多；在工业化第三阶段，资本品工业生产继续增长，规模迅速扩大，与消费品工业生产并驾齐驱；在工业化第四阶段，资本品工业生产占主导地位，其规模也大于消费品工业，这时已基本上实现了工业化。

（三）结构转变理论

1. 刘易斯—费景汉、拉尼斯二元结构转变理论

美国经济学家刘易斯 1954 年在其著名的《劳动无限供给条件下的经济发展》一文中，提出了解决发展中国家经济问题的二元结构转变理论。刘易斯指出，这些国家的经济由弱小的现代工业部门和强大的传统农业部门组成，可以充分利用劳动力资源丰富这一优势加速经济发展。

这一理论的假设条件是：第一，农业劳动边际生产率为零或接近于零；第二，从农业部门转移出来的劳动力，其工资水平取决于农业的人均产出水平；第三，城市工业中的利润和储蓄倾向高于农业。这样，工业生产可以从农业中得到劳动力的无限供给，并生产巨额利润和储蓄，进一步增加对农业剩余劳动力的吸纳能力，这是一种累积效应，直到工农业的劳动力边际生产率相等时才会停止，此时城市和农村的二元经济结构转变为一元经济结构。

费景汉和拉尼斯对刘易斯模型进行了改进，他们认为刘易斯模式未足够重视农业在促进工业增长中的作用，没有注意到农业由于生产率的提高而出现剩余产品应当是农业中的劳动力向工业流动的先决条件。

他们把劳动力向工业部门的流动过程划分为三个阶段（费景汉和拉尼斯，1992）：第一阶段类似于刘易斯模型。第二阶段工业部门吸收那些边际劳动生产率低于农业部门平均产量的劳动力。此时，劳动力的边际产量为正值，他们向工业部门的转移导致农业部门的萎缩，从而农业向工业提供的剩余减少，农产品供给短缺，使工农业产品间的贸易条件转而有利于农业，工业部门工资开始上涨。第三阶段是经济完成了对二元经济的改造，农业完成了从传统农业向现代农业的转变。农业和工业工资都由其边际生产力决定，农业与工业间的劳动力流动完全取决于边际生产力的变动。可以看到，在拓展后的二元经济模型中，经济发展的三个阶段相应产生了两个转折点（拐点）：第一个转折点即刘易斯第一转折点，它是劳动力供给从无限剩余转向有限剩余的阶段；第二个转折点即刘易斯第二转折点，它是从第二个阶段向第三个阶段的转换，也就是有限剩余的劳动力被完全吸收殆尽。

在 20 世纪 50 年代，经济学家普遍重工轻农，他们把经济发展等同于工业发展，认为农业对经济增长毫无裨益，或者只是提供食品和劳动力资源。对此，舒尔茨（Schultz，1964）提出了不同的意见。他坚决反对轻视农业的观点，认为农业也可以成为经济增长的原动力。但舒尔茨同时也指出，传统农业很难对经济增长做出什么贡献，唯有现代化的农业才能推动经济腾飞。舒尔茨认为，传统农业的现代化关键在于增加农业现代生产要素投入并合理配置。增加人力资本的投入，促使农民通过教育、培训、健康等方面的投资而形成驾驭现代农业生产要素的能力，可以推进农业乃至整个经济的增长。

2. 罗斯托的主导产业成长理论

罗斯托提出了一种主导产业扩散效应理论和经济成长阶段理论。他根据技术标准把经济成长划分为六个阶段，每个阶段都存在主导产业部门，经济阶段演进就是以主导产

业交替为特征的。

六个阶段分别是：（1）传统社会阶段。科技水平和生产力水平低下，主导产业部门为农业部门；（2）起飞前阶段。近代科学技术开始在工农业中发挥作用，劳动力逐渐从农业转移到工业、交通、商业和服务业，投资率提高超过人口增长水平；（3）起飞阶段。相当于产业革命时期，积累在国民收入中所占比重大幅提高，一个以上的主导部门带动国民经济增长；（4）成熟阶段。现代科技有效应用于生产，投资率进一步提高，技术创新和新兴产业不断涌现，产业结构发生巨大变化；（5）高额消费阶段。工业高度发达，主导部门转移到耐用消费品和服务部门；（6）追求生活质量阶段。主导部门从耐用消费品部门转移到提高生活质量部门，比如文教、医疗、保健、福利、娱乐、旅游等部门。在每一阶段，主导产业都会通过投入产出关系带动经济全面增长。

三、农业与其他部门的联系

（一）产业关联理论及其应用

作为国民经济整体系统中的一个部分，产业与产业之间存在着比较复杂的相互关系。产业关联就是产业间的相互联系，这种联系可以通过产业之间的投入与产出关系体现出来。因此，产业关联分析也被称为投入产出分析。

对产业关联的研究可以追溯到法国经济学家魁奈的理论。他用"经济表"的图式揭示了产业间的贸易关系。马克思提出了两大部类理论和生产、流通、分配等循环理论，扩展了国民经济部门连接的含义。瓦尔拉斯使用联立方程组来描述经济的一般均衡状态，更加系统地揭示了国民经济各部门和各主体之间的经济联系。这些理论和思想都为投入产出经济理论奠定了基础。

20世纪30年代，美国经济学家瓦西里·列昂惕夫正式创立了投入产出经济学。他1931年开始研究投入产出分析，利用美国的国情资料编制了一份投入产出表，用来分析美国经济结构中的数量关系，揭示美国经济的均衡问题。1941年和1953年，在他出版的有关美国经济结构的论著中详细地阐述了投入产出分析的基本原理与方法。

投入产出的实际应用也始于美国。美国劳工部劳动统计局在列昂惕夫主持和指导下，于1942—1944年编制了美国1939年的投入产出表。此后，美国劳工部劳动统计局、商业部、农业部等政府机构先后编制了1947年、1958年、1963年和1966年的投入产出表。其他国家，比如法国、英国、日本也纷纷开始有关理论研究和实际应用工作，多次由官方机构编制全国的投入产出表。联合国于1968年推荐将投入产出表作为各个国家国民经济核算体系的组成部分。苏联也十分重视投入产出分析，编制了投入产出计划表。我国于1974年编制了首张包括61种实物产品的1973年投入产出表。之后，一些省、市也先后编制了本地的投入产出表。1988年，国家统计局编制了1987年的全国投入产出表。由此开始，每逢2、7年份编制基准表，逢0、5年份编制延长表，形成了较为固定的编表制度。

（二）投入产出分析

1. 投入产出含义

经济活动中的投入是指生产（包括货物生产与服务生产）过程中对各种生产要素的消耗与使用，包括对原材料等物质产品的使用、对劳动力的消耗与使用以及对各种生产资源的消耗与使用。投入包含中间投入和最初投入，两者之和为总投入。

中间投入：又叫中间消耗，是指在生产过程中作为投入所消耗的各种非耐用性货物和服务。

最初投入：是指增加值的要素投入，包括劳动者报酬、固定资本消耗（折旧）、生产税净额和营业盈余。

在经济活动中的产出是指生产出来的产品及其分配使用的去向。产出可分为中间产品和最终产品，或叫作中间使用和最终使用。

中间使用：是指经济体系中各部门所生产出来的产品用于其他部门做中间消耗的部分。

最终使用：是指经济体系中各部门所生产出来的产品被用于最终消费、投资和出口的部分。

2. 投入产出分析的基本特点

（1）投入产出分析是一种系统分析方法。它从国民经济是一个有机整体的观点出发，综合研究各个具体部门之间数量关系（技术经济联系）。整体性是投入产出法最重要的特点。

（2）以投入产出表为基础，利用现代数学建立模型进行分析求解。各部门间的数量依存关系，在投入产出分析中通过一系列的线性方程组进行表现。

（3）投入产出分析主要是通过参数反映国民经济各个产业部门的经济技术联系。

（4）投入产出分析需要数学方法和电子计算技术的结合。

3. 投入产出分析的基本假定

（1）同质性假定：假定每个产业部门只生产一种特定的同质产品，同一部门内的产品在各种用途上是可以相互替代的。

（2）比例性假定：规模收益不变假定，也就是每个部门产品的产出量与它的投入量是成正比例的。

（3）相加性假定：无交互作用假定，n个部门的产出合计等于这n个部门的投入合计。相加性假定的实质就是假定在各生产部门的生产活动中，不存在本身生产活动之外的"外部经济"。

（4）消耗系数相对稳定性假定：消耗系数主要取决于各生产部门之间的技术经济联系程度。在生产技术条件相对稳定条件下，假定消耗系数在一定时期内是稳定的。

4. 投入产出分析的内容

投入产出主要分析生产过程中各部门之间的相互联系。这些联系有：

（1）双向联系和单向联系。双向联系即相互消耗、相互提供产品的联系。比如煤炭部门为电力部门提供燃料，电力部门又反过来为煤炭部门提供动力。单向联系即先行部门为后续部门提供生产资料，但后续部门不再返回去。如生产资料部门为消费部门提供消费品，但不再返回生产过程。

（2）顺联系和逆联系。顺联系即从原料的生产开始，顺次经过各个加工阶段，最后生产出成品。逆联系即后续产品又返回去成为先行部门生产的前提条件。

（3）直接联系和间接联系。直接联系即各部门之间直接发生的消耗关系。间接联系即通过一系列中间环节（其他部门）而发生的部门之间的间接消耗关系。

（三）投入产出表

投入产出表是把经济体系中的各部门和各种产品生产投入来源与产出使用去向的相互联系概括地表现出来的一种棋盘式表格。分为实物型投入产出表和价值型投入产出表。我们的分析以价值型投入产出表为主。

表 6-1 简单的投入产出表格式

产出 投入 农业 （1）		中间（投入）使用				最终使用				总产出
		工业 （2）	其他 （3）	小计	最终 消费	资本 形成	···	小计		
中间投入	农业（1）	30	20	60	110	145	30		175	285
	工业（2）	40	200	150	390	800	610		1410	1800
	其他（3）	15	60	100	175	300	95		395	570
	小计	85	280	310	675	1245	735		1980	2655
最初投入	固定资产折旧	15	50	30	95					
	劳动者报酬	135	500	140	775					
	生产税净额	6	200	30	236					
	营业盈余	44	770	60	874					
	小计	200	1520	260	1980					
总投入		285	1800	570	2655					

投入产出表的平衡关系主要有：

（1）行平衡关系

中间（投入）使用 + 最终使用 = 总产出

$$\sum_{j=1}^{n} x_{ij} + Y_i = X_i$$

$$i=1, 2, \cdots, n$$

（2）列平衡关系

中间投入 + 最初投入（增加值）= 总投入

$$\sum_{i=1}^{n} x_{ij} + N_j = X_j$$

$$j=1, 2, \cdots, n$$

（3）总量平衡关系

①每个部门的总投入 = 该部门的总产出；

②所有部门的总投入 = 所有部门的总产出；

③中间投入总和 = 中间使用总和；

④所有部门增加值之和 = 所有部门最终使用价值。

（四）利用投入产出系数分析产业间联系

1. 直接消耗系数

在价值型投入产出表中，第 j 部门生产单位产出直接消耗第 i 部门的产品量，称为第 j 部门对第 i 部门的直接消耗系数：

$$a_{ij} = \frac{x_{ij}}{x_j}$$

直接消耗系数可构成矩阵 A：

$$A = \begin{bmatrix} a_{11} & a_{12} & \cdots & a_{1n} \\ a_{21} & a_{22} & \cdots & a_{2n} \\ \cdots & \cdots & \cdots & \cdots \\ a_{n1} & a_{n2} & \cdots & a_{nn} \end{bmatrix}$$

直接消耗系数 a；反映某种产品的生产对另一种产品的直接消耗程度，利用它可研究两部门之间的直接经济技术联系。数值越大，两部门之间的直接经济技术联系越紧密；反之，说明两部门之间的直接经济技术联系越松散。可以将此系数由小到大排列，以反映部门间的直接依存程度。

2. 完全消耗系数

一种产品对某种产品的直接消耗和全部间接消耗的总和称为完全消耗。所谓间接消耗是指一个部门的产品通过消耗其他部门的产品而间接对某种产品的消耗量。比如农业生产部门消耗的电力，一部分是生产过程中直接消耗的电力，另一部分是其他投入品如化肥、农药等部门生产过程中消耗的电力，化肥、农药生产同样需要一些投入品，它们的生产同样需要消耗电力，……依此类推，提升一定量的农业生产需要消耗的所有电力比其生产过程中直接消耗的电力要大得多。

完全消耗 = 直接消耗 + 所有的间接消耗

第 j 部门生产单位最终产品对第 i 部门的产品或者服务的直接消耗量和全部间接消耗量的总和，称为 j 部门对 i 部门产品的完全消耗系数。

完全消耗系数同样可以构成矩阵 B：

$$B = \begin{bmatrix} b_{11} & b_{12} & \cdots & b_{1n} \\ b_{21} & b_{22} & \cdots & b_{2n} \\ \cdots & \cdots & \cdots & \cdots \\ b_{n1} & b_{n2} & \cdots & b_{nn} \end{bmatrix}$$

完全消耗系数与直接消耗系数的关系可表示为：

$$B = A + A^2 + A^3 + \cdots + A^k + \cdots$$

可推导：

$$B + I = (I - A)^{-1}$$
$$\therefore B = (I - A)^{-1} - I$$

式中 I 为单位矩阵。

完全消耗系数与直接消耗系数的比较：

（1）a_{ij} 是相对于总产品而言，b_{ij} 是相对于最终产品而言。

（2）因为存在间接消耗，b_{ij} 总大于 a_{ij}，即使 a_{ij} 为 0，b_{ij} 也不一定为 0。

（3）就价值型投入产出表而言，a_{ij} 总是小于 1，而 b_{ij} 则可能大于 1。

3. 完全需求系数

若新增某产品，不但要计算由此引起的全部直接消耗和间接消耗，还要计算对自身产品的需要。完全需求系数反映生产单位最终产品所需要的总产品。当 $i \neq j$ 时，完全需求系数等于完全消耗系数加 1；当 $i \neq j$ 时，完全需求系数等于完全消耗系数。完全需求系数矩阵也可表示为：

$$\overline{B} = B + I = (I - A)^{-1}$$

完全需求系数矩阵也称为列昂惕夫逆矩阵。

4. 影响力与影响力系数

影响力指标：

$$\sum_{i=1}^{n} \overline{b}_{ij} \quad j = 1, 2, \cdots, n$$

即完全需求系数矩阵每一列的合计数。反映 j 部门每增加一个最终产品单位，对国民经济各部门总产出的需求（影响），称为 j 部门的影响力。该值越大，j 部门影响力越大。

影响力系数：

$$r_j = \frac{\sum_{i=1}^{n}\overline{b}_{ij}}{\frac{1}{n}\sum_{j=1}^{n}\sum_{i=1}^{n}\overline{b}_{ij}} \quad (j=1,2,\cdots,n)$$

公式意义：j 分子，部门影响力；分母，社会平均影响力。影响力系数反映对国民经济的拉动作用。

$r_j = 1$，j 部门影响力等于社会平均影响力；

$r_j > 1$，j 部门影响力大于社会平均影响力；

$r_j < 1$，j 部门影响力小于社会平均影响力。

5．感应度与感应度系数

感应度指标：

$$\sum_{j=1}^{n}\overline{b}_{ij} \quad (i=1,2,\cdots,n)$$

也就是，完全需求系数矩阵每一行的合计数。表示当国民经济各部门的最终产品都增加一个单位时，i 部门应增加的总产出量，或 i 部门应作出的反应或感应。一个部门提供给其他部门的中间使用越多，其感应度越大。

感应度系数：

$$S_i = \frac{\sum_{j=1}^{n}\overline{b}_{ij}}{\frac{1}{n}\sum_{i=1}^{n}\sum_{j=1}^{n}\overline{b}_{ij}} \quad (i=1,2,\cdots,n)$$

公式意义：分子，i 部门感应度；分母，社会平均感应度。感应度系数反映对国民经济的支撑作用。

$S_i = 1$，i 部门感应度等于社会平均感应度；

$S_i > 1$，i 部门感应度大于社会平均感应度；

$S_i < 1$，i 部门感应度小于社会平均感应度。

6．价格影响模型

假设条件：（1）商品（部门）价格的变动，都是因为成本中物质消耗费用变化而引起的，不考虑由工资或者生产税净额和营业盈余变化而对价格带来的影响，并假设工资和生产税净额和营业盈余都不变；（2）不考虑在原材料、燃料、动力价格提高后，企业可能采取的各种降低物耗的措施，以及其他降低成本的措施；（3）在价格形成中不考虑折旧的变化；（4）不考虑供求对价格影响。

在这种情况下，如果第 n 种产品的价格变化 ΔP_n，则对其他 $n-1$ 个部门的价格的影响模型为：

$$\begin{pmatrix} \Delta P_1 \\ \Delta P_2 \\ \vdots \\ \Delta P_{n-1} \end{pmatrix} = \left[\left(I - A_{n-1} \right)^{-1} \right]^{T} \begin{pmatrix} a_{n1} \\ a_{n2} \\ \vdots \\ a_{n,n-1} \end{pmatrix} \Delta P_n$$

上式的经济解释：

$\begin{pmatrix} a_{n_1} \\ a_{n_2} \\ \vdots \\ a_{n,n-1} \end{pmatrix}$ 表示第 n 部门产品的价格提高，通过直接消耗系数计算出对其他（$n-1$）

个部门产品价格的直接影响；若再乘以 $\left(I - A_{n-1}^{-1} \right)^{T}$，那么表示对（$n-1$）个部门产品

价格的所有直接和间接影响，即全部影响。

通过统计部门编制的投入产出表，以上各项指标都可以用来分析农业对国民经济其他部门，乃至国民经济整体的影响，也可分析国民经济其他部门对农业的影响。

第七章 "互联网+"时代背景下农业经济发展

第一节 "互联网+"时代背景下农业产业链的整合

一、"互联网+"时代农业产业链整合的内涵及环节

（一）产业链整合的内涵

产业链是一个纵向产业结构，它包括了产品生产的所有过程与环节，包括原料生产、加工、运输、销售等。产业链上的各个组成部分呈现出分离和集聚并存的趋势，它们存在着技术层次、增值与盈利能力的差异性，所以就有关键环节和一般环节之分。产业链的瓶颈是指产业链中能够严重影响整个产业链条的关键产业环节。在特定的条件下，对这些关键产业环节加以掌控就能够实现对整个产业的掌控。从纵向方向来说，产业链瓶颈通常情况下就是关键控制点。关键控制点的数量是不固定的，或单个或多个，不同行业、不同环境下其数量也会有所异同。如果是在产业链中，关键控制点的数目较多，那么产业整合者就要实现多点的组合控制，以让自己更好地掌控整个产业链。

产业链整合是指通过产业链来改变公司之间、公司和经销商之间的关系和制度安

136

排，进而实现产业链内部不同经济活动和不同环节间的协调，是企业根据经济环境的变化对分工制度安排进一步整合的过程。交易成本和收益会影响产业链上下游企业具体使用何种纵向关系来做出不同产业链整合的制度安排，产业链分工制度安排也会随着交易成本和收益的变化而不断整合。从产业链的形成以及具体产业的发展来说，不能仅仅从宏观的角度泛泛而谈，更要从微观的角度，即对产业链内部分工制度安排的选择及整合加以关注。只有把分工的组织形式协调好，产业链整合作用的发挥才会具备微观基础。

（二）农业产业链关键环节的整合

借鉴全球最具权威性的关于产业国际竞争力的研究机构——瑞士洛桑国际管理发展学院（IMD）和世界经济论坛（WEF）在整合国际竞争力时采用的多指标体系评价方法来对我国的农业产业安全进行评价。目前学术界关于经济安全和产业安全的研究文献大都是以这一方法来整合相关的指标变量，并以此为基础进一步构建评价模型。

本文采用的农业产业链安全模型为：

（1）$S = aX + \beta Y + yZ + \delta W + \xi H$

其中，S代表产业安全度，X为产业链的生产资料环节，Y为产业链的种植养殖环节，Z为产业链的批发环节，W为产业链的加工环节，H为产业链的零售环节。α、β、γ、δ、ξ分别为各个产业链环节安全评价的系数，且$a + \beta + \gamma + \delta + \xi = 1$。

（2）$X = \sum$

（3）$Y = \sum$

（4）$Z = \sum$

（5）$W = \sum$

（6）$H = \sum$

其中，、、、、分别为X、Y、Z、W、H各个产业环节的评价指标，且其前面的系数、、、、分别为对应指标的权重值，将（2）至（6）式带入（1）式，可得：

（7）$S = \alpha \sum + \beta \sum + \gamma \sum + \delta \sum + \xi \sum$

根据（7）式，可以确定各个产业环节对于整体产业安全的影响程度，而其中对于产业链安全影响较大的关键产业环节的产业安全则是重中之重。针对产业链关键环节来讲，其在产业链安全中的比重大于一般环节。根据产业链关键环节的特征选取产业环节集中度、产业环节的可控性和不可替代性作为产业链关键环节的评价指标。

产业整合者对产业关键控制点实施有效控制后，能够通过恰当方式对关键点所输出的中间产品的价格、产量等进行调整，进而间接实现对下游厂商竞争情况、生成成本等的调节和控制。另外，对关键点上游产品的商品价格、购买件数等加以控制，也会给上游生产厂商的生产要素配置等方面造成突出影响。这样一来，产业整合者仅仅需要对产业关键控制点加以控制，就能够将此种控制的作用力传导至产业链的上游和下游，也就是间接地实现了对产业链整体的控制。下面对产业环节和关键控制点的关系加以阐述。

首先，各产业环节市场集中度的情况影响并决定着该行业竞争性的大小，通常来说产业集中度和行业竞争性是成反比的，若是集中度不高，那么就意味着该行业具有突出的竞争性，外部资本控制该环节的难度就会降低，如此一来，产业就会变得十分脆弱，其安全性会受到极大影响。产业关键环节也具有鲜明的垄断性，其垄断具体涵盖了下列几种类型：一是资源垄断。之所以会出现资源垄断的问题，是因为资源本身量少，且多集中在某个产地，分布范围有限制。二是技术垄断。在部分资源充足的产业，产业的控制点往往是产业关键技术。若是产业链的部分环节有着较高的技术壁垒，并且该技术具体决定着产品的价值大小，那么该技术往往就会变为产业的关键控制点。三是销售渠道垄断。在一定条件下，销售渠道也会成为一个产业的瓶颈因素，也就是会成为产业的关键控制点。而在农业产业链中，其关键环节主要指的是生产原料环节，例如种子、种苗等。农业是国之根本，是强国之基，而种子又是农业生产的基础所在，是农业发展不可缺少的特殊商品。依据农业发展史可知，在农业生产领域，种子始终是最为基本的生产资料，是农业中其他要素和技术发挥作用的重要载体，也是增加农产品产量、提高农业生产活动效益的关键方面。

其次，产业环节要具备一定的可控制性。产业的关键控制点必定是可以用人力或者是财力等加以控制的，这是它成为关键点的必要条件。详细而言，若是产业资源量少，地域分布较为分散，那么它就不具有可控性；从中间产品生产的角度而言，若是在产能方面面临着瓶颈，但是如果通过设备更新优化等手段能迅速令产能得到提升，那么它也不具有可控性；从技术层面而言，若是该技术具有十分突出的可模仿性、可替代性，那么它也不具有可控性。这里主要使用技术强度指标来代替。农业产业链中深加工和销售是第二个产业瓶颈。农产品经过精深加工，既可以实现价值增值，又有利于开拓市场。我国食物资源丰富，粮食、油料、蔬菜、水果、肉类和水产品等农产品产量均居世界首位，然而以这些农产品为原料的食品加工、转化增值程度偏低。中国农产品加工总量不足，直接导致加工总产值偏低。食品加工行业投资大，技术要求高，而且对于农业产业链的控制性也较强。而农产品加工环节恰恰是我国农业产业链的薄弱环节。

最后，产业环节的可替代性不强。产业关键控制点所占有的资源或者生产的产品可替代性不强。若是其生产的产品能够轻易地被其他产品所取代，那么它就失去了成为关键控制点的条件。在整个农业产业链之中，种子、加工、零售等都是在较短的时间内无法被其他环节所轻易取代的。若是外资能够实现对这些环节的控制，那么也就意味着总体的农业产业链需要受到外资的牵制。需要注意的是，产业形态中突出的地方越大，受瓶颈控制越强，行业内的竞争强度越高，在产业链中的地位和价值也就越低。

二、"互联网+"时代农业产业链的战略模式及战略要素

（一）"互联网+"时代农业产业链的战略模式

从制度经济学的角度看，产业链组织的形成是一种制度选择和制度创新，对此是需要付出成本的，这种成本是一种交易费用。市场结构通常是不完善的，企业具有以内部一体化替代市场组织的作用，能够以市场交易"内在化"来克服市场结构的缺陷。产业链组织中的"龙头"企业在资源配置方面起着支配作用，将市场交易内部化，可以节省

交易费用。根据企业能力理论，任何企业不可能拥有无限资源来支配整个农业产业链的各个环节，必须引进专业的经济实体以利益为纽带将产业链各环节连接起来，过去大多数产业化一条龙企业失败的根源就是单独一家企业支配着整个产业链，造成无法控制风险。多个产业链的成员企业作为一个个独立的经济体，又客观存在自我利益的追求，相互间在进行产品或服务供需交换、谋求共同战略利益的同时，也存在利益差异与冲突。因此，为了实现农业产业链合作企业的共同战略利益，使加盟产业链的企业都能受益，就必须形成一种长期合作博弈的机制来加强成员企业间的合作，使得成员企业能够风险共担、利益共享。这种机制就是混合纵向一体化连接方式，就是以一家农业龙头企业为主进行产业链整合，按照专业、高效和运作经验的原则，将某些环节以某一利益主体独资、控股或参股的形式参与产业链各环节的投资经营，而又与其他利益主体在某一（些）功能环节以合同契约进行联结。

按照主导公司对产业链控制的程度，市场交易的复杂程度，以交易能力和供应能力为标准，将农业产业链的整合模式细分为五种，即市场型、模块型、关系型、领导型和层级型。这五种整合模式中市场型和层级型分别处于产业链行为主体间协调能力的最低端和最高端（见表7-1）。

表7-1 产业链整合决定因素

产业链整合模式	交易的复杂程度	识别交易的能力	供应能力不对称程度	协调和权力
市场型	低	高	高	
模块型	高	高	高	低
关系型	高	低	高	个
领导型	高	高	低	
层级型	高	低	低	高

产业链整合模式具体包含下列五种：一是模块型。将产业链的不同环节分开实行独立设计，并让与各环节匹配的不同企业在其对应环节发挥作用，最终做好所有环节的统一工作。该模式要求产业必须具备较高的标准化程度。二是关系型。若是不同企业在功能上是互补关系，那么它们可以合力完成产业链的部分关键环节，并一同对产品做出设计和定义。在网络环境下，各企业皆处于平等地位，在该前提下开展各项合作活动，各企业通力完成产业链环节中的重要任务。在农业领域，关系型整合模式往往通过大型加工企业和大型养殖企业的合作体现出来。三是领导型。在该模式下，企业掌控着对农户和经销商等的控制权，它们会对产品生产流程、产品特征等加以制定。四是层级型。即主导企业对产业链上的某些运行环节采取直接的股权控制，大型企业及其分支机构之间的关系就属于这一类。五是市场型关系。处于产业链上的企业不存在任何的隶属、控制等关系，纯粹是一种贸易关系。

这五种产业链整合模式表明了权力在农业产业链中的运作模式。例如，在领导型产业链中，主导公司直接对供应商行使权力，这种直接控制表明了一种高度的外在协调和权力不对称关系。在关系型产业链中，公司间的权力平衡更加对称，并且存在大量的外在协调。在模块型以及市场型产业链中，客户和供应商的转换相对比较容易，权力的不对称性相对较低。

产业链整合模式并不是静态的，即使在特定地点和特定时间内，农业产业链的整合模式也可能从一种模式转换为另一种模式（参见表7-2）。原因主要是：（1）当新的生产商获取新的产能时，权力关系可能会发生变化；（2）因为投资的转换，对于主导公司来说，创建和维持严格的层级型整合模式代价巨大；（3）企业和企业群往往并不局限于一条产业链，而可能是在多条产业链上运营，因此有可能把从一条链上学到的能力应用到其他产业链中。产业链整合模式的变化，可能会导致交易复杂程度、识别交易能力和供应能力等的变化。

表7-2　产业链整合模式变化的动态因素

产业链整合模式	交易的复杂程度	识别交易的能力	供应能力
市场型	低	高	高
模块型	高	高	高
关系型	高	低	高
领导型	高	高	低
层级型	高	低	低

（二）产业链整合的战略要素

产业链整合与多个产业环节密切相关，比如原料、生产、零售等，产业链整合指的就是实现多于两个环节的整合。通常情况下，企业所拥有的人力、财力等都有一定的限度，因此在技术条件不发生变动的前提下，产业链整合就主要指的是对人力及资金的分配问题进行妥善处理。因此，在产业链整合中，重点需要处理的就是人力资源整合、技术整合、品牌整合、资本整合这几个方面。

一是人力资源整合。人力资源整合指的是打造产业链整合的优质人才队伍。产业链整合本身涉及多个产品环节，而每个环节都离不开人才的支撑。无论哪个环节因为缺乏人才而呈现出落后趋势，都会给总体的产业链整合工作造成极大的阻碍。可以说，没有人才队伍产业链就不复存在。由此可以知道，人才队伍对于产业链的顺利运行和管理而言极为重要。人才队伍一旦组建起来，就要共同朝着同样的目标努力，彼此团结协作、默契配合。

二是技术整合。技术链整合是产业链整合中的重要工作。技术链就是以农业产业链的各个环节为依据，秉承从农田到餐桌的整体管理理念，形成由生产、加工到销售的整个产业链技术的相互连接和相互支撑。在农业产业链整合中，技术因素发挥着决定性作用，唯有实现先进技术集成，才能够让企业以更快的速率实现产业链整合，助力企业获取更高收益。

三是品牌整合。在现代化社会，品牌已经成为企业的制胜法宝，因而，在激烈的市场竞争环境下，企业唯有树立起独树一帜的品牌，才能够持续增强自身的影响力，助力自身在市场上处于不败之地。农业产业链能否成功主要是由产业链的整体效益所决定的，而产业链的效益又是由"品牌＋标准＋规模"的经营体制所决定的。对于终端产品而言，品牌能够有效地提升其价值，但若是终端产品无法实现品牌溢价，那么整个产业链条的价值就无法实现有效增长，这就会增加农业产业链所面临的风险。传统农业产业链之所以会失败，其中一个原因在于各链条的行情风险无法因为品牌溢价而避免。标准化堪称品牌的一项重要保障，唯有严格地对标准加以落实，才能够确保品牌的溢价空间不被大幅压缩。有了品牌，企业才能实现对下游产业链的垂直整合。如果不树立品牌，那么企业在消费市场上就无法占据优势地位，更无法与消费者进行有效沟通，由此也就无法实现对整个产业链的有效掌控。

四是资本整合。我国会从实际情况出发调整宏观发展战略，优化现行的经济政策，我国企业也会对其投资及发展方向做出及时调整。但无论是国家还是企业，都逐渐地将资本运营作为重要的经营手段。企业要想扩大发展规模、增强企业实力，那么必不可免地就要进行资本运营。尤其是当企业陷入发展困境的时候，借助资本可能会令企业迅速摆脱困境。所以，很多企业在进行变革的时候，将寻求资本合作、调整产权结构作为重要的方面。目前，我国正处于经济发展转折阶段，在该背景下，抢占整合先机的企业往往可以在未来的变革发展过程中占据主导地位。

现代化的农业产业链是由一家企业建设还是由产业链条上每个产业主体共同建设的？新产业组织理论广泛使用博弈论对企业的策略行为进行分析，发现信息不对称在产业链整合过程中增加了协调成本，令交易费用大大提高，而且各个不同的市场主体因为拥有各自的利益而存在双重加价的价格扭曲问题，每个主体在每个阶段都加上自己的价格——成本边际，导致整个产业链的利润大大降低，因此，应以龙头企业为主体，通过纵向一体化来建设完整的产业链条，这样可以做到责任明确、利益清楚、降低交易成本。农业产业链条上的市场主体众多，如工企业、经销商、农户等，从上文的论述可知，农业企业是农业产业链条中实力最强的主体。相对于其他主体而言，企业拥有更加超前的经营理念、更现代化的技术水平、更强大的资源整合能力和更高的市场营销水平，可见，农业企业和食品企业更容易建设成功的产业链。从整个链条的方便性上看，由于农业企业处于整个链条的中间，而且业务交叉更多，因此，农业龙头企业组建产业链最合适。

从产业链的上游到下游，是一个创造价值的过程。从原料的开采、加工，到中间若干个生产环节，到最终产品的销售，产品的价值不断增加。因而，产业链构成了一条创造价值的链条。中国农业产业链的困境，必然会转变为农业企业的战略困境。在这种产业背景之下，处于弱势产业的农业企业的困境会更加突出。以弱势农业产业为基础发展

的农业企业遭遇到了一系列的问题:

第一,生产规模始终得不到扩张,在市场竞争中不占优势。长期以来我国实行的都是小农经济,农业经济主要靠千万个农户以及部分农业生产单位来实现运转,加之我国幅员辽阔,农村地区分布较广,农业企业具有突出的地域性,故而其不具备较强的可复制性。因此,从总体来看我国农业企业在经营方面具有分散性,并且市场占有率大多维持在较低的水平。当前,在全国范围内,农业产业化龙头企业占据着重要地位,它们共同搭建起中国的现代农业产业体系,为中国农产品有效供给等方面提供了重要的保障。但当前我国的龙头企业也面临着突出的困境,例如规模得不到有效扩张、创新能力有待提升、融资难度大、经济负担重等。这些龙头企业并未实现高程度的集聚,因而并没有形成较为完备的农业产业化链条。以果业龙头企业为例,流通标准混乱、流通链长、流通损耗大、流通效率低等困扰着企业的发展,致使果农因处于市场信息劣势而难以实现优质优价,消费者因中间流通环节多次加价不得不支付高额消费成本。与国内其他行业和发达国家农业企业相比,我国农业企业规模偏小。农业企业经营规模小,经营市场有限,进而造成企业竞争力不强,竞争优势不明显。不仅如此,农业企业规模小就必然更加依赖整个产业链的发展,产业链的任何一个环节出了问题就必然会转化为企业的战略危机,因此,通过一体化、战略联盟等各种方式不断整合产业链,既是扩大规模、确立竞争优势的重要法宝,也是农业企业做强做大的重要途径,更是突破历史和体制障碍,建设现代农业发展方式的重要出路。

第二,未制定明确战略,在产业链发展方面缺少科学、长期布局。不少农牧企业在顺利发展时期走多元化发展路线,一旦市场行情不符合预期,它们就会对自身的产业选择产生怀疑,或者直接选择放弃产业,或者是转移风险至下游企业。大部分农业企业存在的一个弊端是没有制定科学的战略规划,没有从战略高度为产业链做好布局工作。对于农业企业来说,如果想突破战略方面的瓶颈,就要积极进行产业链整合运作。

第三,目前我国的农业产业仍旧属于弱势产业,尚未形成全国统一布局,物流运输致使农业成本大幅提升,产业链无法实现大幅增值。农业产业范围内的食品产业、农资产业、农业产业等,其产业发展情况在很大程度上取决于地域的自然气候情况,因而它们应当被归为弱势产业的范畴;另外,我国农业产业的分散布局十分不利于它们对公共资源加以利用。相较于其他产业而言,农业产业所生产的产品重量大、体积大,价值低,运输困难、运输成本昂贵,产业链不具备较大的增值空间。我国农业企业无法有效地控制农产品市场销售渠道,故而市场渠道商成为产业链增加值的获取方,产业链上的加工环节无法获取可观的价值。农业企业无法实现产品的深层次加工,而仅仅停留在农产品的生产和简单加工层面。除了食品饮料等处于农业产业链下游的企业能够对农产品进行较深层次的加工之外,其他上游甚至中游的农业企业都停留在较浅的生产加工层次,无法增加和获取产品的附加值,其收益自然得不到有效提升。

第四,农业企业在制度、技术方面存在滞后性,其创新能力有待提升。以饲料企业举例来说,由于企业产品存在着突出的同质化问题,想要通过技术创新实现突围需要耗费大量时间和精力,故而很多企业都对技术创新持消极态度,这样就导致他们缺乏自主创新能力。此外，农业企业在经营发展过程中的一个阻力是制度创新的缺乏。农业企业的基础是弱势农业，以之为基础的企业的经营战略制度更具有特殊性。农业企业的自主创新与其他工业企业相比具有较大的特殊性，其溢出效应大、经营链条长、市场风险大。

农业企业经营业绩不仅取决于种植和养殖，而且还取决于植物种类、动物品种、种植管理、养殖环节、化肥农业、饲料供应、粮食加工、动物屠宰、食品销售等漫长的产业链条。因此，产业链的创新就成为农业企业自主创新的重要方面。中国的农业产业本身是弱质产业，我国农业企业竞争力低的原因主要是农产品从千千万万个小农户手中收购，经加工环节进入国内市场或出口，而非进行全链条控制，产品质量难以保证。农资生产、种植、养殖基地、储藏运输、加工、销售等环节的农业产业链全链条的连接断裂，信息传导不畅，价值链错位，因而，不断整合产业链是农业企业自主创新的重要推动力力量。

第五，创新滞后，产品质量水平波动较大，面临着突出的市场风险。创新能力是助力企业获取竞争优势的重要能力，唯有通过创新，企业才能够生产出更优质、更具独特性的产品，并获取更高的客户价值。但在当前情况下，很多农业企业创新发展滞后，在产品生产方面更倾向于复制和模仿，因而无法形成自身的产品特色。农业产业具有一定的特殊性，因为大部分农产品是有生命的，在此基础上，出现农产品质量水平波动较大情况的原因是农业产业连接不紧密，无法实现对整个链条的控制，致使农产品之间在质量上存在着较大的差异。我国农业企业在产业链整合和机制创新方面与工业企业和国外农业企业存在巨大的差距。

第六，具有突出的资源依赖性，在很大程度上受政策影响，存在着较为严重的深层矛盾。农业企业的开办地点大多在农村，其发展在很大程度上受到自然资源、基础设施等的影响。与此同时，因为地区分割且发展不平衡、要素市场不健全和非农产业反哺能力较低等原因，农业企业的发展壮大还面临着许多障碍性因素。国家会依照现实情况及时对农业产业政策进行调整，所以农业企业要多关注政策信息，及时根据相关政策信息调整自身产业发展方向及战略。另外，各地方政府也会从当地现实情况出发制定最佳产业发展政策，所以农业企业要对政府发布的政策加以充分利用，并做好农业产业链整合工作，避免农业受到资源约束，力争获取政府方面的支持。通过调查研究可知，很多农业企业的管理人员都已经认识到了互联网与农业企业融合的重要性和必要性，并将这种融合视作重要发展机遇，但在现实发展过程中，他们却感到十分茫然，不知从何处着手把互联网引入企业中。具体而言，农业企业应当逐步将企业发展重心转移至产业链经营方面，站在时代的风口上，借助互联网令企业实现跨越式发展。产业发展和企业发展是相辅相成、彼此依赖的，一方的发展状况定然会给另一方的发展带来突出影响。如果是农业产业发展陷入困境，那么定然会给农业企业的发展带来极大的阻碍。从本质上而言，农业企业的困境就是农业产业链的困境：长期以来我国在农业领域实行的是小农散养的生产方式，这使得农业产业链没有形成深厚、牢固的根基，不利于产业链中农业企业的长期发展，所以，农业产业要对产业链中较为薄弱的环节加以强化，对其薄弱环节进行扶持和帮助；产业链价值错位，养殖户和生产厂家的收益逐渐微薄，因此，应加强对饲料中间流通环节的整合；产业链薄弱是因为小企业众多，市场集中度低，所以企业要加大产业链整合，不断做强做大；产业链风险失控，产业链连接不恰当，产业链监控乏力，其原因就是农业企业缺乏对于产业链的战略整合。因此，企业的产业链整合成为企业战略突围的必然选择。

三、"互联网+"时代农业产业链的整体思路

农业产业链的概念源自产业经济学，是指在农业生产过程中，相对独立的经济组织基于共同利益与协作经营而形成的链条式合作关系。在我国社会主义新农村建设进程中，农业产业链是发挥关键作用的推动途径，产业链建设不仅能够提升农业产业的组织化程度，赋予农产品更强的增值能力，让农业生产更符合时代发展要求及市场需求，还能够在产品质量安全、标准化生产方面起到重要的推动作用，真正改变我国农业生产局面，让农业产业变得更集中、更精细、更具竞争力。另外，农业产业链的区域延伸能够让城乡之间的沟通变得更加密切，不再处于相对隔绝状态。对于现代农业而言，产业链经营是其关键特征之一，并且也是提升竞争力的有效方式，现代农业之间的竞争从本质上看就是基于产业链之间的竞争。

在产业链中，不论何种节点，都能够沿着周围节点进行延伸，这些延伸涉及多个方面，如生产、空间、技术等。节点的延伸能够让多个产业链彼此交错重叠，最终形成一个复杂但有序的产业网。从运筹学的角度而言，不同产业链的价值及重要性存在着差异，因此需要找出最优价值链。若是在探寻最优产业链方面的工作不到位，那么就会令整个产业链在时间、空间等方面存在突出的不合理性，由此一来，节点的拓展及延伸也就丧失了其意义。

农业产业链模式就是农业产业链建构的标准式样，具有可复制性。目前，中国农业生产仍旧将农户家庭作为基本单位，这些家庭往往是分散分布的，给统筹规划造成了一定的困难，不利于农业生产的标准化、规范化发展，故而农业生产也无法在短期内实现一定规模的有效扩展。从政府的层面而言，要考虑的一个重要问题是如何把农户纳入整个农业产业链，让他们也参与到加工贸易环节之中，并从中获取一定的收益。该问题的解决具有较大的难度，其原因在于很多农业生产者在农业产业化方面没有明确的目标和鲜明的动机，并且他们在产业链的延伸和拓展方面尚未形成明确的意识和主见，这就造成了一种尴尬的局面——政府在这方面费尽心思，但农业生产者却态度淡漠。长期以来，我国农业生产基本处于原地踏步状态，尽管相较以往而言有了一定提升，但从本质上来看仍旧未能突破农业产业发展瓶颈。之所以会出现这一问题，是因为政策未让农民看到产业链发展的前景，农民并未切身感受到产业链所带来的良好变化。因而，相关部门及人员必须利用农户的趋利性进行引导，让他们对建设产业链有信心和动力。

农业的自然属性决定了传统农业的弱质性是先天的，农业产业链的构建使农业不再是孤立的生产部门，而是以生物生产为中心涵盖产前产后多个环节在内的一体化经营体系，可以稳固我国国民经济的基础。农业产业链的升级是使产业链结构更加合理有效、

产业环节之间联系更加紧密，进而使产业链运行效率和价值实现不断提高的转变过程，基于此，"互联网＋"中国产业链升级方式有三类：延伸、优化、整合。

（一）"互联网＋"产业链延伸

以农业产业链延伸方向为依据，可以将其分为：前向延伸、后向延伸、横向延伸、纵向延伸。后向延伸较为常见，指的是从更深层次上实现对初级农产品的加工，目的在于提升产品的附加值。纵向延伸指的是着眼于实现各环节的高技术和高知识发展，横向延伸则着眼于农产品的深加工、产业环节的增加。农产品的区域延伸则是借助于现代信息平台和通达的物流网络进行空间拓展，在一定的范围内形成产业集群，这些产业之间能够相互依赖，优势互补。

（二）"互联网＋"产业链优化

产业链的优化立足于整个产业链质量的提高，也就是引导产业链各环节向高技术、高知识、高资本密集、高附加值演进，体现为产业链的产业结构高度优化。这是我国产业链升级的一个重要方面。产业链主要包括物流、资金流和信息流，人们可通过相关措施使物流、资金流和信息流协调顺畅，以此来降低交易费用，获得产业链的整体效益。农业产业链的整合、引导和发展应以市场需要为导向，此外通过订单农业的推行来使加工企业和分散的农户形成稳定的契约关系，成为利益共同体。

（三）"互联网＋"产业链整合

产业链整合指的是在把握当前市场需求及社会资源的前提条件下，合理地对产业链各环节的生产要素进行分配，确保不同环节间形成合理的比例关系，从本质上而言就是确保农业链条能够获取最大化的价值。产业链整合涵盖了多个方面，如物流整合、经营主体整合、信息流整合、价值流整合等。在对农业产业链进行整合的过程中，要注重协调利益机制，因为在相同的农业产业链上，各经济主体都会力争获取自身最大收益，它们之间是整合关系，若是做不好各环节的利益协调工作，那么定然不利于整个农业产业的发展，从而也就不能为农户增收。唯有构建起健康、和谐的利益机制，才能为农业产业链的顺利运行提供重要保障。此外，产业链中各成员应当努力提升农业产业链的信息化水平。通过信息参与和信息共享，产业链中各成员能够令产业链总体竞争力得到有效提升，从而令农业产业在行业之中更具竞争力，令产业链效益得到大幅提升。通过产业链的信息共享和提高产业链的信息化程度能够实现农产品价值的再次增值，因此，与农业相关的各个产业链组织都应该建立农产品信息链管理系统，如运输业通过建立农产品信息链管理系统，可以实现根据网上的交易数据来提前安排和组织运输，实现运输业和农业的互利共赢。现阶段，各行业应利用各种现有信息网络来实现信息的传递。

依据各地农业产业链形成基础、发展水平、市场化程度等的具体情况，建立多种形式的组织发展农业产业链。例如以公司为主体，以一种或几种农产品为核心，联合生产企业、农户，实现分担风险、共享收益的产业链组织形式；以订单为核心，依托专业市场，发展特色地域产品，建立产销一体化的产业链组织形式等。

"互联网+"形成了大众参与的"众筹"模式，对我国农业现代化影响深远。一方面，"互联网+"能够促进专业化分工、提高组织化程度、降低交易成本、优化资源配置、提高劳动生产率等，它正成为打破小农经济制约我国农业农村现代化枷锁的利器；另一方面，"互联网+"通过便利化、实时化、感知化、物联化、智能化等手段，为农地确权、农技推广、农村金融、农村管理等提供精确、动态、科学的全方位信息服务，正成为现代农业跨越式发展的新引擎。"互联网+"农业是一种革命性的产业模式创新，必将开启我国小农经济千年未有之大变局。

"互联网+"助力智能农业和农村信息服务大提升。智能农业实现农业生产全过程的信息感知、智能决策、自动控制和精准管理，农业生产要素的配置更加合理化、农业从业者的服务更有针对性、农业生产经营的管理更加科学化，是今后现代农业发展的重要特征和基本方向。"互联网+"集成智能农业技术体系与农村信息服务体系，助力智能农业和农村信息服务大提升。"互联网+"助力国内外两个市场与两种资源大统筹。"互联网+"基于开放数据、开放接口和开放平台，构建了一种"生态协同式"的产业创新机制，为消除我国农产品市场流通所面临的国内外双重压力，统筹我国农产品国内外两大市场、两种资源，提高农业竞争力，提供了一整套创造性的解决方案。

"互联网+"助力农业农村"六次产业"大融合。"互联网+"以农村一二三产业之间的融合渗透和交叉重组为路径，加速促进农业产业链延伸、农业多功能开发、农业门类范围拓展、农业发展方式转变，为打造城乡一二三产业融合的"六次产业"新业态，提供了信息网络支撑环境。

"互联网+"助力打开农业科技大众创业、万众创新的新局面。以"互联网+"为代表的新一代信息技术为确保国家粮食安全、确保农民增收、突破资源环境瓶颈的农业科技发展提供了新环境，使农业科技日益成为加快农业现代化的发展决定力量。基于"互联网+"的"生态协同式"农业科技推广服务平台，将农业科研人才、技术推广人员、新型农业经营主体等有机结合起来，助力"大众创业、万众创新"。

"互联网+"助力城乡统筹和新农村建设大发展。"互联网+"存在打破信息不对称、优化资源配置、降低公共服务成本等优势，"互联网+"农业能够低成本地把城市公共服务辐射到广大农村地区，能够提供跨城乡区域的创新服务，为实现文化、教育、卫生等公共资源方面的城乡均等化构筑新平台。

四、"互联网+"时代农业产业链整合面临的挑战与对策

要想持续、稳健地推动"互联网+"时代农业产业链整合的高效发展，就需要对"互联网+"农业产业链发展中面临的主要挑战保持清醒认识、高度关注及审慎思考。

（一）"互联网+农业产业链"在当今时代面临的挑战

1. "互联网+农业产业链"面临发展战略选择的挑战

"互联网+农业"是借助互联网信息技术助力传统农业产业实现转型升级的重要方

式，是推动农业现代化发展、给粮食安全提供保障的重要途径，其发展机遇十分宝贵，发展空间极为广阔。但是，如果做不好顶层设计工作，那么在"互联网＋农业"领域就可能会出现各自为政、一哄而上等问题，令农业产业总体发展态势发生偏离，从而给"互联网＋农业"的协调稳步发展造成极大的负面影响，并进而影响到我国整体经济的发展。所以，相关部门应当针对相关方面制定出全面的战略计划，真正通过战略推动"互联网＋农业"的进步发展，并形成完善、稳定的发展格局，并借助"互联网＋农业"的力量来推动我国社会和经济的总体发展。

2. "互联网＋农业产业链"面临发展基础设施的挑战

"互联网＋"是一次重大的技术革命创新，必然将经历新兴产业的兴起和新基础设施的广泛安装、各行各业应用的蓬勃发展两个阶段。"互联网＋农业"亦将不能跨越信息基础设施在农村农业领域大范围普及的阶段。然而，当前农村地区互联网基础设施相对薄弱，互联网普及率有待进一步提升。此外，农业数据资源的利用效率低、数据分割严重，信息技术在农业领域的应用大多停留在试验示范阶段，信息技术转化为现实生产力的任务异常艰巨。农业农村信息基础设施薄弱，是"互联网＋农业"快速发展的巨大挑战。

3. "互联网＋"与现代农业产业链的深度融合面临挑战

移动互联网、大数据、云计算、物联网等新一代信息技术发展迅猛，已经实现了与金融、电商等业务的跨界融合。农业是国民经济的基础，正处于工业化、信息化、城镇化、农业现代化"四化同步"的关键时期，因而迫切需要推动"互联网＋农业"发展。但应当认识到，我国的农业产业由来已久，其发展涉及多个领域，和经济、政治、社会、文化等方面密切关联。因此，怎样通过科学、正确的途径借助"互联网＋"实现农业产业链的建构，真正令现代化信息技术与农业的生产销售、政务管理及信息销售等诸多环节相融合，成为相关专家学者要思考的重要课题。唯有切实制定出符合现实情况的、具有可操作性的实施策略，才能够真正令"互联网＋农业"走上迅速发展之路。

（二）"互联网＋农业产业链"在当今时代的发展对策

1. 加快建设农村信息化基础设施

相关部门要加快推进落实农村地区互联网基础设施建设，重点解决宽带村村通问题，加快研发和推广适合农民特征的低成本智能终端，加强各类涉农信息资源的深度开发，完善农村信息化业务平台和服务中心，提升综合网络信息服务水平；同时建立国家农业大数据研究与应用中心，覆盖农业大数据采集、加工、存储、处理、分析等完整信息链，面向国内外推广基于"互联网＋"的农业大数据应用服务。

2. "互联网＋"时代积极落实智能农业升级行动

加快实施"互联网＋"促进智能农业升级行动，实现农业生产过程的精准智能管理，有效提高劳动生产率和资源利用率，促进农业可持续发展，保障国家粮食安全。重点突破农业传感器、北斗卫星农业应用、农业精准作业、农业智能机器人、全自动智能化植物工厂等前沿和重大关键技术；建立农业物联网智慧系统，在大田种植、设施园艺、畜禽养殖、水产养殖等领域广泛应用；开展面向作物主产区域、主要粮食作物的长势监测、遥感测产与估产、重大灾害监测预警等农业生产智能决策支持服务。

3. "互联网+"时代积极落实"六次产业"发展行动

加快实施"互联网+"助力"六次产业"发展行动，推动农业延伸产业链、打造供应链、形成完整产业链，实现一、二、三产业融合，增加农民收入，促进农业和农村的可持续发展。

集中打造基于"互联网+"的农业产业链，积极推动农产品生产、流通、加工、储运、销售、服务等环节的互联网化；构建"六次产业"综合信息服务平台，助力休闲农业和一村一品快速发展，提升农业的生态价值、休闲价值和文化价值。

4. "互联网+"时代积极落实农村"双创"行动

加快实施"互联网+"助力农村"双创"行动，促进农业科技成果转化，激发农村经济活力，推动"大众创业、万众创新"蓬勃发展。

积极落实科技特派员和农技推广员农村科技创业行动，创新信息化条件下的农村科技创业环境；加快推动国家农业科技服务云平台建设，构建基于"互联网+"的农业科技成果转化通道，提高农业科技成果转化率；搭建农村科技创业综合信息服务平台，引导科技人才、科技成果、科技资源、科技知识等现代科技要素向农村流动。

5. "互联网+"时代积极落实农业"走出去"行动

加快实施"互联网+"助力农业"走出去"行动，与其他国家加强农业领域的合作与交流，不断提升我国农业的国际地位和影响力。充分利用中国—东盟、中国—新西兰等自贸区优势，建立我国与美国、加拿大、澳大利亚、日本和欧盟有关国家双边农业磋商机制，积极建设跨境农产品电子商务平台，打造具有国际品牌的特色优质农产品；在亚洲、非洲、南美洲等有关国家建设农业技术交流服务平台，推动我国先进适用的农业生产技术和装备等"走出去"；构建农业投资综合信息服务平台，为农业对外投资企业提供市场、渠道、标准、制度等各种信息资料。

6. "互联网+"时代积极落实农业科技创新行动

相关部门要充分利用"互联网+"技术推动农业在科技领域的创新，真正实现不同农业科研领域之间的联结与协作，令农业科技具有更强的创新力，为中国农业的现代化发展提供助力。

积极推动农业科研信息化建设，助力发展中国农业科学院科技创新工程，加快建设世界一流农业科研院所；与美国、日本、澳大利亚、英国、欧盟等国家和地区的农业部门、科研院所及跨国私营部门建立稳定的合作关系，构建基于"互联网+"的跨国农业科研虚拟协作网络，实现农业科技创新的大联盟、大协作，增强农业科技创新能力；加快国家农业科技创新联盟建设，构建农业科技资源共享服务平台，提高重大农业科研基础设施、农业科研数据、农业科研人才等科研资源共享水平；构建农业科研大数据智能分析平台，推动农业科技创新资源共建共享。

7."互联网＋"时代积极落实农产品电子商务建设行动

在网络平台的基础上搭建农产品电子商务体系，促使农户更好地和市场进行对接，为农户提供更加便捷的农产品销售渠道，令农产品以更快速度流通的同时获取一定增值空间，从而为农民创造更大的收益。相关部门鼓励互联网公司在农产品电子商务建设方面贡献力量，搭建起农产品网络运营体系，推动农产品在物流、资金流、信息流方面的良性发展；对于大型农业企业，要鼓励和帮助其搭建属于自身的电商平台，力争通过网络实现产品交易；进一步发展美丽乡村，打造属于各乡村的特色农产品，为农产品的电子商务平台销售提供稳定的货源保障。

8."互联网＋"时代积极落实新型职业农民培育行动

借助"互联网＋"技术及资源强化对农业生产者的教育及培训，增加他们农业领域的文化知识、技术技能、经营知识等，在人才培育方面为农业的现代化发展提供重要动力。打造科学、系统的农民培训体系，完善农民进行网络学习所需的互联网教育环境，力求培养出掌握新技能、新知识、新方法的现代化职业农民；积极推动智慧农民云平台建设，研发基于智能终端的在线课堂、互动课堂、认证考试的新型职业农民培训教育平台，实现新型职业农民培育的移动化、智能化。

9.落实"互联网＋"助力农产品质量安全保障行动

加快实施"互联网＋"助力农产品质量安全保障行动，全面强化农产品质量安全网络化监管，提升农产品质量安全水平，切实保障食品安全和消费安全。积极落实《农业农村部关于加强农产品质量安全全程监管的意见》，助力农产品质量安全管控全程信息化，提高农产品监管水平；构建基于"互联网＋"的产品认证、产地准出等信息化管理平台，推动农业生产标准化建设；积极落实农产品风险评估预警，加强农产品质量安全应急处理能力建设。

10."互联网＋"时代积极落实农业生态建设行动

加快实施"互联网＋"助力农业生态建设行动，实现农业资源生态实时跟踪与分析、智能决策与管理，实现"一控、两减、三基本"的目标，治理农村污染，提高农业资源生态保护水平，促进农业可持续发展。建立全国农业用水节水数据平台，智能控制农业用水的总量；建立全国农用物资产销及施用跟踪监测平台，智能控制化肥、农药施用量；建立全国农业环境承载量评估系统、农业废弃物监测系统，为农业循环经济提供信息支撑与管理协同，有效解决农村农业畜禽污染处理问题、地膜回收问题、秸秆焚烧问题；建立农村生产生活生态环境监测服务系统，提高农村生态环境质量。

第二节 "互联网+"时代背景下农业电子商务的发展

一、"互联网+"时代背景下农业电子商务的理论基础

互联网技术的应用令农业产业的供给与需求之间的联系更加紧密，让整个农业产业链的细节工作更加精准，让农业生产与产品销售之间更加匹配，并且切实推动了农业电子商务的产生及发展。农业电子商务的出现及广泛运用，对于农业产业发展、产业结构调整、农业供给侧结构性改革等方面来说有着突出的现实意义。

（一）农业电子商务是经济发展新常态下的新业态

目前，信息化技术已经渗透到农业领域，对农业的生产、管理、经营、服务等带来了巨大影响。传统的农业营销模式存在着诸多局限：销售渠道有限、销售成本较高、未打造出知名的农产品品牌等。但伴随着农业电子商务的出现及应用，农产品销售方面和休闲旅游农业发展方面都取得了突飞猛进的进步，令农业发展进入新的阶段。换言之，农业电子商务是经济发展新常态下的新业态。

农业电子商务的出现令农产品交易有了新的平台、新的方式。在农业电子商务的支持下，人们不必固守于传统的交易方式，而是能借助网络电子商务平台完成所有的交易环节。另外，通过电子商务，农户可以更准确地了解和把握市场行情及消费者的需求变化，并以这些资讯为参照来调整自身的生产内容、生产方式，为农业贸易的发展繁荣奠定良好基础。农户也可以借助农业电子商务平台及时获取市场反馈信息，根据这些反馈明确自身的优势和不足，做到扬长补短，不断强化自身的产品特色，建立稳定的消费者群体，从而提升产品在农业市场中的竞争力。

农业电子商务能够让农贸交易不再受到时间及空间等因素的制约。在传统农业商务中，人们主要通过固定位置的店铺来售卖农产品，并且店铺的开放时间也比较固定。但在农业电子商务出现之后，涌现出来大量的线上商店，它们的销售空间不再局限于线下的某个店铺，销售时间也不再有所限制，真正让农业商业交易突破了时空限制。所以，相较于传统农业销售模式而言，农业电子商务更有助于消费者需求的满足。

农业电子商务在农产品营销方面提供了助力。农业电子商务的出现和发展推动了农产品渠道结构的改变，并且在互联网技术和物流技术的推动下，农产品异地交易也成为人们普遍愿意接受的一种农业交易方式。农业电子商务的发展推动了农产品贸易渠道系

统的一体化，并且促使交易各方逐渐形成伙伴关系甚至是更高一级的联盟关系。农业电子商务可实现与多媒体的融合，更好地为用户传达农业领域的新鲜资讯。农业电子商务的线上交易、移动端支付、网络支付等功能已经较为完善，并且能够为消费者的线上交易提供安全保障，这无疑间接促进我国诚信体系的发展与完善。

（二）农业电子商务成为现代农业产业的重要内容

现代农业可以被称作商品化、社会化的农业，它运用了现代化的物质设施、先进技术及管理方法等。农业电子商务的发展推动了农业产业的变革，革新了传统农业产业的发展方式、市场机制及流通方式等，为农业产业走上信息化道路提供了重要动力，也在农村生活的改善、农村经济的发展、现代农业的发展方面发挥着重要作用。换句话说，农业电子商务已经成为现代农业产业不可缺少的一部分内容。

农业电子商务将农业产业的发展"阵地"延伸至线上。农产品生产者能够随时通过农业电子商务平台获取到不同厂家所销售的生产资料或者农产品的价格，从而能够在"货比三家"之后选择出质优价廉的产品，进而选择出供应商。农业生产者也能够通过农业电子商务平台获取关于农业领域的诸多前沿内容，这些内容涉及技术、市场、管理等诸多方面。另外，借助电子商务系统，农产品生产者也能够进行农业相关信息的线上发布，或者对自身生产的农产品进行宣传和推广。电子商务的发展也逆向地推动了农产品的标准化生产，让农业线上交易规模得以进一步扩大。

农业电子商务的出现令一二三产业的融合成本得以降低。农业电子商务将线下的农产品销售活动转移至线上，农业生产者借助农业电子商务平台，可通过招标、批量购买等方式来减少成本开支，且在销售农产品方面能够省略诸多中间环节，直接对接消费者，省去了中间交易成本，从而实现生产者和消费者的互惠共赢。此外，农业电子商务的发展也推动了其相关领域的发展，例如金融、物流、电信等，为农业产业化的发展提供了重要的推动力量。

现代农业的一项重要任务就是发展将休闲农业作为重要组成部分的农业电子商务。对于现代农业而言，休闲农业是一项重要发展方式，它能够兼顾人们的身体和精神需求，在确保为人们提供营养丰富、绿色健康的农产品的同时，还可以让人们在农业休闲活动之中收获生活的轻松和愉悦感受。休闲农业从性质上来说应归为劳动密集型产业，其发展所需的劳动力类型复杂多样，除了需要生产者和管理者，还需要各领域的服务者，因此说休闲农业能够有效地优化农村的劳动力结构，促进增加农民收入，提高农民生活水平；休闲农业增进了城乡人员在思想层面的交流互动，让城镇居民有机会了解和体验农户生活，让农民在与城镇人员的接触中实现观念的转变，从而推动城乡之间的互动发展；休闲农业能够让人们对农耕文明更加重视并自觉地对农村宝贵的自然资源、人文资源等加以保护，令农业产业真正走上可持续发展的道路。

（三）农业电子商务为农业供给侧结构性改革提供动力

目前我国正处于农业供给侧结构性改革进程中，落实此项改革的目的在于实现农产品的高水平供需平衡，力争在突破农业发展瓶颈的同时推动农业产业走上健康可持续的发展道路。农业供给侧结构性改革除了要将改革重心放在供给端之外，还要对需求端的变革发展予以关注。

在农业供给侧结构性改革进程中，农业电子商务在供需矛盾的解决方面发挥着至关重要作用。农业电子商务让农业供给和需求之间实现了更好的对接，并且它能够及时为农户提供市场最新需求信息，为农户调整农业结构和生产方式提供重要依据，从而增强了农业供给侧结构性改革的合理性、科学性及准确性。

农业电子商务在推动产销对接、保障农产品供给方面发挥着重要作用。要想实现电子商务的长期持续发展，就要真正以市场消费需求为导向搭建起完善的农业生产体系、产业体系及经营体系。发展电子商务有利于促进供给与需求的精准匹配，满足个性化、多样化的消费需求；发展电子商务将实现农业的在线化和数据化，有利于形成用数据说话、用数据决策、用数据管理、用数据创新的机制，提高基于数据的决策和管理水平；发展电子商务有助于促使需求倒逼供给，促进联通城乡的市、县、乡、村四级快递物流配送体系加快形成，补齐物流配送"最后一公里"短板。

农业电子商务为农业供给侧结构性改革指明了前进方向。在传统农业生产模式下，生产者们会以自身的农业生产经验为依据来推断出农业生产的规模、方式及总量等，而这种推断无疑是不够准确的。农业电子商务平台构建起来之后，人们能够直接通过平台获取农业各领域的最新信息，从而真正实现农业领域生产和消费需求的对接，为农业生产的供给侧结构性改革提供重要依据，助力供给侧调整最终获取理想的结果，最大限度地帮助农户规避农业生产活动中的风险。

在农业供给侧产品品质方面，农业电子商务也扮演着重要角色。相比于传统农业而言，农业电子商务对农产品各方面信息的记录更加细致和精准。电商平台的农产品线上交易对物联网、大数据等新兴技术加以运用，从而方便了后期产品全流程的追溯。通过实践可知，农业电子商务在对农产品进行购买和销售时，采用网络零售、基层服务网店零售的方式，形成农产品的运销闭合系统，让消费者的需求得到更好满足的同时也助力农产品实现标准化、品牌化、高水平发展，让消费者对农产品质量更加放心。

二、"互联网＋"时代背景下农业电子商务的工作实践

近年来我国大力推进农业电子商务，倡导电子商务健康发展，加强电子商务基础设施建设，提高市场效率，促进"线上线下"双线融合服务，形成了多种农业电子商务模式。

（一）政府引导电子商务健康发展

农业电子商务的起步离不开政府的帮助，电子商务的健康发展也离不开政府的引导。近年来，各级政府部门出台了相关的政策与措施，推动农业电子商务起步与发展。

2015年5月，商务部发布了《"互联网＋流通"行动计划》。其中提出多项发展农业电子商务的措施，包括推动电子商务进农村，培育农村电商环境；推动电子商务进农村综合示范，支持县域电子商务发展，打造一批农村电子商务示范县；全面推广农村商务信息服务工作，推进农产品网上购销常态化对接；支持农产品品牌建设和农村电子

商务服务业发展，支持电子商务企业开展面向农村地区的电子商务综合服务平台、网络及渠道建设。

2015年8月，商务部等19个部门联合发布了《关于加快发展农村电子商务的意见》，指出加快发展农村电子商务，是创新商业模式、完善农村现代市场体系的必然选择，是转变农业发展方式、调整农业结构的重要抓手，是增加农民收入、释放农村消费潜力的重要举措，是统筹城乡发展、改善民生的客观要求，对于进一步深化农村改革、推进农业现代化具有重要意义。该意见还提出要提升农村电子商务应用水平，培育多元化农村电子商务市场主体，加大农村电子商务基础设施建设，创建农村电子商务发展的有利环境等多项工作任务。

2015年9月，农业农村部、国家发展和改革委员会、商务部联合发布了《推进农业电子商务发展行动计划》。《计划》指出要发挥电子商务在培育经济新动力、打造"双引擎"、实现"双目标"方面的重要作用，扎实推进农业电子商务快速健康发展。该行动计划提出了要完成的多项工作任务，包括积极培育农业电子商务市场主体，着力完善农业电子商务线上线下公共服务体系，大力构建农业电子商务渠道，切实加大农业电子商务技术创新应用力度，加快完善农业电子商务政策体系。

2016年1月，农业农村部办公厅发布《农业电子商务试点方案》。《方案》提出积极探索"基地＋城市社区"鲜活农产品直配、"放心农资进农家"等农业电子商务新模式，在北京、河北、吉林、黑龙江、江苏、湖南、广东、海南、重庆、宁夏10省（自治区、直辖市）开展农业电子商务试点，力求突破当前农业电子商务发展面临的瓶颈和障碍，加快推进农业电子商务健康发展。

2016年5月，农业农村部等8部门联合发布了《"互联网＋"现代农业三年行动实施方案》。《方案》提出要提升新型农业经营主体电子商务应用能力，推动农产品、农业生产资料和休闲农业相关优质产品和服务上网销售，大力培育农业电子商务市场主体，形成一批具有重要影响力的农业电子商务龙头企业和品牌。加强网络、加工、包装、物流、冷链、仓储、支付等基础设施建设，推动农产品分等分级、产品包装、物流配送、业务规范等标准体系建设，构建农业电子商务发展基础环境。推进农产品批发市场信息技术应用，加强批发市场信息服务平台建设，提升信息服务能力，推动批发市场创新发展农产品电子商务。加快推进农产品跨境电子商务发展，促进农产品进出口贸易。推动农业电子商务相关数据信息共享开放，加强信息监测统计、发布服务工作。

2016年8月，农业农村部发布的《"十三五"全国农业农村信息化发展规划》。《规划》提出了实施农业电子商务示范工程，重点开展鲜活农产品社区直配、放心农业生产资料下乡、休闲农业上网营销等电子商务试点，加强分级包装、加工仓储、冷链物流、社区配送等设施设备建设，建立健全质量标准、统计监测、检验检测、诚信征信等体系，完善市场信息、品牌营销、技术支撑等配套服务，形成一批可复制、可推广的农业电子商务模式。开展电子商务技能培训，在农村实用人才带头人、新型职业农民培训等重大培训工程中安排农业电子商务培训内容，和电商企业共同推进建立农村电商大学等公益性培训机构，组织广大农民和新型农业经营主体等开展平台应用、网上经营策略等培训。

开展农产品电商对接行动，组织新型农业经营主体、农产品经销商、国有农场和农业企业对接电子商务平台和电子商务信息公共服务平台，促进农业经营主体开展电子商务，促进"三品一标""一村一品""名特优新"等农产品上网销售。

2021年，中国财政部办公厅、商务部办公厅、国家乡村振兴局综合司联合发布了《关于开展2021年电子商务进农村综合示范工作的通知》。《通知》指出要坚持以人民为中心的发展思想，因地制宜、分类施策，以提升农村电商应用水平为重点，线上线下融合为抓手，健全农村电商公共服务体系，推动县域商业体系转型升级，完善县乡村三级物流配送体系，培育新型农村市场主体，畅通农产品进城和工业品下乡双向渠道，促进农民收入和农村消费双提升，巩固拓展脱贫攻坚精神成果，推进乡村振兴。

未来，我国农业电子商务发展的重点将放在"统筹推进农业农村电子商务发展""破解农业农村电子商务发展瓶颈""大力培育农业农村电子商务市场主体"这三个方面；注重提高农村消费水平与增加农民收入相结合，建立农产品、农村手工制品上行和消费品、农业生产资料下行双向流通格局，扩大农业农村电子商务应用范围；加大产地预冷、集货、分拣、分级、质检、包装、仓储等基础设施建设，强化农产品电子商务基础支撑，以鲜活农产品为重点，加快建设农业农村电子商务标准体系；开展新型农业经营主体培训，鼓励建立电商大学等多种形式的培训机构，提升新型农业经营主体电子商务应用能力。

（二）基础设施建设助力电子商务交易效率提升

基础设施建设是保障农业电子商务快速安全交易的基石。因而，我国要加强基础设施建设，完善政策环境，加快发展线上线下融合、覆盖全程、综合配套、安全高效、便捷实惠的现代农村商品流通和服务网络。

农业电子商务贸易的开展定然离不开基础设施的支撑，基础设施建设可谓农业商务活动开展的重要前提条件。农业电子商务的发展让不同地域的农产品在同样的平台上公平竞争，让那些更有特色、质量更高的农产品能够更顺利地实现和消费者的对接，令消费者的多元需求得到满足。而农业电子商务能否取得成功，在很大程度上取决于其基础设施建设是否完善。

从硬环境的角度来说，我国近年来十分重视对农村基础设施等方面的建设，如公路、宽带等，让农村的物流配送能力得到了很大程度的提升。详细而言，目前我国农村基础设施的建设情况如下，它们都在很大程度上推动了农村电子商务的发展。

农村信息网络基础设施建设取得成效。截至2020年年底，全国范围内行政村通光纤和通4G比例双双超过98%。农村网民规模达到3.09亿，农村地区互联网普及率达到55.9%。政府引导、市场主体的农业信息化发展格局初步建立，农业互联网企业不断涌现。

物流配送基础设施变得更加完善。我国很多地区都建设了农产品批发市场，相关部门对这些市场进行了升级改造，扩大了市场网络的总体覆盖范围。另外，全国有很多大型农业物流信息平台建设起来，各地也纷纷成立农业物流行业协会，农村物流领域取得了初步发展。

冷链物流基础设施以较快的速度建设起来，并处于不断发展优化的过程中。如今，人们的生活得到了极大的改善，农业结构也变得更加科学、合理，生鲜农产品的产量和运输量每年都呈递增趋势，在这种背景下，社会对生鲜农产品的要求也越来越高。建设和完善农产品冷链物流体系，有利于农产品的储存和运输，能够有效避免农产品在储存和运输过程腐烂和损坏，这无疑为农民增收提供了重要保障。基于物联网的智能冷链技术的出现推动了冷链物流的发展。信息技术的广泛应用在提高运营效率的同时，有助于降低冷链物流的成本。如：电子数据交换（EDI）、射频识别技术（RFID）、地理信息系统（GIS）、全球定位系统（GPS）等，这些信息传感设备通过互联网连接起来，实现了冷链系统的检测、识别、定位、跟踪、追溯和管理等，从而形成了生鲜农产品冷链的物联网，成为保障生鲜农产品从"田间"到"餐桌"全过程的重要"利器"。

（三）"双线"融合扩展电子商务服务范畴

这里所说的"双线"融合指的是农业电子商务将线上渠道和线下渠道这两方面融合起来，令服务范畴得到极大的拓展，产地和销售地能够借助电商平台实现彼此的连接，省略了中间的农产品中转和流通环节，从而将农产品在流通方面耗费的成本节省下来。原本处于线下的农产品商家可以在电商平台上申请开办网店，并且在申请成功后把商品相关信息上传至网店的展示页面，以让消费者通过这些信息更全面地了解产品。基于电商平台的农产品交易同时为生产者和消费者带来了便利，真正将互联网的优势发挥了出来。

农业电子商务的出现丰富了农产品的服务体验方式，让消费者的消费活动真正实现了线上与线下的结合。下面详细地对几种不同的服务体验方式展开描述。

一是线上到线下的消费方式。消费者在联网的情况下借助手机、电脑等设备可以对各网站或者App进行访问，浏览其中的农产品相关信息，比如质量、价格、产地等，之后通过比较多种商品挑选出最合适的付款下单，完成线上交易之后在线下的实体店取货或者是接受相应的服务。

二是线下到线上的消费方式。消费者先在线下的实体店查看和试用商品，若是对商品感到满意，那么就可以通过手机在线上找到与实体店对应的店铺购买自己想要的产品。这样做能够增加商家的线上商品销量，即增加农产品销售热度。

三是线上线下同步的消费方式。很多线上商家开始向实体经济"进军"，开设了自己的实体店面，这实际上也是为更好地满足消费者的需求。

当线上商店无法满足消费者需求的时候，消费者能够到实体店进行体验并接受店家的服务。

在农业电子商务领域，线上线下相结合的服务模式已经占据主流地位，在全国范围内得到了广泛应用。目前，很多农业专业合作社已经充分认识到了互联网的优势，并将网络技术、新媒体技术应用在农产品营销方面，让流通效率和营销水平都得到了大幅提升。

（四）市场实践促使多种商务模式涌现出来

近年来，农业电子商务走上了发展的快车道，其商务模式也变得十分多元化。起初，电子商务模式较为单一，主要为网络营销，但是目前我国已经形成了十分丰富多元的电子商务模式，它们具有不同的优势和特点，下面对这些模式展开详细阐述。

1. 基于网上营销的农业电子商务模式

网上营销是最早出现的一种农业电子商务模式，它指的是农户或者商户将农产品相关信息发布在农业信息网站上，并在线下进行具体的贸易活动。农业领域的很多专业网站在发布农业资讯、宣传农产品方面发挥着无可替代的作用。

借助网络实施调研活动，能够为农业电子商务的发展提供重要参考。线上与线下的市场调研有着很大的相似性，只不过将调研活动移至线上进行，借助电子邮件或者在线访问的方式完成问卷调查。相较于传统的线下调查来说，线上调查有着更高的回收率和成功率，问卷答案的可信度也比较高，并且无须耗费过多成本。分析问卷调查结果所得出的结论能为农业行业的各方面决策提供重要依据，从而可以有效提高电商交易的成功概率。

借助网络做促销活动。营销者可以借助网络平台将农产品相关信息传递给社会公众，或者通过新闻的方式把相关信息和服务提供给农产品的消费者。消费者在网络上接触并了解到这些信息后，可以去专业宣传页面更深入地了解农业相关信息，这种基于网络营销农产品的模式是传统农产品宣传方式的创新，帮助了农业生产与消费的对接。

2. 基于合作社的农业电子商务模式

基于合作社的农业电子商务模式把个体化农业生产与农产品销售、流通过程联系起来，成为一个有效的系统。

在生产阶段，合作社以市场需求为依据组织农户们实施农业生产活动，合作社一方面与农业企业签订订单，以这些订单为依据来合理调整农户的农业生产活动，一方面将先进的农业技术提供给农户，助力他们在农业生产管理、栽培养殖方面遵循一定的规范，确保农产品质量能够达到标准。在农产品销售阶段，合作社在网络平台上负责对接商家，并签署购销合同等，确保农产品能够顺利销售出去。在技术和经济条件允许的情况下，合作社会在互联网上开办自己的官方网站，在网站上展示并销售特色农产品，以此来提高农产品吸引力，增加客户询问量和下单量，扩展产品销售渠道。此外，合作社也会利用一些农业行业的中介平台宣传产品、洽谈合作，进行国内或者是国际范围内的农产品交易。

网上交易的诚信和安全性是保障农业电子商务活动顺利进行的重要方面，认证中心则能提供较为安全的交易环境。在物流环节，合作社负责按照质量要求对农产品进行分拣、包装，接着在网上寻找第三方物流公司完成送货服务。在支付环节，合作社可在县城的银行开立账户并开通网上银行，每次交易后的货款由买方直接网上转账。

3. 基于商业平台的农业电子商务模式

基于商业平台的农业电子商务模式具体指的是从事农业生产或者销售工作的企业借助第三方平台进行农产品的网络推广和线下推广，从而让用户通过网络就能够直接获取并浏览关于农产品的各种相关信息；同时企业也能够建设自己的网站平台，并对该平台进行宣传推广。

依托第三方综合平台的模式。在该模式下,交易双方的部分交易过程或者是交易全程都以第三方平台为依托实现,如此一来,交易活动不仅能够接受专业人士的指导,同时它还让交易过程变得更加公正和透明。在该模式下,第三方平台负责对市场的供求信息进行发布,并促成交易双方顺利完成交易活动。在该模式下,很多特色鲜明、价值突出但是宣传不到位的农产品有了展示的机会和平台,且形成聚合效应,让产品在市场上拥有更高的知名度。

依托纵向垂直电商平台的模式。该模式指的是农业领域某一品种或者某一细分市场专业经营电子商务的交易平台。在该模式下,很多条件允许的大型企业就能够搭建垂直电子商务平台,把农业产业链整合起来,为农产品的销售创造和提供宣传推广的有效渠道,把电子商务的优势最大限度地发挥出来,助力整个农业产业链迅速发展。

4.基于政府推动的农业电子商务模式

基于政府推动的农业电子商务模式,主要是国家或地方各级政府部门结合生产者、消费者、企业的实际需求,建立带有政府导向性,帮助农资和农产品生产、销售、信息服务及网上交易等的一种农业电子商务推动方式。由于政府具有较强的公信力,因此不论是农户端还是企业端均会信任政府的信息引导,从而形成一种良性的产业闭环。

5.基于休闲农业的农业电子商务模式

休闲农业属于第三产业,它是农业和旅游业结合的产物。休闲农业对那些具有观赏性质、休闲娱乐性质的农业资源进行了充分利用,并将农业生产活动、艺术加工活动、科技应用活动融合起来,丰富了休闲农业的内容和形式。休闲农业的特点别具一格,这是其他寻常的旅游活动所不具备的,换句话说,它能够为消费者创造不同以往的旅游消费体验。农业电子商务和休闲农业的结合便催生了新型农业电子商务模式。有条件的企业或者个人可以构建起休闲农业电子商务平台,将休闲农业服务的详细信息上传至该平台,扩大服务项目的影响力。

农业电子商务为休闲农业的发展提供了巨大的推动力量。休闲农业能够将健康、安全的绿色农产品及优美的乡村环境提供给游客,让游客在享用安全食物的同时能够观看自然美景、呼吸新鲜空气,真正实现身心的全面放松。另外,在休闲农业中,游客还有机会参加各种各样有特色的农村文化活动。上述种种都体现休闲农业有着巨大的市场发展前景,能够受到当今社会人们的青睐。而农业电子商务平台可以将多种服务提供给消费者,让消费者通过该平台顺利地确定休闲旅游目的地,对休闲农业的消费过程有更明确的把握,从而让消费者的整个休闲旅游过程更加顺畅。

三、"互联网＋"时代背景下农业电子商务的应用成效

(一)农业电子商务令农业产业链延长

农业电子商务令一二三产业得到了延伸,并且令农业产业链变得更加完善。农业电子商务实现了信息技术和农业贸易活动的融合,并且为农业生产经营主体顺利完成各种

农产品线上交易活动提供了重要支撑；农产品的运输、交易等活动不再以单个的农户为单位，而是统一集中到农业领域的大市场中，促使农业实现"订单式"发展，推动农业在现代化环境下形成较为完善的运行机制和组织形式。

农业电子商务可以不受时间和空间的制约，其整合了多种资源，为线上信息沟通打造了更加便利的渠道，不仅能实现网上广告、订货、付款、客户服务和货物递交等销售、售前和售后服务，而且采用网络交易平台，还能够将少量的、单独的农产品交易规模化和组织化，带动与农产品销售相关的金融、物流、交通、运输、电信等第三产业的发展，加快了农业产业化进程。

农业电子商务和休闲农业的结合令农业产业链得以进一步延长。农业电子商务的出现和发展令农村产业结构发生变革，同时推动了第二产业、第三产业的发展，从总体上提升了农业效益；为农村的人们提供了大量的就业岗位，让农村劳动力有更多的机会通过劳动赚取钱财；它将城市中关于农业的新技术、新观念、新信息等提供给农村的生产者，并且也将农村农业信息上传至平台供城市人了解，这无疑增进城乡居民之间的互动交流，在城乡协调发展方面发挥了重要作用；休闲农业的发展提高了人们对农村中各种旅游文化及旅游资源的重视及开发程度，让人们有意识地对农村的资源和环境等加以保护，真正推动中国农业走上可持续发展的道路。

（二）农业电子商务令农业生产收入增多

建设社会主义新农村的根本目的在于增加农民收入。在现代社会，传统的经营管理模式显然不再适用，而新兴的农业电子商务有利于优化农业产业结构、扩大销售渠道、减少交易成本，而这些其实都间接地促成了农业生产者的增收。

农业电子商务的发展为农民提供了十分便捷的获取信息的渠道，同时减少了农产品销售过程中的中转环节，创造更多的农事机会给农业生产者，有力地促进了农业的市场化、法治化、国际化、规模化、标准化、品牌化发展，为农村农业走上现代产业化道路提供了推动力，在实现农民增产增收方面做出了突出贡献。

（三）农业电子商务为农产品消费者提供了便利

农业电子商务不仅给农业生产者和经营者提供了极大的便利，也让消费者在购买农产品方面更加快捷、有保障。

农业电子商务将农产品的安全水平提至新的高度。农业电子商务系统应用了各种现代化先进技术，如物联网、预警技术、大数据等，因此电商平台能帮助消费者对农产品进行溯源和质量判断。同时，由于农业电子商务能够实现对农产品的溯源，能够追踪到农产品产销过程中的各个环节，所以也形成倒逼机制，促使各环节保质保量做好工作，这对农产品质量安全水平提升而言有着重要意义。

农业电子商务有助于农产品打造自身的品牌。在农业电子商务平台中，若是农户始终为消费者提供高质量农产品，所提供的产品能够经得起市场的长期检验，那么其产品慢慢就会受到广大消费者的认同和青睐，并树立起自身的产品品牌。

农业电子商务为商家和消费者提供了线上互动的机会与渠道。农业电子商务平台借助数据分析能够更加精准地对消费者内在需求加以把握，并且商家可以借助电商平台组织各种线上活动，让消费者参与其中，在增进他们对农产品认识的同时增加他们的活动参与感和主人翁意识。通过互动提升农产品的销量。

农业电子商务让不同消费者之间有了沟通的平台和机会，让受到地域限制无法见面的消费者也能够通过线上电商平台进行互动沟通，交流在农产品方面的观点及见解。不同消费者之间的交流互动也能够对农产品品牌起到一定的宣传作用，间接地推动农产品品牌的发展，让品牌在整个农贸市场上具有更强的竞争力。

（四）农业电子商务为脱贫减贫工作提供了推动力

农业电子商务在助力农村脱贫攻坚方面发挥着重要作用，它给农村的贫困人口提供了创业机遇和就业机会，让那些贫困人口有希望通过自身努力摆脱生活的贫困境地。

当农村电子商务发展壮大、农产品产业链趋于完善时，农民除了能够通过电商平台对农产品进行售卖，还可以发展诸多电商相关产业，譬如物流、手工业等，并且能够逐步推动农村旅游业、餐饮业等领域的发展。相较于传统农业而言，农业电商平台的工作准入门槛更低，因此那些无法从事传统农业劳作的人口也有了通过就业增收致富的机会。

农业电子商务的出现令城镇和乡村之间的沟通和联系更加紧密，城乡之间突破地域制约开始进行交易活动，这促使贫困农民有了更多增加收益、提升自我的机会。因此，农业电子商务的作用并不仅限于扶贫，它还能够及时获取市场和产品销量等数据，让扶贫工作的开展变得更加精准。

（五）农业电子商务催生了新型农业产业形态

农业电子商务的发展催生了农业领域的新型产业形态，它将实体农业和虚拟农业融合起来形成前所未有的创意农业，而创意农业的出现又促使大量农民转型，成为当今时代所需要的新型农业生产者。

农业电子商务为创意农业的实现奠定了重要基础。创意农业以附加值文化为理论核心，瞄准农业高新技术发展前沿，着力构建创意农业理论创新体系，为形成城乡经济社会发展一体化新格局提供有力支撑，推进社会主义新农村建设。创意农业充分调动广大农民的积极性、主动性、创造性，改善农村生活方式，改善农村生态环境，统筹城乡产业发展，不断发展农村社会生产力，达到农业增产、农民增收、农村繁荣，推动农村经济社会全面发展的目标。创意农业需要在具体的产业上来实现，而农业电子商务就为其提供了平台，将创意生产方式、管理方式、营销方式集合起来，有助于产品的生产、管理、营销，推动创意农业的发展。

农业电子商务的发展也推动了农业生产者的不断发展，在现代社会成长起来的农民有着更加鲜明的自我提升意识，能够通过不断学习新知识、新技能来提升自身水平，令自己成长为符合时代发展要求的新农民。新农民成为农业电子商务活动的主要实施者和参与者，他们参与农产品电商的各个环节。传统农民文化水平不高，很多情况下是凭借经验来实施各项农事活动的，比较而言，新农民文化水平高、创新能力强，有着鲜明的市场意识和时代意识，他们能够清晰地认识到农村经济社会的发展现状，并且能够积极运用先进知识、先进技术与模式等推动农业行业的迅速发展，真正让农产品的生产方式、流通方式、销售方式等实现变革。

第三节 "互联网＋"时代背景下农业营销模式的创新发展

一、农业品牌化

（一）"互联网＋品牌农业"的主要发展方向

在"互联网＋农业"的进程不断推进的今天，各农业相关企业也开始重视农业的品牌化发展。目前，无论是从市场环境还是从农业发展情况来说，农业品牌化发展所需条件都已经十分成熟。

从外部条件的角度而言，国家推出了多项惠农政策，推动城乡一体化发展，而政策的支持在很大程度上为品牌农业的形成和发展提供了保障。从农业发展情况的角度而言，近年来，很多大型企业、创业者、资本涌入农业行业，为现代农业的发展起到了很大的推动作用，为农业品牌化发展提供了助力。

在当今时代，农业品牌化已经成为农业领域的一个必然发展趋势。若是企业要走农业品牌化道路，那么就要做好下列工作。

1. 细分品类领导品牌

目前市场上的快消品种类多样，但很多产品有着模仿甚至抄袭问题，没有形成自身的特色，因而市场竞争力不强。企业要想让自身产品在市场上占据一席之地，那么就要尽快打造独特的品牌，赢得消费者的关注和青睐。

市场上农产品的种类也十分复杂多元，并且长期以来人们会依照品类来对农产品进行购买，但当前市场上形成品牌化发展的农产品数量较少，能够获得消费者青睐并且形成稳定客户群体的农业品牌更是屈指可数。

将来农业品牌化发展会趋于完善，农产品的细分领域也可能会涌现出来一些领军品牌，并在细分领域长期占据竞争优势，为品牌长期发展奠定根基。

2. 专属消费品牌

传统农业的作用在于维持人们的温饱，解决生存问题，因而其规模小、效率低、收益低。但随着现代社会经济和技术的不断发展，人们对于农产品也提出了更高的要求。未来的农产品也会划分等级，不同等级的农产品对应着不同的质量水平：一是大众消费品，它的目的在于满足人类生存需求，是人们生活中不可缺少的；二是中高端农产品，此类农产品更加强调营养、健康和味道，但其售价也比大众消费品更高；三是农产品中的奢侈品，它对事物属性更加注重，并且开始强调产品对饮食文化的彰显。

目前，农产品品牌化的发展速度仍旧较慢，中高端农产品与奢侈农产品的品牌可谓屈指可数。在这种背景下，若是农业企业能够做好市场布局，真正占领农产品资源，就有利于重塑大众的农产品消费习惯，实现自身的迅速发展。对于稀缺农产品来说，其市场空缺巨大，若是企业能够在此时打造出稀缺农产品专有品牌，那么其品牌影响力就会迅速形成，并吸引一批忠实的受众粉丝，从而有利于实现企业的长期发展。

3. 知名服务品牌

农产品有着极为多元的种类，农产品产业链也具有突出的复杂性，从产品生产到树立产品品牌也是个十分漫长的过程。但是，农产品是人们生活中所不可或缺的，故而农产品每天的交易量都很大，农业企业也能够从服务方面入手打造农产品品牌，在服务方面探寻品牌特色。

农产品服务品牌也有着较多种类，渠道、物流、终端、金融、售后等环节都可以对服务进行优化升级。目前，一些早期入场的服务品牌的收益有了明显提升，如永辉超市、1 号店、多利农庄等。服务品牌的形成在很大程度上影响着我国农业品牌化发展的进程，并且有效填补了目前我国农产品品牌领域的空白。

如今，我国农业品牌化发展已经步入新的阶段，但毫无疑问，当前并未形成农业品牌格局，农业企业有着较大的发展空间和发展潜力，能够以较低的成本来得到较为可观的客流量和市场份额。若是农业企业此时能够占据先机，打造出具有较强稳定性的品牌格局，那么就会在农业行业占据领先地位，剥夺其他企业的入局优势。

（二）建设互联网农业品牌的现实对策

在农业领域有规模农业和精品农业之分。如果企业将自身农业发展性质定义为精品农业，那么在营销时就能够实施会员制；但若是其农业生产已经达到了较大规模，那么就需要探索开发其他渠道，打造立体、全面的农产品营销体系，确保农产品能够顺利地销售出去。当然这一切的前提是要有较强影响力的互联网农业品牌作为支撑。在网络时代，农业企业为了更好地宣传和推广农产品，可以运用下列几种营销模式，为互联网农业品牌的打造提供保障。

1. 会员模式

当前，人们的物质生活水平相较以往而言有了极大改善，人们也更加注重食物的安全性。在这种背景下，不少城市居民开始担心农药、激素、食品添加剂等会危害食品安全，从而更倾向于购买和食用那些真正无污染、原生态的绿色农产品。

长期在城市中生活的人往往会将农村健康、绿色的蔬菜等农产品看作宝贵的美味。对于城市居民而言，无污染的绿色农产品俨然已经成为高端消费品。为了迎合人们的心理、满足人们的需求，很多农业企业开始推行会员制。在未来，会员制将会继续以较快的速度发展，并且业委会、同学会、商会等都能够成为助力其发展的关键角色。

城市中很多居民都有原生态农产品方面的消费需求，他们之中有的甚至愿意出高价购买这些绿色健康的农产品。因而对于企业而言，其任务就是尽快着手打造自身品牌，真正将那些无污染的农产品提供给消费者，让消费者在农产品方面的消费需求得到有效满足。

从长期发展的角度而言，未来会员制的形式可能会被农业行业所淘汰，但从当前的市场情况来说，企业实施会员制能够精准地获取目标群体，并搭建起较为稳定的供货渠道。

2. 网络营销

在"互联网+"社会，网络营销逐渐进入人们的视野，它的到来令传统营销模式发生了巨大变革。若是企业能够成功运用网络营销模式对农产品进行售卖，那么它们就能够迅速扩大市场覆盖面积，获取更多的消费者。受到季节、成熟周期等因素的影响，很多初级农产品无法实现整年的稳定供应，因此企业在开展农产品的网络营销活动时要限定营销范围，通常来说会选择在一线城市或者是省会城市进行营销。

明确网络营销目标后，为优化营销效果、达到预期销量，企业需要借助平台对农产品的特点及优势进行宣传，让消费者对农产品有更加全面和准确的了解，并且将农产品的产销过程呈现给消费者，让消费者能够随时查找到农产品的出产地、生产厂家、物流运送等方面的详细信息。此外，企业可以注册社交媒体平台的账号，让消费者通过这些平台的账号实现和商家及其他用户之间的互动；企业可以借助平台多举办网络活动，并积极打造自己的多平台网络营销矩阵，争取让自身品牌有更大的影响范围。

3. 订单模式

订单模式和会员模式有着突出的相似性，二者的不同之处在于会员模式将特定用户作为主要消费群体，而订单模式则更倾向于和那些大型加工企业展开合作。举例来说，粮食类农产品品牌可以和加工糖类、面包等的大型加工企业建立合作关系；水果类的农产品品牌则可以和零食加工企业、饮料加工企业建立合作关系。

实际上，无论是农产品供应商还是农产品加工企业，都希望能够和彼此建立长期稳定的合作关系，因为在发展过程中双方都要承受外在的竞争压力，若是供应商的总体供应量大幅提升，那么需求方可能会产生"以低价购买高质量产品"的想法；若是供应的农产品数量骤减，那么生产方又会给农产品制定较高的价格。若是供应商和加工企业能够长期稳定地合作，将农产品价格始终控制在合理的范围内，那么就可以实现双方的互惠共赢，避免其中一方因为种种原因而蒙受损失。

4. 配送模式

配送模式更适用于那些拥有稳定的企业级用户的互联网农业品牌。对于运用该模式的品牌方来说，它们应当能够提供多元的产品种类，能够将各季节所对应的优质农产品提供给用户。

在该模式中，较为常见的用户当属餐厅、酒店等，它们需要供应商每天为其提供稳定的多品类货源。通常来说，这些酒店、餐厅等一旦和供应商达成合作关系，那么它们

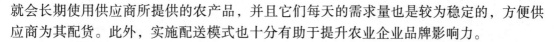

就会长期使用供应商所提供的农产品，并且它们每天的需求量也是较为稳定的，方便供应商为其配货。此外，实施配送模式也十分有助于提升农业企业品牌影响力。

5. 专卖模式

对于品牌营销推广工作来说，其终极目标就是实施专卖模式。从很多奢侈品的销售现状可知，通过专卖店对商品进行销售能够获得十分可观的利润。该模式也可以应用在农业领域，农户可以在确保农产品质量达标的前提下在农产品包装方面下功夫，并且打造农产品线下专卖店，借助产品和店面的形象塑造来促使产品品牌更加完善。

应该指出的是，此种营销模式需要花费较多成本，从而会令产品价格升高，为了令该模式得以顺利实施，运营方可先在一线城市进行试营业，等农产品专卖店形成较大影响力之后再在其他城市开设专卖店。

6. 广告模式

"褚橙"品牌是广告模式的代表。"褚橙"有广告产品的性质，其广告价值巨大，并且得到了不少名人的支持。农业企业也能够尝试对广告模式进行借鉴和应用，但应当指出的是，在该模式下农业企业所要打造的是一个广告载体，所以不可单纯地为了发展产品而发展产品。农业企业要将产品打造成公司的"广告牌"，用它来创造长期的宣传价值。

二、重塑休闲农业

（一）休闲农业的主要发展模式与主要经营类型

1. 休闲农业的主要发展模式

（1）田园农业休闲模式

主要通过农村地区的风光、当地特产及生产操作过程激发人们的兴趣，利用当地的资源，通过举办富有地域特色的游乐活动，让城市居民能够零距离亲近大自然，亲身感受田园生活，有农业科技游、田园农业游、务农体验游和园林观光游四种类型。

（2）民俗风情休闲模式

主要通过当地的传统文化、民风民俗来激发人们的兴趣，重点体现传统农村地区的独特文明，举办乡村综艺活动、民间技艺，突出传统节日风俗，体现当地的文化传承，提高休闲活动的文化价值，有乡土文化游、农耕文化游、民族文化游和民俗文化游四种类型。

（3）农家乐休闲模式

通过原汁原味的农家生活、地道的农产品、当地的山野景色来激发人们的兴趣。消费者不但能够享受娱乐活动，还能在农户家中体验农村人的日常食宿生活。有农事参与农家乐、休闲娱乐农家乐、食宿接待农家乐、民俗文化农家乐、农业观光农家乐和民居型农家乐六种类型。

（4）村落乡镇旅游模式

通过传统农村建筑以及如今农村地区发展的新面貌激发人们的兴趣，有民族村寨游、新村风貌游、古镇建筑游、古民居游和古宅院游五种类型。

（5）休闲度假模式

以农村地区的田园风光、洁净无污染的空气、当地的文化特色、农村特有的生活方式为主导，开发度假区，供消费者度假、游玩，能让消费者暂时告别快节奏的都市生活，放松身心，有休闲农庄、乡村酒店和休闲度假村三种类型。

（6）回归自然休闲模式

开发农村地区的自然资源，比如在山区开展登山及远足活动，在湖泊较多的地方开展游船、滑水活动，在林木繁茂的地区开展森林浴等，有露宿营地、森林公园、水上乐园、湿地公园和自然保护区五种类型。

2. 休闲农业的主要经营类型

（1）观光农园

主要针对林果、花卉、蔬菜和茶叶等农园开展一系列活动，消费者可在园内摘取水果、茶叶、蔬菜或者进行花卉观赏，亲身体验收获的充实感。科技农业在经营过程中，采用先进的科学生产技术，让游客更加直观地了解现代农业发展，主要经营形式有药膳农园、基因农场、温室栽培、阳光农园、农技博物馆、生物工程和水耕栽培等。

（2）生态教育

这种经营方式主要是为了防止生态环境遭到破坏，同时向人们普及更多的知识，主要经营形式有有机农园、户外环境教育、户外野餐活动、生态农园、野生动物保育讲座和户外度假住宿等。

（3）森林旅游

以林木茂密地区的山野景观、广阔的森林、复杂的地形、多样的植被、野生动物、幽深的峡谷和清澈的溪水等吸引人们前来游玩，主要经营形式有森林浴步道、赏鸟、体能训练场、森林保育、森林浴、森林小木屋和自然生态教室等。

（4）农庄民宿

利用农村当地能够体现地域特色的建筑，和原生态、特色农产品开展经营，为消费者提供食宿，让他们深入体验农村生活，经营形式有自然休养村、民俗村、渔村及普通农庄等。

（5）民俗旅游

为游客展示当地农村的民风民俗，以此开展经营活动，主要形式包含乡村居民建筑、民俗古迹、农家生活体验、乡村博物馆、农村民俗文化馆、农产品生产作坊和地方人文历史等。

（6）渔业风情

利用当地丰富的渔业资源，供游客休闲、观光和娱乐，向他们普及相关知识，在靠近海洋的地方发展航海及相关渔业体验经营活动，主要经营方式有建设海底世界、由当地渔民带领游客出海捕捞、允许游客在海边钓鱼等。

（二）"休闲农业＋旅游"的体验营销实施路径

1.把握消费者内在需求，准确定位消费市场

社会发展促使人民生活水平和消费水平不断提升，很多城市居民十分重视开展旅游活动、丰富休闲生活。在此背景下，休闲农业经营商应当明确休闲农业领域消费者的消费目的，并进而探寻出相较于其他旅游方式来说休闲农业在哪些方面占据优势地位。举例来说，游客或喜欢农村的新鲜空气，或喜欢农村的幽静氛围，或喜欢农村的悠闲自在，或喜欢农村人民的热情好客的品质……经营商可以积极开展市场调查把握游客的内在核心需求，并以此为依据进一步完善和发展休闲农业。

2.开发独特新型项目，注重消费者参与体验

相较于传统旅游模式而言，如今的消费者更加在意旅游过程中的体验感，他们的消费需求、消费习惯、消费行为等也和以往有着巨大差别。一般而言，人们往往会在一段时间内十分关注某种体验产品，这段时间过后人们对该产品的关注度就会逐渐降低，因此为了提升休闲农业旅游产品对消费者的吸引力，经营者需要不断创新，对产品进行优化升级。

通常而言，很多休闲农业消费者想要在旅途中获得独特的、沉浸式的体验。为了令消费者需求得到满足，经营者需不断开发与众不同的体验项目，让产品契合消费者的消费心理，从而让游客在旅途中更加全情投入，获得新鲜的旅途感受，收获精神层面的充分满足。详细而言，休闲农业经营者需要做好下列工作：

首先，准确把握消费者内心需求。经营商要通过多种方式了解消费者的消费习惯、价值观念及行为特点，并以这些内容为依据群策群力开发出更多契合消费者需求的多种休闲农业旅游产品，同时还要对服务体系加以优化和完善。

其次，激发消费者参与旅游项目的积极性。经营商在设计产品时要十分注重互动元素的添加和融入，让消费者产生强烈的购买项目动机，并在购买成功后通过项目获得沉浸式体验，帮助消费者在旅途中舒缓压力，愉悦身心。

3.构建现代化管理体系，优化完善硬件设施

在休闲农业中供应商所提供的服务也具有突出的不可分离性，即服务的生产过程和消费过程始终是同步进行的。在休闲农业中，消费者在接受商家提供服务的同时也可以获得相关体验。因此从经营者的角度来说，既要将优质的基本服务提供给消费者，还要尽量赋予游客完美的体验感。

第一，进一步发挥出相关领导部门的管理作用，让相关部门切实履行好自身职能，并能够实现彼此间的配合协作。

第二，针对休闲农业各领域制定明确标准，确保其在交通、市场、环境、资源等方面的发展都有制度保障。

第三，制定管理章程，确保休闲农业各项目能够实现规范化运营，同时有利于项目

审核、团队组建、卫生检查、产品售价和服务调整等都符合制度设定。

第四，优化完善各项目所需的硬件设施，为服务质量的提升提供一定的保障。休闲农业项目经营商要确保旅游区域内有着较为完善的交通设施、水电设施、通信设施等，并做好食品安全、游客人身安全保护等工作，保证游客在游玩期间没有后顾之忧；另外，要完善旅游区域内的诸多配套设施，确保不因设施不到位而降低项目的服务质量，助推休闲农业的科学健康发展。

4. 提升营销人才质量，借鉴其他公司先进经验

为了使休闲农业的从业者具有更高的素质和能力，经营商需要积极组织培训课程，扩充从业者知识体系，提升从业者专业技能，让他们能够为消费者提供更加优质的服务，从而提高消费者对休闲农业项目的满意度。

休闲农业的经营发展涉及多个产业与领域，这就要求从事该行业的从业者具备较强的综合知识能力。因此，企业管理者要在不断充实自己的同时，组织各种内部学习活动或者培训活动，促使工作人员能够更加深入地把握旅游经济、农业规划、市场营销等知识，从而促使员工实现个人技能的提升。

另外，为了保护好农村生态环境，企业要在做好管理工作的同时加强员工生态环保意识、环保文化和技能等方面的培训，而且可以多和国内外的同行业企业进行交流，或者邀请其中的优秀人士到公司内部举办讲座等。公司也可以派遣部分员工到优秀企业学习，对其经验、技术等加以借鉴，以此来不断推动公司经营体系的完善。

三、农产品销售新模式

（一）农产品销售新模式的核心要素

1. 产品

当前，很多企业和农户所生产出来的农产品商品特性不完整，且不具备完整生产线，其生产标准具有较强的主观性，因而给产品配送造成了一定的困难，也就间接地影响了农产品的销售数量。

在农产品的新型销售模式中，产品应该具备一定特性、产品系列、独立品牌、分类标准、包装标识等，唯有具备了这些，它才能够被称作商品。不管是农户还是企业，在销售农产品的时候，都要将这些内容完整、准确地展示给用户。

此外，农户还要做好农产品定位工作。目前，很多农户在介绍产品时能够准确地说出产品名称，但在介绍产品优势时却说得十分笼统，无法科学、准确地说出相较于其他产品来说本产品的具体优势所在。其表述十分浅薄、含糊，故而无法在众多产品中凸显自身农产品特色，不利于产品的后期推广。

2. 内容

企业开展产品销售活动需要将内容作为依托，借此来呈现企业在产品和服务方面的出色之处，吸引消费者进行付费购买。因此，为了获得预期的销售效果，农产品供应商

在进行正式的市场营销前需要做的一项工作就是创造营销内容。这里所说的营销内容涉及产品的诸多方面，例如产品特点、生产过程、生长环境、品牌内容等。

农产品有着极为丰富的营销内容，在进行市场营销工作前，企业可以对营销内容进行深入挖掘和系统整理，并以恰当的形式将这些内容呈现出来，为后期的内容传播打下基础。

3.品牌

在农业行业之中，很多农产品仍旧依靠原始方式进行售卖，尚未打造出自身的品牌。未成功树立品牌给农产品的营销造成了一定的阻碍，并成为农产品营销行业所必须面临的一个重要问题，之所以会出现这种情况，主要是因为下列两点：第一，农产品生产者并未形成树立品牌的意识；第二，没有切实地树立品牌的可行途径供农产品生产者执行。

当前，我国很多农产品用品种、产地等作为区别于其他农产品的重要因素。尽管部分产地的农产品在全国范围内已经有了较高的知名度，比如济宁的大蒜、攀枝花的芒果、莱阳梨等，但总体而言，它们无法被称作品牌，因为企业不拥有这些农产品的知识产权，故而企业在这些产品上无法受到法律保护，若是不法分子对企业权益进行侵犯，那么企业也无法顺理成章地通过法律来抵制和对抗各种非法行为。因此，在市场竞争日趋激烈的今天，很多农产品生产者开始形成了品牌意识，并在品牌建设方面投入了不少人财物等资源。

4.渠道

很多农户对渠道营销缺乏基本的了解。长期以来，农户认为自身的任务主要是种植农产品，并在采摘收获之后将这些产品提供给经销商，若是经销商收购不完，就把农产品放在周边集市进行售卖。在这种情况下，农户往往不会主动地参与到农产品的市场活动中，故而也就在很大程度上丧失了渠道的控制权。遇到农产品增产丰收的年份，经销商可能会压低商品价格，进而致使部分农产品无法顺利销售出去；遇到农产品产量较低的年份，农户自身要承担减产所造成的巨大损失。

农产品营销需要走出农村。面向更为广阔的全国市场甚至是国际市场，理清从农产品的需求方到生产方的传播路径，并尝试找到切入点来进行渠道营销。

5.传播

互联网上充斥着海量信息，要想在网络上顺利进行营销推广，生产者或者企业就要积极开发农出与产品相关的优质营销内容，如果可以运用好这些内容，那么就能有力地推动农产品的销量上升。农产品营销内容定然涵盖了农产品从生产到销售的诸多环节，因此可以说农产品营销内容是源源不断、取之不尽的。另外，农产品的相关内容及信息往往会受到都市人们的欢迎和喜爱，他们会对这些信息予以极大的关注。

很多农产品生产者不具备较高的学历水平，并且他们不具备一些新技术、新思想，对新鲜事物的接受程度不高。因此，各地政府可以给农户进行一些培训，让他们对营销有更加深入的了解，助力他们通过科学的知识和技术在市场上提升自身的竞争力。

（二）"互联网+"背景下农产品销售对策

农业是我国国民经济的基础性产业，它提供着人类生存发展所不可或缺的重要资源，但是应当指出的是，作为农业生产者的企业或者农户在市场上地位较低，在农业产业的价值传递中始终未占据优势地位。要想解决该问题，就要提倡与引导农业生产者融入市场竞争，真正借助科学知识和先进技术来促进农产品的营销发展。

在当今时代，农业行业充斥着大量的同质化竞争，在这种背景下，发展和完善农产品网络营销能够有效地推动农户和农业企业的进步及发展。农产品网络营销为农产品的销售提供了现代化渠道，为扩展品牌影响力范围、增加农产品销量提供了重要助推力，在促进农产品供需平衡、增加农户收入方面发挥着重要作用。在网络时代，农业企业应当把握时代发展趋势，抓住时代赋予的发展机遇，力争通过各种现代化途径和方法实现农产品营销水平的大幅提升。

1. 开展农户培训，完善其营销认知

农业企业可以和政府联手开展对农户及企业员工的培训，让他们有更多机会接触和学习营销知识及技能，为他们搭建系统的营销体系，并力争将农户和企业员工培养成符合社会发展要求的新型信息化人才，让他们在农业行业的营销实践中发挥自身作用。

2. 实现产品全程追溯，增强百姓食品安全意识

为了确保所销售的农产品具有更高的安全性，很多农业企业和生产者通过网络技术、移动设备等打造出农产品质量追溯体系。在该体系的支持下，消费者仅需用联网的手机扫描农产品对应的二维码就能够获取农产品从生产到销售所有环节的详细信息。这样一来，不仅方便了人们对农产品的管理和监督，也让品牌影响力有了大幅提升。

3. 拓展线上营销渠道，完善物流配送体系

在当今时代，互联网、云计算、大数据等现代信息技术已经得到了普遍应用，人们可以借助这些技术来拓展农产品的线上营销渠道，打造出具有多功能的农产品电子商务平台。农业企业可以将互联网的种种优势和农产品营销结合起来，实现农产品的现代化营销，让消费者能够通过互联网迅速获取产品的诸多信息。这样一来，那些信息公开、过程可追溯、产品质量优良的企业就更容易得到消费者的青睐。

4. 优化农产品信息服务，推动产品品牌化发展

相关部门及有条件的农业企业可以积极建设农产品信息服务平台，凭借农产品产地及文化等方面的优势突出农产品特色，做好农产品的定位和宣传工作，让消费者更精准地把握产品品牌特色。企业要充分挖掘农产品的差异性，并对这些差异加以凸显，让品牌具备更强的溢价能力，为农产品后期的营销推广奠定基础。

目前，我国的农业行业仍旧处于初步发展阶段，在农产品生产至销售的诸多环节尚未实现现代化发展。在互联网时代，网络技术成为推动农业现代化发展的重要动力。互联网与农业相结合革新了农产品的传统营销方式，使农业企业和生产者、消费者之间的关联愈加紧密，并且进一步增强了品牌影响力，壮大了消费者群体，为农业的迅速发展提供了重要动力。

第四节 基于大数据的现代农业经济发展

在中国经济发展新常态的背景下，我们要建设现代农业，加快转变农业发展方式，走产出高效、产品安全、资源节约、环境友好的现代农业发展道路。伴随着信息技术的飞速发展，大数据系统的应用为社会多方面的发展提供了契机。

一、面向农业领域的大数据关键技术

（一）大数据技术的基础内容

大数据是指大小超出了传统数据库软件工具的抓取、存储、管理和分析能力的数据群。这个定义有意地带有主观性，对于"究竟多大才算是大数据"，其标准是可以调整的，即不以超过多少 TB（1TB=1024GB）为大数据的标准，大家假设随着时间的推移和技术的进步，大数据的"量"仍会增加。应注意到，该定义可以因部门的不同而有所差异，也取决于什么类型的软件工具是通用的，以及某个特定行业的数据集通常的大小。

大数据的目标不在于掌握庞大的数据信息，而在于对这些含有意义的数据进行专业化处理。换句话说，如果把大数据比作一种产业，那么这种产业实现盈利的关键，在于提高对数据的"加工能力"，通过"加工"实现数据的"增值"，大数据是为解决巨量复杂数据而生的。巨量复杂数据有两个核心点：一个是巨量，一个是复杂。"巨量"意为数据量大，要实时处理的数据越来越多，一旦在处理巨量数据上耗费的时间超出了可承受的范围，将意味着企业的策略落后于市场。"复杂"意味着数据是多元的，不再是过去的结构化数据了，必须针对多元数据重新构建一套有效的理论或分析模型，甚至分析行为所依托的软硬件都必须进行革新。

1. 大数据的基本特性

大数据呈现出以下多种鲜明的特性：

（1）在数据量方面。当前，全球所拥有的数据总量已经远远超过历史上的任何时期，更为重要的是，数据量的增加速度呈现出倍增趋势，且每个应用所计算的数据量也大幅增加。

（2）在数据速率方面。数据的产生、传播的速度更快，在不同时空中流转，呈现出鲜明的流式特征，更为重要的是，数据价值的有效时间急剧缩短，也要求越来越高的数据计算和使用能力。

（3）在数据复杂性方面。数据种类繁多，数据在编码方式、存储格式、应用特征等多个方面也存在多层次、多方面的差异性，结构化、半结构化、非结构化数据并存，并且半结构化、非结构化数据所占的比例不断增加。

（4）在数据价值方面。数据规模增大到一定程度之后，隐含于数据中的知识的价值也随之增大，并将更多地推动社会的发展和科技的进步。另外，大数据往往还呈现出个性化、不完备化、价值稀疏、交叉复用等特征。

大数据蕴含大信息，大信息提炼大知识，大知识将在更高的层面、更广的视角、更大的范围帮助用户提高洞察力，提升决策力，将为人类社会创造前所未有的重大价值。但与此同时，这些总量极大的价值往往隐藏在大数据中，表现出价值密度极低、分布极其不规律、信息隐藏程度极深、发现有用的价值极其困难的鲜明特征。这些特征必然给大数据的计算环节带来前所未有的挑战和机遇，并要求大数据计算系统具备高性能、实时性、分布式、易用性、可扩展性等特征。

若将云计算看作对过去传统 IT 架构的颠覆，云计算也仅仅是硬件层面对行业的改造，而大数据的分析应用却是对行业中业务层面的升级。大数据将改变企业之间的竞争模式，未来的企业将都是数据化生存的企业，企业之间竞争的焦点将从资本、技术、商业模式的竞争转向对大数据的争夺，这将体现为一个企业拥有的数据的规模、数据的多样性以及基于数据构建全新的产品和商业模式的能力。目前来看，越来越多的传统企业看到了云计算与大数据的价值，从传统的 IT 积极向 DT 时代转型是当前一段时间的主流，简单地解决云化的问题，并不能给其带来更多价值。

2. 大数据的交易分析

在未来，数据将成为商业竞争最重要的资源，谁能更好地使用大数据，谁将领导下一代的商业潮流。所谓无数据，不智能；无智能，不商业。下一代的商业模式就是基于数据智能的全新模式，虽然才开始萌芽，才有几个有限的案例，但是其巨大的潜力已经被人们认识到。简单而言，大数据需要有大量能互相连接的数据（无论是自己的，还是购买、交换别人的），它们在一个大数据计算平台（或者能互通的各个数据节点上），有相同的数据标准能正确的关联（如 ETL、数据标准），通过大数据相关处理技术（如算法、引擎、机器学习），形成自动化、智能化的大数据产品或者业务，进而形成大数据采集、反馈的闭环，自动智能地指导人类的活动、工业制造、社会发展等。但是，数据交易并没有这么简单，由于数据交易涉及以下问题：

（1）保护用户隐私信息问题。欧盟目前已经出台了苛刻的数据保护条例，还处在萌芽状态的中国大数据行业，如何确保用户的隐私信息不被泄露，是需要正视的重要问题，对于一些非隐私信息，比如，地理数据、气象数据、地图数据进行开放、交易、分析是非常有价值的，但是一旦涉及用户的隐私数据，特别是单个人的隐私数据，就会涉及道德与法律的风险。

数据交易之前的脱敏或许是一种解决办法，但是并不能完全解决这个问题，因此，一些厂商提出了另一种解决思路，基于平台担保的"可用不可见"技术。例如，双方的数据上传到大数据交易平台，双方可以使用对方的数据以获得特定的结果，比如，通过上传一些算法、模型而获得结果，双方都不能看到对方的任何详细数据。

（2）数据的所有者问题。数据作为一种生产资料，与农业时期的土地、工业时期的资本不一样，使用之后并不会消失。若作为数据的购买者，这个数据的所有者是谁；如何确保数据的购买者不会再次售卖这些数据；或者购买者加工了这些数据之后，加工之后的数据所有者是谁。

（3）数据使用的合法性问题。大数据营销中，目前，用得最多的就是精准营销。数据交易中，最值钱的也是个人数据。人们日常分析做的客户画像，目的就是给海量客户分群、打标签，然后有针对性地开展定向营销和服务。然而，如果利用用户的个人信息（比如，年龄、性别、职业等）进行营销，必须事先征得用户的同意，才能向用户发送广告信息。

所以，数据的交易与关联使用必须解决数据标准、立法以及监管的问题，在未来，不排除有专门的法律，甚至专业的监管机构，如各地成立大数据管理局来监管数据的交易与使用问题。如果每个企业都只有自身的数据，即使消除了企业内部的信息孤岛，还有企业外部的信息孤岛。

3. 大数据的渠道来源

在下一代的革命中，无论是工业 4.0（中国制造 2025）还是物联网（甚至是一个全新的协议与标准），随着数据科学和云计算能力（甚至是基于区块链的分布式计算技术）的发展，唯独数据是所有系统的核心。万物互联、万物数据化之后，基于数据的个性化、智能化将是一次全新的革命，将超越 100 多年前开始的自动化生产线的工业 3.0，给人类社会整体的生产力提升带来一次根本性的突破，实现从 0 到 1 的巨大变化。正是在这个意义上，这是一场商业模式的范式革命。商业的未来、知识的未来、文明的未来，本质上就是人的未来。而基于数据智能的智能商业，就是未来的起点。大数据的第一要务就是有数据。

关于数据来源，普遍认为互联网及物联网是产生并承载大数据的基地。互联网公司是天生的大数据公司，在搜索、社交、媒体、交易等各自的核心业务领域，积累并持续产生海量数据。能够上网的智能手机和平板电脑越来越普遍，这些移动设备上的 App 都能够追踪和沟通无数事件，从 App 内的交易数据（如搜索产品的记录事件）到个人信息资料或状态报告事件（如地点变更，即报告一个新的地理编码）。非结构数据广泛存在于电子邮件、文档、图片、音频、视频以及通过博客、维基，尤其是社交媒体产生的数据流中。这些数据为使用文本分析功能进行分析提供了丰富的数据源泉，还包括电子商务购物数据、交易行为数据、Web 服务器记录的网页点击流数据日志。

物联网设备每时每刻都在采集数据，设备数量和数据量都在与日俱增，包括功能设备创建或生成的数据，比如，智能电表、智能温度控制器、工厂机器和连接互联网的家用电器。这些设备可以配置为与互联网络中的其他节点通信，还可以自动向中央服务器传输数据，这样就可以对数据进行分析。机器和传感器数据是来自物联网所产生的主要例子。

这两类数据资源作为大数据重要组成部分，正在不断产生各类应用。比如，来自物联网的数据可以用于构建分析模型,实现连续监测(如当传感器值表示有问题时进行识别)和预测(如警示技术人员在真正出问题之前检查设备)。国外出现了这类数据资源运用的不少经典案例。还有一些企业,在业务中也积累了许多数据,如房地产交易、大宗商品价格、特定群体消费信息等。从严格意义上说,这些数据资源还算不上大数据,但对商业应用而言,却是最易获得和比较容易加工处理的数据资源,也是当前在国内比较常见的应用资源。

在国内还有一类是政府部门掌握的数据资源,普遍认为质量好、价值高,但开放程度差。许多官方统计数据通过灰色渠道流通出来,经过加工成为各种数据产品。《大数据纲要》把公共数据互联开放共享作为努力方向,认为大数据技术可以实现这个目标。

对于某一个行业的大数据场景,一是要看这个应用场景是否真有数据支撑,数据资源是否可持续,来源渠道是否可控,数据安全和隐私保护方面是否有隐患;二是要看这个应用场景的数据资源质量如何,能否保障这个应用场景的实效。对于来自自身业务的数据资源,具有较好的可控性,数据质量一般也有保证,但数据覆盖范围可能有限,需要借助其他资源渠道;对于从互联网抓取的数据,技术能力是关键,既要有能力获得足够大的量,又要有能力筛选出有用的内容;对于从第三方获取的数据,需要特别关注数据交易的稳定性。数据从哪里来是分析大数据应用的起点,若一个应用没有可靠的数据来源,再好、再高超的数据分析技术都是无本之木。许多应用并没有可靠的数据来源,或者数据来源不具备可持续性,只是借助大数据风口套取资金。

4. 大数据的关联分析

数据无处不在,人类从发明文字开始,就开始记录各种数据,只是保存的介质一般是书本,这难以分析和加工。随着计算机与存储技术的快速发展,以及万物数字化的过程(音频数字化、图形数字化等),出现了数据的爆发。而且数据爆发的趋势随着万物互联的物联网技术的发展会越来越迅速。同时,对数据的存储技术和处理技术的要求也会越来越高。大数据已经成为当下人类最宝贵的财富,怎样合理有效地利用这些数据,发挥这些数据应有的作用,是大数据将要做到的。

早期的企业比较简单,关系型数据库中存储的数据往往是全部的数据来源,这个时候对应的大数据技术也就是传统的 OLAP 数据仓库解决方案。因为关系型数据库中基本上存储了所有数据,往往大数据技术也比较简单,直接从关系型数据库中获得统计数据,或者创建一个统一的 OLAP 数据仓库中心。以淘宝为例,淘宝早期的数据基本来源于主业务的 OLTP 数据库,数据不外乎用户信息(通过注册、认证获取)、商品信息(通过卖家上传获得)、交易数据(通过买卖行为获得)、收藏数据(通过用户的收藏行为获得)。从公司的业务层面来看,关注的也就是这些数据的统计,比如总用户数,活跃用户数、交易笔数、金额(可钻取到类目、省份等),支付宝笔数、金额,等等。因为这个时候没有营销系统,没有广告系统,公司也只关注用户、商品、交易的相关数据,这些数据的统计加工就是当时大数据的全部。

但是,随着业务的发展,比如,个性化推荐、广告投放系统的出现,会需要更多的数据来做支撑，而数据库的用户数据，除了收藏和购物车是用户行为的体现外，用户的其他行为（如浏览数据、搜索行为等）是不展示的。这里就需要引进另一个数据来源，即日志数据，记录用户的行为数据，可以通过 Cookie 技术，只要用户登录过一次，就能与真实的用户取得关联。比如，通过获取用户的浏览行为和购买行为，进而可以给用户推荐可能感兴趣的商品，基于最基础的用户行为数据做的推荐算法。这些行为数据还可以用来分析用户的浏览路径和浏览时长，这些数据是用来改进相关电商产品的重要依据。

移动互联网飞速发展，随着基于 Native 技术的 App 大规模出现，用传统日志方式获得移动用户行为数据已经不再可能，这个时候涌现了一批新的移动数据采集分析工具，通过内置的 SDK 可以统计 Native 上的用户行为数据。数据是统计到了，但是新的问题也诞生了，比如，在 PC 上的用户行为怎么对应到移动端的用户行为，这个是脱节的，因为 PC 上有 PC 上的标准，移动端又采用了移动的标准，如果有一个统一的用户库，例如，登录名、邮箱、身份证号码、手机号、IMEI 地址、MAC 地址等，来唯一标志一个用户，无论是哪里产生的数据，只要是第一次关联上来，后面就能对应上。

这就涉及一个重要的话题——数据标准。数据标准不仅用于解决企业内部数据关联的问题，比如，一个好的用户库，可以解决未来大数据关联上的很多问题，假定公安的数据跟医院的数据进行关联打通，可以发挥更大的价值，但是公安标志用户的是身份证，而医院标志用户的则是手机号码，有了统一的用户库后，就可以通过 ID-MApping 技术简单地把双方的数据进行关联。数据的标准不仅仅是企业内部进行数据关联非常重要，跨组织、跨企业进行数据关联也非常重要，而业界有能力建立相似用户库等数据标准的公司和政府部门并不多。

大数据发展到后期，企业内部的数据已经不能满足公司的需要。比如，淘宝想要对用户进行一个完整的画像分析，想获得用户的实时地理位置、爱好、星座、消费水平、开什么样的车等，用于精准营销。淘宝自身的数据是不够的，这个时候，很多企业就会去购买一些数据（有些企业也会自己去获取一些信息，这个相对简单一点），比如，阿里收购高德，采购微博的相关数据，用于用户的标签加工，获得更精准的用户画像。

5. 大数据的技术架构

大数据技术包含各类基础设施支持，底层计算资源支撑着上层的大数据处理。底层主要是数据采集、数据存储阶段，上层则是大数据的计算、处理、挖掘与分析和数据可视化等阶段。

（1）各类基础设施的支持

大数据处理需拥有大规模物理资源的云数据中心和具备高效的调度管理功能的云计算平台的支撑。云计算管理平台能为大型数据中心及企业提供灵活高效的部署、运行和管理环境，通过虚拟化技术支持异构的底层硬件及操作系统，为应用提供安全、高性能、高可扩展性、高可靠和高伸缩性的云资源管理解决方案，降低应用系统开发、部署、运行和维护的成本，提高资源使用效率。

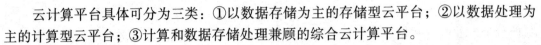

云计算平台具体可分为三类：①以数据存储为主的存储型云平台；②以数据处理为主的计算型云平台；③计算和数据存储处理兼顾的综合云计算平台。

（2）数据的采集

足够的数据量是企业大数据战略建设的基础，因而，数据采集是大数据价值挖掘中的重要一环。数据的采集有基于物联网传感器的采集，也有基于网络信息的数据采集。比如，在智能交通中，数据的采集有基于 GPS 的定位信息采集、基于交通摄像头的视频采集、基于交通卡口的图像采集、基于路口的线圈信号采集等。而在互联网上的数据采集是对各类网络媒介的，如搜索引擎、新闻网站、论坛、微博、博客、电商网站等的各种页面信息和用户访问信息进行采集，采集的内容包括文本信息、网页链接、访问日志、日期和图片等。之后需要把采集到的各类数据进行清洗、过滤等各项预处理并分类归纳存储。

在数据量呈爆炸式增长的今天，数据的种类丰富多样，也有越来越多的数据需放到分布式平台上进行存储和计算。数据采集过程中的提取、转换和加载工具将分布的、异构数据源中的不同种类和结构的数据抽取到临时中间层进行清洗、转换、分类、集成，之后加载到对应的数据存储系统，如数据仓库或数据集市中，成为联机分析处理、数据挖掘的基础。在分布式系统中，经常需要采集各个节点的日志，然后进行分析。企业每天都会产生大量的日志数据，对这些日志数据的处理也需要特定的日志系统。因为与传统的数据相比，大数据的体量巨大，产生速度非常快，对数据的预处理也需要实时快速，所以，在 ETL 的架构和工具选择上，也许要采用分布式内存数据、实时流处理系统等技术。

（3）数据的存储

大数据中的数据存储是实现大数据系统架构中的一个重要组成部分。大数据存储专注于解决海量数据的存储问题，它既能够给大数据技术提供专业的存储解决方案，又可以独立发布存储服务。云存储将存储作为服务，它将分别位于网络中不同位置的大量类型各异的存储设备通过集群应用、网络技术和分布式文件系统等集合起来协同工作，通过应用软件进行业务管理，并通过统一的应用接口对外提供数据存储和业务访问功能。

云存储系统具有良好的可扩展性、容错性，以及内部实现对用户透明等特性，这一切都离不开分布式文件系统的支撑。现有的云存储分布式文件系统包括 GFS 和 HDFS 等。此外，目前存在的数据库存储方案有 SQL、NoSQL 和 NewSQL。SQL 是目前为止企业应用中最为成功的数据存储方案，仍有相当大一部分的企业把 SQL 数据库作为数据存储方案。

（4）数据的计算

面向大数据处理的数据查询、统计、分析、数据挖掘、深度学习等计算需求，催生了大数据计算的不同计算模式，整体上可以把大数据计算分为离线批处理计算和实时计算两种。

离线批处理计算模式最典型的应该是 Google 提出的 Map Reduce 编程模型。Map Reduce 的核心思想就是将大数据并行处理问题分而治之，即将一个大数据通过一定的数据划分方法，分成多个较小的具有同样计算过程的数据块，数据块之间不存在依赖关系，将每一个数据块分给不同的节点去处理，之后再将处理的结果进行汇总。

实时计算一个重要的需求就是可以实时响应计算结果，主要有两种应用场景：一种是数据源是实时的、不间断的，同时要求用户请求的响应时间也是实时的；另一种是数据量大，无法进行预算，但要求对用户请求实时响应的。实时计算在流数据不断变化的运动过程中实时地进行分析，捕捉到可能对用户有用的信息，并把结果发送出去。整个过程中，数据分析处理系统是主动的，而用户却处于被动接收的状态。数据的实时计算框架需要能够适应流式数据的处理，可以进行不间断的查询，同时要求系统稳定可靠，具有较强的可扩展性和可维护性。

（5）数据的可视化

数据可视化是将数据以不同形式展现在不同系统中。计算结果需要以简单、直观的方式展现出来，才能最终被用户理解和使用，形成有效的统计、分析、预测及决策，应用到生产实践和企业运营中。想要通过纯文本或纯表格的形式理解大数据信息是非常困难的，相较而言，数据可视化却能够将数据网络的趋势和固有模式展现得更为清晰。

可视化会为用户提供一个总的概览，再通过缩放和筛选，为人们提供其所需的更深入的细节信息。可视化的过程在帮助人们利用大数据获取较为完整的信息时起到了关键性作用。可视化分析是一种通过交互式可视化界面，来辅助用户对大规模复杂数据集进行分析推理的技术。可视化分析的运行过程可以视为"数据—知识—数据"的循环过程，中间经过两条主线可视化技术和自动化分析模型。

大数据可视化主要利用计算机科学技术，如图像处理技术，将计算产生的数据以更易理解的形式展示出来，使冗杂的数据变得直观、形象。大数据时代利用数据可视化技术可以有效提高海量数据的处理效率，挖掘数据隐藏的信息。

6. 大数据的常用功能

如何把数据资源转化为解决方案，实现产品化，是人们特别关注的问题。大数据主要有以下较为常用的功能：

第一，追踪。互联网和物联网无时无刻不在记录，大数据可以追踪、追溯任何记录，形成真实的历史轨迹。追踪是许多大数据应用的起点，包含消费者购买行为、购买偏好、支付手段、搜索和浏览历史、位置信息等。

第二，识别。在对各种因素全面追踪的基础上，通过定位、比对、筛选可以实现精准识别，尤其是对语音、图像、视频进行识别，丰富可分析的内容，得到的结果更为精准。

第三，画像。通过对同一主体不同数据源的追踪、识别、匹配，形成更立体的刻画和更全面的认识。对消费者画像，可以精准地推送广告和产品；对企业画像，可以准确地判断其信用及面临的风险。

第四，预测。在历史轨迹、识别和画像基础上，对未来趋势及重复出现的可能性进行预测，当某些指标出现预期变化或超预期变化时给予提示、预警。以前也有基于统计的预测，大数据丰富了预测手段，对建立风险控制模型有深刻意义。

第五，匹配。在海量信息中精准追踪和识别，利用相关性、接近性等进行筛选比对，更有效率地实现产品搭售和供需匹配。大数据匹配功能是互联网约车、租房、金融等共享经济新商业模式的基础。

第六，优化。按距离最短、成本最低等给定的原则，通过各种算法对路径、资源等进行优化配置。对企业而言，提高服务水平，提升内部效率；对公共部门而言，节约公共资源，提升公共服务能力。

当前许多貌似复杂的应用，大都可以细分成以上类型。比如，大数据精准扶贫项目，从大数据应用角度，通过识别、画像，可以对贫困户实现精准筛选和界定，找对扶贫对象；通过追踪、提示，可以对扶贫资金、扶贫行为和扶贫效果进行监控和评估；通过配对、优化，可以更好地发挥扶贫资源的作用。这些功能也并不都是大数据所特有的，只是大数据远远超出了以前的技术，可以做得更精准、更快、更好。

（二）大数据技术的研究热点

1997年5月，IBM深蓝击败国际象棋世界冠军；2011年，IBM沃森在美国著名智力竞赛中击败两名人类选手夺冠，其每秒扫描并分析数据量达4TB；2015年10月，谷歌的AlphaGo以5:0击败了围棋欧洲冠军，成为第一个击败人类职业围棋手的电脑程序；2016年3月，AlphaGo对战职业九段选手李世石，并以4:1的总比分获胜。在各种人机对战的背后，是人类与海量数据处理能力的竞赛。人脑容量有限，计算能力有限，与计算能力可以无限扩展的计算机相比，最终要失败。

任磊（2014）认为数据分析过程是机器和人相互协作与优势互补的过程，基于此提出大数据研究的两个方向：一是强调计算机、人工智能的分析处理能力，重点研究大规模数据处理技术、智能挖掘算法等；二是强调人机交互、主体认知、主体需求等，重点研究机器认知能力、机器感知能力等。当前，大数据相关的研究热点主要有社会计算、深度学习、可视化等（程学旗，2014）。

1. 社会计算

社会计算是一门位于现代计算技术与社会科学之间的交叉学科。大数据时代，智能终端、社会媒体对人们信息交互、信息传播、信息获取的方式产生深刻影响，人与人通过虚拟网络传播信息，个体成为信息中转节点，既负责信息接收，又负责信息发布，从而形成空前宽度、深度和规模的社会网络，大数据支撑下的社会网络通常具有体量庞大、关系异质、结构复杂、尺度多变和动态演化等特征，对社会科学研究人员来说是重大机遇。社会网络研究的重点有社会网络结构特征、社会网络演化模型、社会网络信息传播模型以及基于社会媒体的众包服务、群体智慧、舆情分析、群体行为、人际关系挖掘等，在社会行为、疾病扩散、恐怖组织发展、在线社区网络等方面都有研究。

2. 深度学习

深度学习是机器学习的一种实现方法，是神经网络理论发展的重要突破。深度学习相较于浅层学习而言，其主要区别在于神经网络中浅层节点的数量。一般来讲，可以认为将神经网络理论的发展划分为四个阶段，每一阶段都有一些代表性的学习算法。

第一阶段是兴起阶段：20世纪60年代，主要算法为感知机模型。感知机模型相对简单，输入是人工预先选择好的特征，输出是预测的分类结果。感知机模型的缺陷在于对线性函数的学习较好，对非线性分类问题的处理明显不足。

第二阶段是发展阶段：20世纪80年代中期，反向传播算法（BP算法）被提出，多层结构的神经网络模型出现，相比感知机而言，BP算法能够建立更复杂的数学模型，表达能力更加丰富，但由于其基于统计的数学机理，其进一步的发展受到了很大制约。

第三阶段是停滞阶段：20世纪90年代开始，机器学习领域的其他算法相继提出，并且在理论和应用方面都取得了很大的成功，比如，支持向量机、核机器、Boosting、最大熵方法、图模型等，该时期的神经网络理论发展较慢，相关研究也逐渐淡化。

第四阶段是快速发展阶段：随着互联网、大数据技术的快速发展，神经网络理论引起重视。特别是人们通过使用深层神经网络实现了数据的降维进行论述，再次提出深度学习理论，引起了科学领域的广泛关注。"深度模型"是深度学习实现的手段，"特征学习"是深度学习要达到的目的，其实质在于通过构建多隐层神经网络模型，使机器具备学习特征的能力，进而在预测分析方面有所提高。

深度学习当前大数据技术主要研究热点之一，不仅在图像处理、语音识别以及自然语言理解等领域应用广泛，而且还取得了很大突破。

3. 可视化分析

图片具有丰富的表达能力，人类通过视觉获得的信息占很大一部分，甚至可以达到80%以上。人类的创造性与逻辑思维、形象思维均有密切关系。人类通过形象思维实现了数据与形象符号的转换，从而帮助人类发现各种问题。而可视化正是形象思维的一种有效实现方式。可视化泛指利用信息技术（包括计算机图形、图像、人机交互、认知科学、数据挖掘等）对数据、信息、知识的内在结构进行显示，使用户对数据形成感性认识和形象思维。可视化与计算机相关技术的发展密切相关。20世纪50年代，计算机创造出了图形图表，1986年，在美国的一次图形、图像处理研讨会上，科学家提出"科学计算可视化"。1987年，美国国家科学基金会报告进一步强调了科学计算的可视化。20世纪90年代初期，信息可视化逐渐流行。

根据研究对象的不同，可视化技术通常可以分为科学计算可视化、数据可视化、信息可视化、知识可视化等。数据可视化技术是指运用计算机相关技术将数据以图形或图像的形式进行表达，并利用数据分析和开发工具发现其中未知信息的交互处理的理论、方法和技术，可以简单理解为数据的图形化表达，常见的有饼状图、条状图、曲线图等。信息可视化是指通过计算机技术对数据、关系等进行交互、可视化表达，进而提高人们理解能力，信息可视化主要是对数据中隐含的信息、知识和规律的可视化表达。面向科学及工程测量的、具有几何性质或结构特征的数据，利用计算机图形学、图像处理等技术三维或动态地模拟及展示数据真实的场景，主要针对某些数学模型的结果或者是大型数据集。知识可视化是信息可视化的进一步发展，主要用于复杂知识的表达、传播、复用等。

在大数据时代，可视化技术应用场景更加广泛，图形、图像对用户理解体量大、结构复杂的数据集具有很大作用，更容易发现价值和规律。信息可视化在文档、关系、语音、视频数据等方面应用广泛，科学可视化主要在物理、化学、天文、地理、地质勘探、生物医学等领域有广泛研究。大数据可视化同样面临技术大挑战，尤其是在原位分析、交互与用户界面、大规模数据可视化等方面。

（三）信息技术在农业领域的应用

随着信息技术的不断发展，计算机技术农业应用也呈现出不同的形式，可以将计算机技术农业应用大致划分为电脑农业、数字农业、精准农业和智慧农业等四种模式。

1. 电脑农业

电脑农业的实质是农业专家系统的应用。专家系统是一种具有推理和分析功能的特殊计算机软件，能在某一个具体领域达到人类专家的水平。在农业领域，针对现有的作物生长提供专家系统服务，专家系统会集成作物管理决策，包括灌溉、营养、施肥、杂草控制、害虫控制等。通过专家系统，可以让普通农民具有专家的水平。电脑农业的代表性产品是各种农业专家系统，主要技术包含知识库、电脑模拟、智能推理、人机交互等。在逐渐发展的过程中，目前，农业专家系统已覆盖蔬菜生产、果树管理、作物栽培、花卉栽培、畜禽饲养、水产养殖、牧草种植等领域。

2. 数字农业

数字农业是数字地球和数字中国的重要组成部分，其主要特征是各种农业活动的数字化表达。未来农业的各个阶段都将被数字化地集成在一起，从基因表达到运输保障等，通过数据采集、数据传输、数据处理、数字控制实现农业生产活动的数字化、网络化、自动化。

数字农业的框架包括：基本的农业数据库，包括农场土地、土壤资源、气候条件、社会经济背景等，从而使农业活动与社会紧密联系在一起；实时的信息采集系统，主要用于监测农业活动和更新采集到的数字信息，采集系统采集的内容包括气象、植被、土壤等；数字网络传输系统，主要用于接收和分发各种信息；基于地理信息系统（GIS）、农业模型、专家系统的中央处理系统，用于分析采集的信息并做出精准决策，将控制命令发送给数字化的农业机械。数字农业能够对作物生长状态动态监测、提供土壤结构数据、水资源数据、疾病数据、气候数据及其他重要信息。通过数字农业可以实现农业各个环节的数字化表达、管理、分析。

3. 精准农业

精准农业当前的主要理念在于，对于一个农场或地块，定义大量的管理域，针对不同管理域制订不同的作物生长方案，并且通过智能机械自动操作。精准农业通过以下四个阶段的过程来监测土地的空间变量：

第一，地理定位数据。定位地块让农民能够叠加采集到的土壤、剩余氮、土壤电阻等数据，一般通过车载的 GPS 接收器或航空、卫星图像实现。

第二，特征变量数据。包括气候条件（冰雹、干旱、雨等）、土壤（纹理、深度、氮水平）、植被状态（是否免耕）、杂草与病害等，以上数据通过气象站、各种传感器获取。

第三，决策支持。依据土壤地图来进行决策。①预测性决策方法，根据作物生长周期内的土壤、土地等静态指标进行分析决策；②现场控制方法，根据采样、遥感、近端检测、航空卫星遥感等采集的数据进行决策。

第四，实施控制阶段，通过定位系统、地理信息系统结合智能控制技术，对播种机、除草机、施肥机、喷药机、收割机等农业机械进行控制，开展农业生产活动。

精准农业显著减少了氮素等其他农作物投入品的使用，同时提高了产出，对于推动农业可持续发展产生了积极作用。

4. 智慧农业

自智慧地球被提起之后，各种智慧体风起云涌，智慧城市、智慧家居、智慧海洋、智慧交通等不胜枚举。智慧农业是智慧地球的一部分，其最主要根源在于嵌入式技术的快速发展，通过微型处理系统，现实世界的各种物体都将具有智慧，能够自动采集各种数据，能够对数据进行处理和分析，能够与其他物体进行交流与通信。在卫星和传感技术的帮助下，农业生产装备能够自动从事农业生产，并且尽量高效地利用种子、化肥、除草剂等，然而，这种最优化很快就达到了极限。

智慧农业是将这些独立的系统融入一张信息物理网络系统中（CPS），更加强调系统性（从整个系统的角度进行决策）、智能化（根据需求来实现控制功能）、自动化（无须人工参与即可完成相关工作）从而再次提高生产效率。智慧农业一般由以下部分构成：

第一，环境感知设备，比如，温湿度传感器、土壤传感器、气体传感器等，通过传感器实现对基础数据的采集。

第二，网络传输设备，主要由无线 Wi-Fi、ZigBee 网络等组成，其功能大概是负责采集信息的传输与控制命令的传达、不同设备之间的通信。

第三，决策支持中心，以云计算等为主要技术构建的用于数据存储、数据处理、决策分析的平台，负责对整个系统的智能决策，汇集各种基础数据，然后做出决策，并发出控制指令。

第四，终端执行设备，如温室大棚中的卷帘机、喷水机、加湿机等，决策支持中心可以对各种终端执行设备发布命令，驱动设备运行，对温室环境进行调节。

（四）大数据核心技术在农业领域的研究进展

从各大 IT 公司的大数据处理流程来看，基本上可以分成数据获取、数据存储、数据分析处理和数据服务应用等环节。农业作为信息技术的应用部门，其生产、流通、消费、市场贸易等过程，分别融入大数据的流程之中，依据大数据的获取、分析处理和服务应用等方面开展了大量集成创新，取得了重要研究进展。

1. 大数据获取技术

根据农业大数据来源的领域分类，大概可以分为农业生产数据、农业资源与环境数据、农业市场数据和农业管理数据。针对不同领域的农业大数据，大数据获取技术主要包括感知技术（传感器、遥感技术等）、识别技术（RFID、光谱扫描、检测技术）、移动采集技术（智能终端、App）等。

第一，感知技术主要是从不同尺度感知动植物生命与环境信息。在地域范围，重点考虑对地观测的资源宏观布局，需要遥感、便携式 GPS 面积测绘仪、农业飞行器等；在区域范围，重点考虑动植物生长信息的时空变异性，需基于 WebGIS 的动植物生长信息的动态检测平台等；在视域范围，重点考虑动植物生态环境的复杂性，需要动植物营养、病害及周围环境污染信息的采集测试传感器；在个域范围，重点考虑动植物信息探测中环境因素干扰，需要动植物营养病害快速无损测试仪、活体无损测量仪等。

第二，识别技术主要是针对农产品质量安全开展监测。包括食品安全溯源的 RFID 技术，主要保证农产品原料、加工、销售全环节的追踪可溯。农产品质量安全快速无损检测技术，主要是应用红外光谱、X 射线、计算机视觉等无损检测技术在农产品品质分析、产地环境监测、农业投入品评价和商品流通监控等环节应用。

第三，智能移动采集技术主要针对农产品市场、营销、管理信息的采集。比如采集农产品价格信息，农业管理信息系统的应用等。

传统的大数据获取技术在材料选择、结构设计、性能指标上相对单一，如种植业中的传感技术只能测量气温、湿度、CO_2 等信息，而随着物联网技术的发展，其传感器材料已经从液态向半固态、固态方向发展，结构更加小型化、集成化、模块化、智能化；性能也向检测量程宽、检测精度高、抗干扰能力强、性能稳定、寿命长久方向发展，目前研发的一些传感器已经可以用来监测植物中的冠层营养状态、茎流、虫情等。未来中国的大数据获取技术改进的重点将是在信息技术与农业的作物机理、动物的行动状态和市场的实时变化紧密结合，将在提升信息获取的广度、深度、速度和精度上突破。

2. 大数据分析处理技术

在大数据环境下，由于数据量的膨胀，数据深度分析以及数据可视化、实时化需求的增加，其分析处理方法与传统的小样本统计分析有着本质的不同。大数据处理更加注重从海量数据中寻找相关关系和进行预测分析。如谷歌做的流行病的预测分析，亚马逊的推荐系统，沃尔玛的搭配销售，都是采用相关分析的结果。数据分析技术在经历了商务智能、统计分析和算法模型之后，目前进入了大平台处理的阶段，主要是基于 MapReduce、Hadoop 等分析平台，同时结合 R、SAS 等统计软件，进行并行计算。近年来，内存计算逐渐成为高实时性大数据处理的重要技术手段和发展方向。它是一种在体系结构层面的解决办法，它可以和不同的计算模式相结合，从基本的数据查询分析计算到批处理和流式计算，再到迭代计算和图计算。

在农业领域，数据处理正从传统的数据挖掘、机器学习、统计分析向着动植物数字化模拟与过程建模分析、智能分析预警模型系统等演进。在生物学领域，大数据的分析作用已经凸显，基因测序，数字育种已经采用了大数据算法和模型；作物模型方面，国际上获得广泛认可的通用作物生长模型有美国农业技术转移决策支持系统（DSSAT）系列，澳大利亚农业生产系统模拟器（APSIM）系列，联合国粮食及农业组织的水分驱动模型（AQUACROP）等。在植物数字化模拟方面，国际上已经存在 OpenAlea（植物生理建模和仿真框架）、GroIMP（3D 建模平台）、VTP（VLAN 中继协议，也被称为虚拟局域网干道协议）等用于植物建模和分析的开源项目。农产品市场监测预警模型系统方面，具有代表性的是经合组织和联合国粮农组织（OECD–FAO）的 AGLINK-COSIMO 模型、FAO 全球粮食和农业信息及预警系统（GIEWS）、美国农业部（USDA）的国家 – 商品联系模型与美国粮食和农业政策研究所（FAPRI）的 FAPRI 模型和中国农业科学院农业信息研究所的 CAMES 模型等。

总体来看，由于农业生产过程发散，生产主体复杂，需求千变万化，与互联网大数据相比，针对农业的异质、异构、海量、分布式大数据处理分析技术依然空缺，今后农业大数据的分析处理应该将信息分析处理技术与农业生理机理关键期结合、市场变化过程紧密结合。

3. 大数据服务应用技术

目前，大数据服务技术已在互联网广告精准投放、商品消费推荐、用户情感分析、舆情监测等广泛应用。在农业上，随着农业部"信息进村入户"工程、"物联网区试工程"、12316 热线、国家农业云服务平台等的建设和推动，中国的农业信息服务体系逐步得到完善，"三农"对信息的需求也更加紧迫。

国际上有关农业信息服务技术的研究主要集中在农业专家决策系统、农村综合服务平台和农业移动服务信息终端、农业信息资源与增值服务技术以及信息可视化等方面。

近些年来，国内先后开展了智能决策系统、信息推送服务、移动终端等。在大数据时代，针对农业产前、产中、产后各环节的关联，开发大数据关联的农业智能决策模型技术；针对大众普遍关注食品安全的状况，开发大数据透明追溯技术；针对农民看不懂、用不上等问题，结合移动通信技术、多媒体技术，开发兼具语音交互、信息呈现、多通道交互的大数据可视化技术。

二、大数据推动农业现代化的应用成效

大数据的应用，一方面可以全息立体反映客观事物，洞悉全样本数据特征，促进事物之间的深度耦合，提升效能；另一方面是通过数据间的关联特点，预测事物未来发展趋势，增强预见性。目前，从农业生产、经营、消费、市场、贸易等不同环节来看，大数据在精准生产决策、食品安全监管、精准消费营销、市场贸易引导等方面已经有了较为广泛的应用。

（一）发挥耦合效应，提升精准生产决策

大数据的作用不仅仅在于更好地发现自身价值，还在于帮助其他要素更好地认识自

身，发挥要素间耦合作用，提升他物价值，促进"价值双增"。国内外在改变农业粗放生产上，针对气象预报、水肥管理、作物育种、病虫害预报、高效养殖等方面已经开展了大量的应用。美国天气意外保险公司利用 250 万个采集点获取的天气数据，结合大量天气模拟、海量植物根部构造和土质分析等信息对意外天气风险做出综合判断。泰国、越南、印度尼西亚等国基于遥感信息与作物保险的监测计划在水稻上得到广泛应用，通过采用欧洲航天局卫星实时获取水稻的生长数据，进行生长跟踪、产量预测。美国农业部研究所开始在部分农场采用高光谱航空遥感影像和地面观测数据结合的方式进行面状病虫害监测，利用全球的病虫害数据发现害虫的传播规律。国际种业巨头如美国杜邦先锋、孟山都、圣尼斯公司及瑞士先正达等纷纷采用现代信息技术开展智能育种，加快"经验育种"向"精确育种"的转变。在英国，大多数的养牛、养猪和养鱼场都实现了从饲料配制、分发、饲喂到粪便清理、圈舍等不同程度的智能化、自动化管理。

（二）跟踪流通全程，保障食品安全质量

大数据技术的发展使得全面、多维感知农产品流通成为可能。目前，技术层面上，在产地环境、产品生产、收购、储存、运输、销售、消费全产业链条上，物联网、RFID 技术得到广泛应用，一批监测新技术如"食品安全云"和"食安测"等应用软件陆续开发；制度层面上，中国利用大数据开展食品安全监管的力度不断加强，国务院新出台了《关于运用大数据加强对市场主体服务和监管的若干意见》，明确提出建立产品信息溯源制度，对食品、农产品等关系人民群众生命财产安全的重要产品加强监督管理，利用物联网、射频识别等信息技术，打造产品质量追溯体系，形成来源可查、去向可追、责任可究的信息链条，方便监管部门监管和社会公众查询；商业层面上，阿里巴巴、京东商城等电商企业利用大数据保障食品溯源。

（三）挖掘用户需求，促进产销精准匹配

传统的农业发展思维更多关注生产，在乎的是够不够吃的问题，而在消费结构升级的情况下，应该转向怎么才能吃得健康，吃得营养。大数据在这方面正在驱动商业模式产生新的创新。运用大数据分析，结合预售和直销等模式创新，国内电商企业促进了生产与消费的衔接和匹配，给农产品营销带来了新的机遇。未来还可以将食品数据，与人体的健康数据、营养数据连接起来，这样可以根据人体的健康状况选择适当的食物。

（四）捕捉市场信号，引导市场贸易预期

市场经济中最重要的是信息，利用信息引导市场和贸易有助于控制国际市场话语权和掌握世界贸易主导权。以美国举例，其收集信息、利用信息的做法值得借鉴。19 世纪 60 年代，为了弥补农村市场中出现的信息不对称，美国农业部在全国雇用了几万名监测员，形成了一个农情监测网络，每月定期发布各种农产品的交易情况和价格波动，同时通过免费邮寄、张贴海报的方式把信息送到各大农场。时至今日，美国已经形成了一套庞大、规范的农业信息发布体系，其定期发布的年度《农业中长期展望报告》、月度《世界农产品供需预测报告》和周度《农作物生长报告》，成为引导全球农产品市场

变化的风向标。

与发达国家相比，中国的信息发布和数据利用仍有很大前进空间。2003年起，农业部推出《农业部经济信息发布日历》制度，主要发布生产及市场经济信息。2022年4月20日，农业农村部市场预警专家委员会、中国农业科学院等单位联合发布《中国农业展望报告（2022—2031）》，《报告》围绕稻米、小麦、大豆等18种主要农产品2021年市场形势，对2022年和未来10年主要农产品的生产、消费、贸易、价格走势进行展望。在中国成为世界农产品进口大国的背景下，如何有效利用信息，把握市场和贸易话语权和定价权是必须修炼的功课。

三、农业大数据与现代农业经济管理

（一）农业大数据及其特征

在农业经济管理过程中，通过发挥大数据的作用，树立新的农业经济管理理念，提高农业经济管理技术，完善管理方法和手段等，该科学技术实践就是农业大数据。在农业经济发展过程中，农业大数据可应用于各个环节，例如，播种、施肥和耕地等。从本质角度来看，对农业生产相关跨行业和跨业务数据进行可视化分析以及研究，为农业生产提供有效数据，并提供充分的信息支撑，这就是农业大数据应用的体现。

农业大数据把农业和大数据这两者紧密结合在一起，把大数据应用于农业行业，从而推动国家农业的发展。农业大数据主要包含以下特征：

第一，全面的数据信息。发挥农业大数据的作用，把农业生产中的所有要素以及市场情况等相关因素收集起来，为农业大数据运营提供重要参考和借鉴。

第二，多元化类型。农业大数据把农业生产环境内外各类信息结合在一起，其信息种类丰富多样，包含相关生产要素统计数据、媒体和区域信息以及投资信息等。

第三，价值化信息。大数据能够把多元化的信息进行详细筛选和收集，将其中有价值的信息筛选出来之后，并及时反馈到经济管理中，从而提高经济管理的效率。

（二）农业大数据在农业经济管理中的作用

1. 推动农业经济的科学发展

自古以来，我国农业始终在国家经济以及社会发展中扮演着重要的角色。作为一个农业大国，我国农业经济发展和每一个人的生活都具有紧密的联系，农业生产给广大人民群众提供了他们日常生活中所需的粮食，同时也为社会上其他产业发展奠定了坚实的基础。

在农业生产中，最重要的影响因素是自然环境，譬如，土壤、温度、湿度等，且自然环境中涉及的所有因素控制难度较大，一般情况下都是不可控的。因此，自然环境总是会给农业生产经营产生巨大影响。通过了解我国传统农业发展情况后发现，农业生产主要依靠已有的农业经验，而传统农业生产模式难以满足社会发展的需求，要推动农业生产转型升级，就必须使用现代化生产管理方式和技术。

当前，大数据应用于各个行业，且对农业发展产生了重要影响，同时现代农业发展也对生产经营等各方面提出了更高要求，所以，在农业生产的每一个环节，通过发挥大数据作用，详细记录所有的生产情况，监督管理每个环节的农业大数据，最终可以推动整个行业的升级和转型。

此外，通过分析农业大数据，农户以及企业都能够及时了解农业生产情况，以及对未来做出准确预测，从而减少行业亏损，并提高经济收益。在农作物生产中，通过使用现代化机械，有利于提高农作物产量，改善生产效率等。换言之，农业大数据对农业经济的发展是非常有利的，能够推动其科学发展。

2. 完善农业产业结构

在传统农业生产过程中，大部分工作人员对于现代化高精技术的应用一无所知，而且从未考虑过使用新型技术来推动农业生产，该现状导致农业生产效率低。此外，农业企业在生产经营中，自然、市场环境等各方面因素都会影响并加以作用在生产环节中，从而引发各种问题。例如，传统农业生产活动中，种植的农作物往往是比较单一的，种植方式也比较传统，农户以及企业对市场不够敏感，缺乏长期规划，这影响了生产效率，降低了市场竞争力，减少了企业利润。

而通过发挥农业大数据的作用，他们可以及时了解行业发展情况，并且预测行业的发展方向，从而对当前的运营方式以及种植模式等进行调整和完善，有利于丰富农产品的种类，提高农业生产力，促进销售方式的优化等，进而使得农业产业结构从整体上得到优化，这对于推动农业经济的可持续发展是非常有利的。

3. 做出科学农业决策

当前，我国正在推动农业生产经营方式的转型。传统的生产模式难以满足生产需求，大部分作业都是通过人力资源完成，人工操作影响工作效率，并且会增加出错率，从而影响生产者的收入。近年来，由于我国城市化进程不断加快，所以，大量农村地区的劳动者涌入城市，特别是农村地区的青壮年，这在一定程度上为农业生产技术的研究注入了更多活力，而要推动农业经济发展，科学的农业决策也是必不可少的。通过发挥农业大数据的作用，政府能够完善各方面决策，例如，提高科研工作者的薪资待遇，提高农业科技成果的奖励度，使得科技在农业发展中的使用率更高。同时，通过使用农业大数据，相关部门和工作主体除了能够了解当前的现状外，也可以对外部环境进行准确预测，对农作物生长数据进行分析和研究，从而培育更优质的品种。

4. 对生产进行准确预测

随着农业经济的发展，社会上涉农企业数量不断增长，其具体类型包括四个方面，分别为提供生产资料和服务的企业、提供农产品的企业、农产品加工企业，以及农产品流通的企业。无论是哪种类型的企业，他们的发展都有利于促进国家农业经济发展，例如，农产品流通企业创建了丰富多样的产品销售渠道，这帮助生产者获得了更多经济效益。农业生产链中，农产品代加工行业是非常关键的环节，而这也为企业提供了更充分的劳动力岗位，这些企业的发展推动了整个市场的进步。随着这些企业的不断壮大，无论是市场发展还是技术加工，都受到了一定程度的影响，市场竞争力有所下滑。

随着国家经济的不断进步，涉农企业各方面的问题也越来越突出，比如，生产程序、生产技术以及市场信息的掌握等。而农业大数据出现后，作为涉农企业的管理人员，他们可以通过分析大数据，监督、管理农业生产，并且掌握农业数据，及时了解市场情况，对加工工序进行优化和完善。

（三）农业大数据在农业经济管理中的应用

1. 构建农业大数据信息化平台

为能够有效促进农业大数据的深入发展，加快农业数据信息整合的步伐，利用互联网平台开放性和共享性的特点，助力农业大数据在农业管理和生产中的推广，对传统农业发展模式进行创新性发展，对农业生产产业体系进行完善，增强农业经营水平，使其能够全面地服务于农业发展，并尽可能地发挥自身作用。从多个角度着手，优化整合农产品资源，建立科学合理的农业产品数据库，加强国家和地方政府对农产品生产和经营的掌握，引进先进的科学技术对农产品数据进行检测分析，实时监控并分析农产品信息，进一步促进相关信息和资源的共享以及传递，不断完善和充实农业数据库，切实落实现代化农业各方面资源的共建共享工作。在农业数据信息资源实现共享的背景下，通过对农业信息进行监测和整合，进而实现对农业信息资源的有效处理。

现阶段，依据市场的需求，对农产品进行特色化的改造，以此打造出符合消费者需求的产品。通过收集和分析国内外农业市场消费者的需求，依据具体要求制订相关农业发展计划，生产符合社会发展的农产品。充分利用互联网的优势，对农产品市场存在的潜在风险进行预测和监控，预先制订好相关风险事件的解决方案，提高农产品相关人员的风险应急能力，有效地避免农产品市场出现意外事件的发生。

此外，政府相关部门应当及时发布农业市场信息，同时利用互联网对农业市场进行实时监测，掌握农业市场的价格信息，保障农业市场的工作顺利进行。同时通过成立相关农业社会服务组织，为农民和相关农业经营户提供准确的市场信息以及农作物种植技术，这有助于提高农民对农产品市场信息把握的准确性，以及帮助农民更好地掌握农产品的种植和培育方法。充分利用互联网技术，降低信息多样性导致农业生产结构的同一性和时限性。

2. 完善现代化农业生态体系

在新时代的背景下，现代化农业需要借助互联网平台进行信息化发展，对农业信息进行整合和处理，实现农产品质量和产量的提高，以此打造现代化农业新生态、新模式、新产品的格局。借助互联网大数据技术，对社会上制造业、金融业、农业等多个行业实施多层面全方位的布局，并对收集的信息进行处理和分析，加上相关有效信息对农业发展进行技术支持，以满足解决农业发展中出现的问题。在农业土地所有权的交易过程中，土地作为商品，通过先进的信息化技术实现土地的交易，并确保交易过程中的公平公正，从而实现土地交易向积极方向发展。借助农业大数据技术，农民可以实时掌握农业行业相关信息，提高农作物的产量和生产效率，掌握农作物价格，实现农产品效益最大化。因而，构建完善的现代化农业生态体系，有效促进农业大数据与农业经济管理的融合，助力农业发展。通过农业大数据技术，农业从业人员能够准确掌握农作物的种植和培育信息，有利于精准农业的实施。

此外，对土地情况进行科学性检测和分析并结合农作物特点，实现农作物的科学种植，有效促进农作物的生产培育。随着科技的持续发展，实现科技与农产品有效结合，将创新放在首要位置，不断探索农业发展新模式，提高农产品的质量和产量，实现农产品绿色化、生态化的发展，从而满足广大人民对农产品的多样化需求。

3. 推动农业经济可持续发展

在农业经济管理过程中，通过使用农业大数据，可以帮助农户减少其种植成本，进一步增加农产品的产量，同时提高农产品的质量，最终提高农户的经济效益，不但如此，还有利于保护农业生态环境，使得耕地污染率下降，农业生产水资源利用率提高。所以，建设农业大数据至关重要，通过完善农业大数据，加强农业大数据建设，促进传统耕种模式的转型和升级，提高自然资源的使用效率，充分利用区域地势条件及气候条件等，给农户提供丰富多样的种植方案。

此外，把上传的数据和预测数据结合在一起，或把当地地理数据和气候数据融为一体等，利用农业管理数据库整合农业生产方面的相关信息和资源，为广大农户进行农业生产提供重要参考和借鉴，提高其生产管理效率。通过建设农业大数据减少农户的化学产品使用量，同时培育更多的新品种，在提高产量的同时，改善农产品质量，为推动农业经济可持续发展奠定坚实的基础。

参考文献

[1] 谭启英. 互联网 + 时代背景下农业经济的创新发展 [M]. 北京：中华工商联合出版社，2021.12.

[2] 刘明娟. 中国农业微观经济组织变迁与创新研究 [M]. 芜湖：安徽师范大学出版社，2021.08.

[3] 孔祥智，钟真，柯水发. 农业经济管理导论 [M]. 北京：中国人民大学出版社，2021.01.

[4] 孙芳，丁玎. 农业经济管理学科发展百年 政策演进、制度变迁与学术脉络 [M]. 北京：经济管理出版社，2021.2.

[5] 沈琼，夏林艳，马红春. 农业农村经济学 [M]. 郑州：郑州大学出版社，2021.11.

[6] 郭顺义，杨子真. 数字乡村 数字经济时代的农业农村发展新范式 [M]. 北京：人民邮电出版社，2021.04.

[7] 范纯增. 技术、制度与低碳农业发展 [M]. 上海：上海长春财经大学出版社，2021.11.

[8] 马文斌. 农业科技人才培养模式及发展环境优化 [M]. 吉林人民出版社，2021.10.

[9] 黄子珩. 农业供应链金融的发展趋势与风险治理研究 [M]. 北京：中国商业出版社，2021.03.

[10] 解静. 农业产业转型与农村经济结构升级路径研究 [M]. 北京：北京工业大学出版社，2020.04.

[11] 江朦朦. 农业补贴政策经济效应评估研究 [M]. 重庆：重庆大学出版社，2022.07.

[12] 魏德刚. 农业经济与管理 [M]. 长春：东北师范大学出版社，2022.

[13] 金琳，金阳.农业研发投入与农业经济增长问题研究 [M]. 延吉：延边大学出版社，2022.05.

[14] 张仙，刘婕，赵鸭桥.农业数字经济学 [M]. 北京：中国农业出版社，2022.04.

[15] 张启文.农业与农村经济发展研究 2020[M]. 北京：中国农业出版社，2022.04.

[16] 王钊，罗超平，曹峥林.市场化经营模式与农业规模经济 [M]. 北京：科学出版社，2022.12.

[17] 王志刚，吕杰.农业循环经济中农户行为理论分析与实证研究 [M]. 北京：经济科学出版社，2022.01.

[18] 张伟.政策性农业保险的微观经济效应研究 [M]. 北京经济科学出版社；北京中国财经出版传媒集团，2022.04.

[19] 任金政，李士森.基于风险管控的农业保险绩效评价研究 [M]. 北京：中国金融出版社，2022.03.

[20] 李秉龙，薛兴利.农业经济学第 4 版 [M]. 北京：中国农业大学出版社，2021.04.

[21] 刘雯.农业经济基础 [M]. 北京：中国农业大学出版社，2020.08.

[22] 许璇.农业经济学 [M]. 北京：中国农业出版社，2020.02.

[23] 杨应杰.农业经济问题相关研究 [M]. 北京：中国农业大学出版社，2020.07.

[24] 李劲.农业经济发展与改革研究 [M]. 北京：中华工商联合出版社，2020.01.

[25] 刘佶鹏.农业经济合作组织发展模式研究 [M]. 北京：中国农业出版社，2020.08.

[26] 曹慧娟.新时期农业经济与管理实务 [M]. 沈阳：辽海出版社，2020.01.

[27] 罗眉.农业经济增长动能影响要素分析研究 [M]. 哈尔滨：哈尔滨工业大学出版社，2020.08.

[28] 张天柱.农业嘉年华运营管理 [M]. 北京：中国轻工业出版社，2020.09.

[29] 方天坤.农业经济管理 [M]. 北京：中国农业大学出版社，2019.09.